国家自然科学基金地区科学基金项目(51668018,52068027)资助

千枚岩土掺入红黏土混合填料路用工程性质研究

赵秀绍　莫林利　著

中国矿业大学出版社
· 徐州 ·

内 容 提 要

本书基于红黏土与千枚岩土组成混合土的基本物理性质试验、膨胀特性试验、干湿循环试验、抗剪强度试验，对混合土的工程性质及路用性能进行了系统研究。研究结果表明，混合土工程性能相对千枚岩土和红黏土得到了较大改善，在此基础上提出了“特殊土混合相互改良”的方法，达到“以害治害”的目的，对充分利用特殊土填筑路基具有重要的实践意义。

本书可供岩土工程、道路与铁道工程专业的研究生及工程技术人员参考。

图书在版编目(CIP)数据

千枚岩土掺入红黏土混合填料路用工程性质研究 / 赵秀绍，莫林利著. —徐州：中国矿业大学出版社，2020.11

ISBN 978-7-5646-4629-5

Ⅰ. ①千… Ⅱ. ①赵… ②莫… Ⅲ. ①千枚岩—混合料—路面材料—研究 Ⅳ. ①U414

中国版本图书馆 CIP 数据核字(2020)第 218017 号

书　　名　千枚岩土掺入红黏土混合填料路用工程性质研究
著　　者　赵秀绍　莫林利
责任编辑　陈红梅　张海平
出版发行　中国矿业大学出版社有限责任公司
（江苏省徐州市解放南路　邮编 221008）
营销热线　(0516)83884103　83885105
出版服务　(0516)83995789　83884920
网　　址　http://www.cumtp.com　**E-mail**:cumtpvip@cumtp.com
印　　刷　江苏凤凰数码印务有限公司
开　　本　787 mm×1092 mm　1/16　**印张** 10.25　**字数** 256 千字
版次印次　2020 年 11 月第 1 版　2020 年 11 月第 1 次印刷
定　　价　36.00 元
（图书出现印装质量问题，本社负责调换）

前　言

江西千枚岩土与红黏土均为工程性质不良的特殊土，常作为弃方处理，不但增加了工程造价，而且容易引起水土流失等环境问题。针对江西千枚岩土和红黏土的应用现状，笔者拟将此撰写为一部基于混合土工程性质试验应用于工程且能对科研与工程提供一定帮助的学术著作。本书基于混合土基本物理性质试验、膨胀特性试验、干湿循环试验、抗剪强度试验，对红黏土与千枚岩土混合后的工程性质及路用性能进行了系统研究；提出了“特殊土混合相互改良”的方法，达到“以害治害”的目的，对突破特殊土必须“分开、分层填筑”以及充分利用特殊土填筑路基具有一定的实践意义。本书在编写中力求做到概念清楚、言简意赅、条理分明、论证充分，同时又通俗易懂；试图把试验成果作为工程中选择掺合比、压实含水率与压实系数的依据，便于相关专业人员学习掌握。因此，在取材上，不盲目追求内容的数量；在内容的组织方面，力求由浅入深，通俗易懂，前后呼应，把具有代表性的应用成果融入其中，充分把握全书的逻辑主线，避免陈述中的烦琐、空洞。

本书共分为6章，第1、2、5、6章及第3章的3.1节、3.2节、3.3节由华东交通大学赵秀绍撰写，第4章及第3章的3.4节、3.5节由华东交通大学莫林利撰写。付智涛、王梓尧、谭周勇、李凯参与了书中的试验、分析与部分文字校稿工作。

本书是在国家自然科学基金地区科学基金项目(51668018,52068027)支持下完成的。在撰写本书过程中，得到了南昌铁路局新建南昌昌北铁路货场一期工程(以下简称昌北铁路货场)项目部，华东交通大学徐长节教授、刁心宏教授、耿大新教授、石钰锋副教授、童立红副教授、于洋副教授等同事以及贵州大学陈开圣教授的指导与帮助，在此表示衷心的感谢！

本书内容翔实、全面，可作为土木工程专业科研人员、研究生的参考书，也可供相关设计人员参考使用。限于笔者的水平，书中不当之处或缺点在所难免，恳请读者批评指正。

著者

2020年4月

书中主要符号说明

λ	千枚岩土与红黏土的质量比，并换算成百分数
ρ_s	颗粒密度，g/cm^3
w	含水率，%
w_L	液限(特指 10 mm 液限)，%
w_p	塑限，%
I_p	塑性指数，%
w_{op}	最优含水率，%
ρ_{dmax}	最大干密度，g/cm^3
P	小于某粒径的质量分数，%
K	压实度、压实系数，%
d	土颗粒直径，mm
δ_{ef}	自由膨胀率(体积自由膨胀率)，%
δ_{ep}	膨胀率(无荷膨胀率、线膨胀率)，%
τ	剪切破坏面上的剪应力，kPa
σ	作用在剪切面上的法向应力，kPa
τ_{100}	法向应力为 100 kPa 下的剪应力，kPa
c	黏聚力，kPa
φ	内摩擦角，(°)
F_s	边坡稳定系数
p_u	路基面极限承载力(基于载重运填料车计算)，kPa
A、B、C、D	铁路路基工程填料分组名称
δ_{eA}	面积裂隙率，%
E_{vd}	动态变形模量，MPa
K_{30}	路基面地基系数，MPa/m

目　　录

1 绪　　论

1.1 研究背景

1.1.1 研究工程背景

《铁路路基设计规范》(TB 10001—2016)[1]规定：Ⅰ级铁路基床层应选用A、B组填料，否则应采取土质改良或加固措施。路堤基床以下部位(以下简称路堤本体)填料，宜选用A、B、C组填料。当选用D组填料时，应采取加固或土质改良措施。

蒙华铁路煤运通道岳阳至吉安段属丘陵、低山区，地形起伏大，沿线地层以元古界板岩、片岩、千枚岩及白垩系-新近系砾岩、泥岩、粉砂岩等风化或易风化软质岩为主，多呈互层状分布且存在不均匀风化现象。

岳阳至吉安段正线全长433 km，软质岩分布段落长296.5 km，占正线全长的68.5%。沿线路堑挖方弃方量和隧道弃渣量巨大，其中弱风化层一般为C组填料，全、强风化层为D组填料。可见，沿线路堑和隧道弃方填料多属于"软质岩C、D组混合填料"，并且现场分离或筛选难度大、费用高。据统计，煤运通道岳阳至吉安段路基挖方总量3.284×10^7 m^3、填方总量2.685×10^7 m^3，基本达到填挖平衡。其中，软质岩C、D组混合填料占全线挖方总量近70%，若无法运用于路基填方，则将明显增加路基工程的投资，同时会带来弃土及相应环境保护问题。

南昌昌北铁路货场一期及支线工程是原昌北铁路货场迁出工程，地形以小型土丘为主，地表分布着1～6 m厚的红黏土，下卧地层均为泥岩变质而成的千枚岩，呈土黄色或夹有暗红色。昌北铁路货场的千枚岩遇雨水极易风化崩解，室内土工试验表明，千枚岩土为高液限粉质黏土，属于D组填料。室内试验结果表明，地表的红黏土为高液限黏土，也属于D组填料。根据《铁路路基设计规范》(TB 10001—2016)，不同土类的特殊土不宜混合填筑。千枚岩土难以压实，现场曾尝试用石灰对千枚岩土和红黏土进行改良，由于工艺及千枚岩土的特殊性，没有达到相应的目的，最终造成大量的千枚岩土外运作为弃方。因此，将产生大量的弃方、借方，这将对沿线农业、生态环境产生较大影响，并加剧水土流失。从可持续发展的角度来看，弃土的土方量比较大，不符合国家可持续发展战略，弃土场的后续处理也会给周围的生态环境造成影响，不符合生态环境保护战略。这些工程性质不良的特殊岩土体分布广泛，要充分利用这两种特殊土是工程领域必须克服的技术难题。

昌北铁路货场曾对互层的红黏土与千枚岩土进行一段混合填筑，试验填筑段检测结果表明，混合土较千枚岩土易于压实，且压实系数(K)和地基系数(K_{30})检测指标也能满足要求，相对千枚岩土路基工程性质有明显的提升。为了更加充分地掌握混合土的工程性质，课题组开展了在千枚岩土中掺入红黏土的工程性质试验研究。

1.1.2 两种特殊土分布及路用工程性质存在的问题

(1) 千枚岩土和红黏土的分布特征

千枚岩土和红黏土在我国分布广泛，在江西低山、丘陵区分布也非常普遍，呈厚层状分布，部分地区千枚岩土与红黏土呈互层状分布(图 1-1)，互层时现场分离难度大、费用高。千枚岩土难以压实，无法满足路基强度要求，常作弃方处理，由此将会产生大量的弃方、借方，这将对沿线农业和生态环境产生较大影响，并加剧水土流失。

(a) 千枚岩土

(b) 红黏土

(c) 千枚岩土与红黏土互层

图 1-1 江西低丘区广泛分布的红黏土及千枚岩土

以昌北铁路货场为例，强(全)风化千枚岩在地下时保持着原岩的千枚状构造，开挖出来时呈块状；千枚岩强度很低，在压路机作用下或雨水作用下迅速破碎呈土状，故称为千枚岩土(图 1-2)。

(2) 千枚岩土填料的工程问题

江西低丘区千枚岩风化程度高，风化土为粉土或粉质黏土，这种土具有塑性指数小、黏粒含量少、强度低、水稳定性和保水性差、易于下渗、土体黏结性较差等特点。由于粉粒较为均匀，黏粒含量少，表面积小，化学活性低，本身没有胶凝能力，并且黏聚力低，仅靠压路机的振动碾压很难达到压实要求，湿化后容易产生较大变形，因而在路基填筑中属劣质填料的特殊土。在新建南昌昌北铁路货场一期及支线工程中，采用千枚岩土碾压 6 遍的路基压实系数普遍低于 89%，E_{vd} 值处于 20～35 MPa，难以满足规范的要求。同时，碾压好的路基面在受到重车轮胎重复碾压时，强度会迅速降低，甚至会变成松土，如图 1-3 所示。

(a) 块状千枚岩

(b) 遇水后的千枚岩

图 1-2 江西千枚岩土特征

(a) 碾压平整阶段

(b) 扰动中期阶段

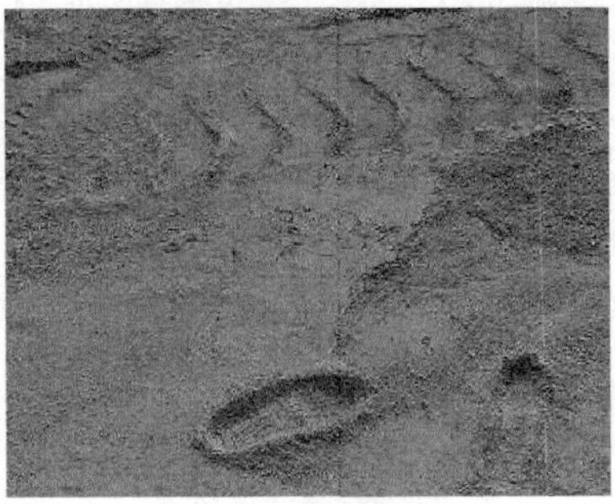

(c) 扰动后期阶段

图 1-3 千枚岩土作为路基填料的工程问题

(3) 红黏土填料的主要工程问题

红黏土属于一种特殊黏土，具有高分散性、高孔隙比、高天然含水量、高液限、高裂隙性及高收缩率等不良特征[2]。红黏土的水敏性是其裂隙性和收缩性[图 1-4(a)]发生的诱导因素，“吸水软化，失水开裂”是其典型的水敏性特征[3]，江西红黏土路基素有“晴天一块铜，雨天一包脓”来形容红黏土的水敏特性。红黏土路基在不利水分的侵蚀下，其物理力学性质将发生急剧变化，而这些变化是导致路基沉陷、纵裂、浅层滑塌等病害发生的根本原因[4]。

红黏土具有高黏聚力的特点，游离氧化铁、氧化铝的胶结作用使得红黏土具有较高强度与较低压缩性等良好的力学特性，在最优含水率下较易压实而成为高强度的土。在新建的南昌昌北铁路货场一期及支线工程(南昌)和江西煤炭储备中心铁路专用线路基工程(九江)中，E_{vd}值可以超过 55 MPa，甚至可达到 70 MPa 以上。

但是，红黏土的天然含水率一般较高，要降低至最佳含水率附近很困难。当填料含水率高时，容易出现橡皮土[图 1-4(b)]；当含水率低至塑限以下时，则土体很坚硬，块体难以粉碎[图 1-4(c)]，造成路基碾压不均匀。红黏土压实路基面表面极易失水而造成土体收缩开裂，这是红黏土土填料最严重的问题之一，也是路基应用时的最大隐患[图 1-4(a)]。

(a) 路基面开裂

(b) 高含水率时的橡皮土

(c) 凉晒结块难粉碎现象

图 1-4　红黏土作为路基填料的工程问题

(4) 两种土用石灰改良后面临的问题

石灰常用于黏性土的改良，当对千枚岩土(粉质黏土)改良时，其强度改良效果并不理想，路基面难以压实[图 1-5(a)]，在轮胎反复扰动后现场灰尘滚滚，碾压后强度仍然不能满足规范要求。红黏土经石灰改良后，其强度有较大的增长，但失水后开裂问题仍然较为严重[图 1-5(b)]。

(a) 千枚岩土用石灰改良后仍难以压实

(b) 红黏土用石灰改良后开裂仍然较为严重

图 1-5　石灰改良后两种特殊土的工程问题

1.2　千枚岩土和红黏土国内外研究进展

1.2.1　红黏土工程性质研究

红黏土最早由英国布切纳(Buchanan)于 1807 年在印度马拉巴尔(Malabar)山区首次注意到这种特殊土开始，便引领了各界专家学者对其定义、成因、物质成分、分布情况及工程地质特性的广泛探讨与研究[5]。张建华等[6]和刘燕燕等[7]通过试验研究了红黏土 CBR (califorhia bearing ratio)与压实度之间的关系。傅鑫晖等[8]探讨了红黏土胶结作用对抗剪强度指标的影响规律。屈晓化等[9]探讨了红黏土结构及剪切速率对抗剪强度指标的影响规律。王亮亮等[10]进行室内固结及膨胀性试验，研究了红黏土地基的变形特性。

红黏土填筑的路基表面容易失水收缩开裂，当经过多次干湿循环后，会进一步增大裂缝宽度，不利于路基整体性和路基强度形成，从而降低路基稳定性。因此，红黏土的裂隙研究一直是红黏土研究的一个热点。吴胜军等[11]和张家俊等[12]通过室内试验探讨了红黏土路基的裂缝开展规律；杨澍[13]通过现场试验探讨了不同填筑工况下裂隙开展规律。乌代(Uday)等[14]利用激光显微技术，开展了细粒土的裂缝特性研究，发现温度、湿度和矿物组成是影响细粒土开裂行为的最关键参数。

从红黏土第一次被提出后，由于其独特的工程性质与区域分布变异性，国内外学者对它的路用性能进行了广泛的研究。其特殊性主要体现为高液限容易引起高收缩率，在经过干湿循环后产生裂隙，在雨季时裂隙是水侵入路基的通道，强度迅速降低，从而引起边坡失稳或其他路基病害。

1.2.2　千枚岩(土)工程性质研究

戛仁(Garzon)等[15-18]从结构的岩土角度分析了千枚岩土的主要性能，采用 X 射线荧光(XRF)、X 射线衍射(XRD)、透射电子显微镜(TEM)、扫描电子显微镜(SEM)、能量色散 X 射线光谱化学分析(EDX)、热分析、粒度分析等试验，提出了表征在自然和压实状态的千枚岩土的孔隙网络和表面积的定量方法，并对土结构工程应用适宜性作出评价。长安大学毛雪松教授团队[19-21]对千枚岩的工程性质进行了系统研究，分析了浸水量、浸水时间对湿化变形、变形率及路基回弹模量的影响；郑小忠对千枚岩风化成粉土的压实特性以及受毛细水的影响做了研究分析[22]。鲁道洪[23]对破碎的千枚岩进行化学成分、物理性质、崩解性等试验，认为破碎千枚岩的黏土矿物含量与崩解程度有很大关系，压实工程特性与粗细颗粒的相对含量密切相关。

刘永军等[24]通过室内大比例尺路堤湿化变形模型试验，分析了砂质千枚岩湿化随时间的变化规律及湿化前后的变形量。王晓谋等[25]对变质软岩进行了单线法、双线法的大型压缩试验，结果显示变质软岩湿化变形随荷载水平变化明显，荷载越大，湿化变形量呈增加趋势。赵丽娅等[26]认为，千枚岩弃料是一种高分散性的土料，压实后遇水极易崩解，压实后具有较高的遇水变形特性。

前人在研究千枚岩土的物理及力学性质后发现，千枚岩土本身的结构致使其出现整体强度较低及其他不良的工程性质，希望通过掺入其他材料对千枚岩土进行改良，从而提高其强度，改善其工程性质。

千枚岩土要成为铁路工程路基填料，必须满足低液限的要求。千枚岩土产地不同，可能呈现高液限或低液限土，昌北铁路货场与蒙华铁路煤运通道岳阳至吉安段分布的千枚岩土多数为高液限土，现场采用传统的石灰改良未达到预期目的，因此千枚岩土改良任重而道远。

1.2.3 两种特殊土改良方法与改良土工程性质研究现状

(1) 化学改良方法与改良土工程性质研究

高液限红黏土是指由碳酸盐岩经红土化作用形成的棕红色、褐黄色等的高塑性黏土，具有液限高、孔隙比大、易收缩开裂、可压实性和水稳定性差等特点。根据我国现行铁路路基设计规范，高液限土为D组填料，不能直接作为路基填料。目前，国内外对于高液限红黏土的处理大多以弃土换填、化学改良为主。

万智等[27]分别通过掺石灰、掺砂以及掺石灰-砂等方式对红黏土进行了击实试验，分析了干密度与含水率的关系、干密度与掺合比的关系、最优含水率与掺合比的关系以及击实的影响因素。安德雷德(P. S. Andrade)等[28]，阿卡尤利奇(F. A. Akayulic)等[29]研究了改良风化千枚岩与物理性质间的联系，并建立了相关的数学模型。毛雪松等[30]通过现场试验认为，在千枚岩土中掺入4%的水泥可以满足工程使用性能的需要。陈燕琴(Y. Q. Chen)等[31]研究了千枚岩土在不同水泥掺量和不同级配情况下的工程性质，结果表明：5%水泥掺量和60%石粉掺量是最佳改良方案。

由于在南方地区高液限红黏土点多面广，全部废弃将大大增加工程费用并造成生态环境的破坏。虽然现有化学改良处置方法(如掺石灰、掺水泥等无机胶结材料)能提高红黏土的强度，降低液塑限，改善水稳定性，但这些方法污染环境、费用高且施工工艺要求高，应用范围有限，近年来物理改良法应用较多。

(2) 物理改良法与改良土工程性质研究

莫百金等[32]开展了砂砾改良试验研究，对不同掺配比的砂砾-高液限红黏土混合料分别进行了物理力学性质指标测试和开裂模拟试验，分析了不同砂砾掺配率下的改良效果及原因，提出了以收缩开裂宽度、液塑限为指标确定最佳掺配率的方法。杨建华等[33]提出按一定比例掺和碎石并提高压实功等级的改良处理措施，可增大红黏土的最大干密度，提高其压实度。易剑波[34]掺入合理级配的碎石对红黏土进行改良，并对红黏土路基进行包边处理以控制水对路基的浸润，抑制红黏土路基遇水变形大、土体强度大幅降低等病害，能保证红黏土路基的填筑质量。李方华[35]对高液限土填料进行掺砂砾石改良试验，得到了不同高液限土的最佳掺砂砾石比。罗斌等[36]针对红黏土易开裂、可压实和水稳定性差等特点，开展了碎石改良室内外试验，分析了碎石改良土的颗粒组成特性、压实特性、强度特性、收缩开裂性能，并提出了碎石改良高液限红黏土的最佳掺配率。程涛等[37]按细颗粒含量、液限、素土的加州承载比（CBR）值分别对高液限土进行分类，按掺砂改良后 CBR 值为 6，分别确定不同分类高液限土最佳掺砂比的范围，再综合考虑这 3 种要素确定最佳掺砂量。

（3）特殊土改良方法发展趋势

国内外学者对红黏土与千枚岩土提出不同的改良方法，化学改良方法中除了常规的水泥和石灰改良剂外，近年来发展了一些新型改良剂，如碱渣、石灰-粉煤灰、溴烷铵（HTAB）、离子固化剂（ISS）、阳离子型表面活性剂（CTMAB）、生物改良菌剂等，这些改良剂大多以提高强度为主，也有以降低液限和降低收缩率为目的的。鉴于化学改良成本较高，对某些特殊土应用不理想，近年来物理改良得到了充足的发展，除了掺砂、掺砾石、掺碎石等优良填料改良外，研究者越来越注重利用工业废料来处治红黏土，既满足了路基要求，又变废为宝。张雁等[38]通过室内试验确定煤矸石中掺入一定量红黏土是各级公路较好的路面基层材料，从而使固体废弃物煤矸石与工程性质不良的红黏土两种材料得到利用，在改善了红黏土的工程性质的同时，又实现了废弃物再利用和环境保护的目的。李勇辉等[39]在红黏土中掺入适量固硫灰，能够有效地降低塑性指数、增强压实性、提高承载比，固硫灰掺合比在 30％以内，CBR 值可提高至 5％以上，符合路床土最小强度要求。

（4）工程性质变化规律及预估模型研究

1972 年，格拉夫约翰逊（Graft-Johnson）等[40]通过一系列的试验与理论分析，归纳提出黏土浸水后的 CBR 值与黏土的干密度、塑性指数值有相应的函数关系，即：

$$\mathrm{CBR}=72.5\times\lg(\rho_{\mathrm{d}}/I_{\mathrm{p}})-7.5$$

林丽萍等[41]通过控制基质吸力的非饱和三轴试验研究了基质吸力变化对非饱和高液限红黏土抗剪强度的影响，认为重力含水率与基质吸力呈指数关系，即：

$$w=a\mathrm{e}^{\mathrm{bs}}$$

何颖[42]根据实测数据与观测时间的曲线特征，确定了常见的几种曲线拟合模型。肖宏彬（H. B. Xiao）等[43]对红黏土进行了一系列的压缩蠕变和卸载试验，得到了不同土壤样品的蠕变和回弹曲线，并根据曲线的特点，提出了红黏土的多组分黏弹塑性蠕变模型。陈开圣等[44]引入非线性应力、应变关系的割线模量，研究了高液限红黏土的加荷本构模型和增（减）湿本构模型。刘馥铭等[45]通过矩阵实验室（Matlab）软件的图像处理功能对干湿循环作用后的红黏土表面裂隙参数进行定量分析，探讨了红黏土表面裂隙参数与抗剪强度的关系可通过裂隙率、分形维数与抗剪强度参数良好的线性关系，来预测裂隙结构强度参数。

董城等[46]利用动三轴试验，研究了水泥改良高液限黏土动态回弹模量的影响因素及其变化规律，获得了不同含水率、压实度和水泥剂量下水泥改良高液限黏土的动态回弹模量预估模型。杨俊等[47-48]研究得出掺砂能显著改善红黏土、膨胀土的水理特性和力学性能的结论。在试验基础上，对各力学指标与掺砂量之间的关系进行了曲线拟合，建立了数学模型，将试验值与理论计算值进行比较表明，力学指标模型计算值与试验实测值吻合较好。苏特纳（Sultana）等[49]研究了粉煤灰对红黏土性能的影响，测试样品的抗压强度、线性收缩率、吸水率、孔隙率、密度随掺入料的变化规律。高美奔等[50]通过室内直剪试验，分析了不同质量比砂-红黏土的抗剪强度，并根据偏最小二乘法原理将掺砂量和抗剪强度指标之间的关系拟合为多项式函数表达式。姚凯(K. Yao)等[51-52]研究了水泥改良新加坡海洋淤泥单轴抗压强度与龄期、水泥掺量等的相关性,建立了单轴抗压强度随龄期变化规律的指数函数模型。

(5) 改良土改良机理研究

红黏土裂隙性是红黏土成为特殊土的重要原因,研究者从不同角度对裂隙产生机理进行了研究。张永婷等[53]通过研究认为,微观物质成分、结构决定了孔隙的性质、分布和几何形状。宋宇等[54]研究认为,颗粒、孔隙和胶结方式的改变是产生裂隙的重要原因。在干湿循环作用下,红黏土强度由于裂隙反复作用而降低,原因是在干湿循环作用下高液限土土体的强度和膨胀性会发生疲劳效应,归根原因是干湿循环作用下土体的结构发生了改变[55];经历几个干湿循环后土体变形趋于稳定,一般 3～5 个循环下来就基本上维持在平衡状态[56-57]。张延杰等[58]采集改良千枚岩弃渣的扫描电子显微镜图像,并借助 Leica QWin 图像处理软件进行影像处理与计算,认为水泥的掺入改变了土体的结构,明显增加了颗粒间的联结程度。马仁明(R. M. Ma)等[59]分析了土的结构和土的孔隙系统对土体工程性质的影响,采用 X 射线扫描了干湿循环后压实土样的图像,并用偏最小二乘回归(PLSR)进行了相关分析,分析表明,孔隙率、孔隙尺寸和孔隙形状均对干湿循环后压实土样的工程性质影响显著。

1.3 研究现状存在的主要问题

千枚岩土与红黏土均为特殊土填料,国内外学者对单种填料的工程特性进行了较为系统的研究,对特殊土改良有化学改良法(掺入水泥、石灰、粉煤灰等)和物理改良法(掺优良填料)。改良目的是提高强度、减小变形,但目前的处理方法普遍存在处理费用高的问题(改良剂费用高)。新建南昌昌北铁路货场一期及支线工程(南昌)对"特殊土混合相互改良"进行了初步试验,在千枚岩土中掺入 50%的红黏土时,现场力学指标动态变形模量(E_{vd})和地基系数(K_{30})可以满足要求,且在暑期高温作业时仅见部分微裂隙,未发现宽度超过 1 mm 的裂隙,说明研究的千枚岩土与红黏土具有潜在混合改良特性。本书通过系统试验证明了"特殊土混合相互改良"的可行性,填补了此方面的研究空白。

综合国内外的研究情况,对于千枚岩土及红黏土混合填筑的研究主要存在以下问题:

(1) 对千枚岩土过分强调了其难以压实和强度低的工程问题,对红黏土过分强调了其失去水分的高裂隙性和高液限性,没有考虑二者混合后的工程性质的中和特性和混合改良特性(如千枚岩土的膨胀与红黏土的收缩变形产生的中和效应)。

(2) 对千枚岩土与红黏土混合填料的工程性质和混合填筑改性机制缺乏最基础的研究,由于缺少混合填料工程性质指标随掺合比、压实系数的数学预估模型,大大限制了两种不良填料的工程应用。

对于"特殊土混合相互改良"的改良方法与混合填料工程特性,目前国内外还没有相关研究。两种特殊土(千枚岩土与红黏土)具有部分优缺点互补的特性,混填后填料的工程性质会发生较大改变,经混合后达到中低液限、低收缩率并满足强度要求的填料,在新建昌北铁路货场工程实践中混填减少了大量弃方。但两种特殊土混合填料应用仍然大大受限,这是缺乏千枚岩土与红黏土混合填料的工程性质指标随掺合比的数学预估模型、混填的改性机制不明、特殊土混填后评价体系不完善等原因造成的,以上问题亟待解决。因此,建立两种特殊土填料工程性质指标随掺合比的预估数学模型与评价方法对两种填料混合填筑应用很有意义。

本书从两种混合填料的掺合比、膨胀变形特性、压缩变形特性、强度特性4个关键要素开展研究，从微观和宏观两方面揭示混合填料对单一填料改性的机制，建立工程性质指标随掺合比的数学预估模型，并建立基于变形、强度、裂隙和铁路检测指标(K)的特殊混填土理论评价体系，达到"以害治害"的目的，突破特殊土必须"分开、分层填筑"或作为弃方处理的一般处理方法，为在江西省铁路、公路大范围内推广千枚岩土与红黏土混合填筑提供重要的理论支撑和技术储备。

1.4 研究意义

江西省千枚岩为主的软质岩分布广泛，多为软岩或极软岩，强度低，抗风化能力、抗水性以及抗变形能力均较差，其风化后强度急剧降低；路堑和隧道弃方多为C、D组混合料，该类弃渣占全线弃方量近70%，弃方数量大，如果能用于路基基床以下部分填筑，则可节省大量工程投资，同时减少弃方，保护环境，社会效益和经济效益十分可观。

红黏土本身是一种具有特殊工程性质的特殊土，通过开展不同填料设计方案的室内试验，比较不同方案在技术可行性、经济性和环保效益等方面实际效果，优化全线填料设计方案，减少工程投资。

本书是国家自然科学基金地区科学基金项目(51668018,52068027)的研究成果。在充分调研国内外学者研究成果的基础上，以千枚岩土掺入红黏土的混合土为研究对象，通过混合土基本物理性质试验、膨胀特性试验、干湿循环试验、抗剪强度试验，对红黏土与千枚岩土混合后的工程性质及路用性能进行了系统研究，建立液限、膨胀率、抗剪强度、路基面极限承载力、路堤边坡稳定系数随红黏土掺合比变化规律的数学模型，并基于现行规范和抗剪强度分析了工程应用。

2 千枚岩土和红黏土基本物理性质研究

2.1 试验取样与掺合比设计

（1）取样

千枚岩土在江西地区广泛分布，在蒙华重载铁路吉安地区、九景衢铁路的九江和景德镇地区、沪昆高铁的江山地区、南昌昌北和梅岭地区均有分布。

本研究所取的土样均来自昌北铁路货场。昌北铁路货场千枚岩分布厚度较大，其上面一般有1～6 m的红黏土层，千枚岩的厚度可达十几米，甚至20余米[图2-1(a)]。它是页岩变质而成的，整体呈浅黄色或褐黄色，产状倾角较大，一般大于60°，有些甚至大于80°。千枚岩硬度极低，经指甲刻画可留下明显刻痕，极易风化，刚开挖时呈巨块状，开挖后遇水或碾压迅速由块状变成土状，称为千枚岩土[图1-2(a)]。千枚岩土路基膨胀性大，本身不易压实，还会降低路基的压实度，是一种工程性质不良的土。然而，南昌地区分布有大量的千枚岩及千枚岩土，由于千枚岩土压实较为困难，常作为弃方处理。开挖时千枚岩和红黏土混合在一起，不便于分离，根据目前规范要求只能作为弃方处理[图2-1(b)]。

红黏土在江西分布十分广泛，从江西北部的九江到江西南部的赣州均有分布，有一般红黏土也有网纹状红黏土。红黏土由于在最优含水率或稍低于最优含水率下压实后强度较高，其强度远高于压实的千枚岩土，因此红黏土被认为是一种较好的路基填料。

本研究所用的千枚岩土来自昌北铁路铁路货场[图2-1(b)]，红黏土来自弃土场，取样时均过5 mm的筛。两种土样共取2 000 kg，取的散状土样如图2-1(c)和图2-1(d)所示。

(a) 千枚岩原始产出状态

(b) 千枚岩和红黏土弃土场

图2-1 千枚岩与红黏土现场与取样

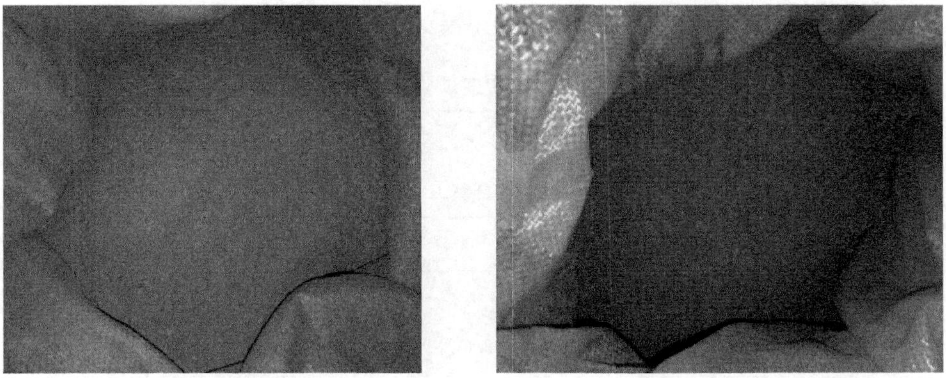

(c) 千枚岩土散状样　　(d) 红黏土散状样

图 2-1(续)

(2) 掺合比设计

因为千枚岩土强度低,本研究均以改良千枚岩土为主要目的,故混合土是以千枚岩土为基土,并在千枚岩土中掺入红黏土进行改良的。

以千枚岩土的干质量 m_p 为标准,以红黏土与千枚岩土的干土质量比换算成百分比作为掺合比,在研究中共设计了 6 种掺合比,6 种质量比分别为 0∶5、1∶5、2∶5、3∶5、4∶5、5∶0,换算成掺合比分别为 0、20%、40%、60%、80%、100%。其中,0 时代表纯千枚岩土,100%代表纯红黏土。

2.2　土粒相对密度试验及结果分析

土粒相对密度试验用于测定土颗粒的比重。它是换算土的孔隙比、饱和度以及计算固结压缩试验中压缩系数、压缩模量、体积压缩系数等的指标基础。

2.2.1　测试原理、仪器与测试方法

(1) 基本原理

土粒相对密度是干土颗粒(完全烘干,本试验采用的是黏性土,需要在 105 ℃烘箱中烘干 8 h 以上)与同体积水在 4 ℃时质量的比值。土颗粒的质量 m_0 可用精度为 0.001 g 的天平测得。土粒体积测量一般用比重瓶法,可通过测定土粒排出同体积纯水的体积 V_0 获得。比重瓶法适用于粒径小于 5 mm 或者含有少量 5 mm 颗粒的土。使用比重瓶法测定土粒体积时,所排开水的体积必须能代表固体颗粒的真实体积。若采用煮沸法测定时,则煮沸的时间应不低于 1 h;若土中的气体没有充分排出,则会造成测定的土粒相对密度 G_s 值偏小。煮沸时,若有颗粒飞溅出来,则必须重新测定。

(2) 测试仪器与方法

试验所使用的主要仪器包括比重瓶(容量为 100 mL)、分析天平(量程 200 g,精度为 0.001 g)、恒温水槽(控制水温准确度为±1 ℃)、电炉(温度可调)、温度计(量程 0～50 ℃或 0～100 ℃,精度为 0.5 ℃)、烘箱。其他设备与用品包括:蒸馏水、小漏斗、干毛巾等。

混合土测定土粒相对密度时，需要先进行制样，制样与取样标准见表 2-1，所有取土样均经过烘箱完全烘干。

表 2-1　土粒相对密度试验制样与取样控制

掺合比/%	制样质量/g		平行取样质量/g	
	千枚岩土	红黏土	取样 1	取样 2
0	50.00	0	15	15
20	41.67	8.33	15	15
40	35.71	14.29	15	15
60	31.25	18.75	15	15
80	27.78	22.22	15	15
100	0	50.00	15	15

按表 2-1 进行称量，混合后得 50 g 混合土样，然后从中取 2 份约 15 g 的试样进行平行试验。试验可按以下步骤进行：

① 称比重瓶质量。查比重瓶号，并检查比重瓶是否完好，然后使用天平称量瓶质量 m_1，精确至 0.001 g。

② 加入干土样。把质量约为 15 g 的土样通过小漏斗加入比重瓶中，塞上瓶塞，称取瓶＋土的总质量 m_2，精确至 0.001 g。

③ 加水煮沸。加蒸馏水至比重瓶直径最大处或其体积的 1/3～1/2 处，夹上试管夹，在电炉上加热煮沸。煮沸过程中需要边煮边摇晃比重瓶，防止混浊液体溅出，沸腾时间不低于 1 h。

④ 加水冷却。加蒸馏水至瓶塞位置，然后放入恒温水箱冷却澄清，澄清时间不低于 20 min。

⑤ 称取量瓶＋水＋土的质量。将比重瓶从恒温水槽中取出，比重瓶加满水，塞上瓶塞，多余的水从瓶塞的细孔中留出，用干毛巾擦干瓶身，然后称取量瓶＋水＋土的质量 m_3，精确度为 0.001 g。

⑥ 测量温度。在上述比重瓶中插入温度计，读出试验温度(t)。

⑦ 测定量瓶＋水的质量。倒出比重瓶中的混合物，并清洗干净，加满蒸馏水，放入恒温槽中 15 min 以上，然后称取量瓶＋水的质量 m_4，精度为 0.001 g。

⑧ 计算土粒相对密度：

$$G_s = \frac{m_2 - m_1}{m_4 + m_2 - m_1 - m_3} G_{wt} \tag{2-1}$$

式中　G_{wt}——温度为 t 时蒸馏水的相对密度(可查试验手册)，精确度为 0.001。

2.2.2　试验结果与分析

采用比重瓶法，各种掺合比土粒相对密度测试结果见表 2-2。

表 2-2　混合土土粒相对密度测试结果

掺合比/%	温度/℃	G_{wt}/(g·cm^{-3})	量瓶＋水的质量/g	量瓶＋水＋土的质量/g	土粒相对密度	
					试验值	平均
0	20	0.998	137.462	147.033	2.758	2.76
			132.431	141.992	2.753	
20			137.114	146.661	2.746	2.74
			140.006	149.524	2.731	
40			140.075	149.609	2.739	2.73
			139.137	148.64	2.724	
60			137.381	146.872	2.718	2.72
			139.057	148.545	2.717	
80			136.415	145.878	2.704	2.71
			138.164	147.635	2.708	
100			136.692	146.131	2.693	2.69
			137.430	146.865	2.691	

土粒相对密度随掺合比的变化规律如图 2-2 所示。

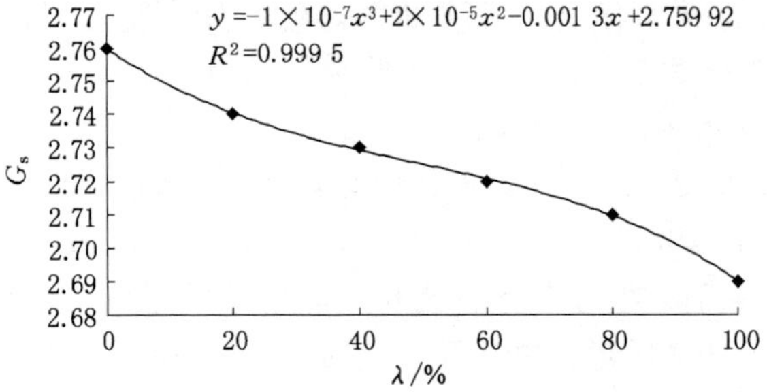

图 2-2　土粒相对密度随掺合比的变化规律

由试验结果可知，千枚岩土粒相对密度最大为 2.76，红黏土土粒相对密度最小为 2.69，土粒相对密度随掺合比的增加而减小，其变化规律为：

$$G_s = -1\times10^{-7}\lambda^3 + 2\times10^{-5}\lambda^2 - 0.0013\lambda + 2.759\,92 \tag{2-2}$$

由图 2-2 分析可知，混合土的土粒相对密度随红黏土掺合比的增加而减小，当采用其他掺合比计算土粒相对密度时，可以采用式(2-2)进行计算。其中，λ 值需要去掉百分号，如 $\lambda=20\%$时应代入 20 计算。

2.3　千枚岩土与红黏土颗粒级配试验

土的粒径级配对路基填料的压实性有重要影响，根据颗粒粒径的分布可以初步判断混合土的可液化、渗透性、可塑性、收缩性、膨胀性等物理力学性能。筛分试验是确定混合土颗粒粒径含量的试验方法，填料的不均匀系数与曲率系数均是依据粒径分析试验确定的。千枚岩土原始呈现块状，风化后为含有粗颗粒的细粒土，但其粗颗粒硬度极低，用手可以捏碎，即这些粗颗粒在路基中往往会被压碎，它不是真正的粗颗粒，不能按粗颗粒来看待千枚岩土。因此，本研究采用水洗法筛分，然后再对细颗粒采用水分法进行细粒组的级配分析试验。粗筛法试验表明，千枚岩土和红黏土绝大部分都能通过 0.075 mm 的筛孔，本研究主要对细粒成分进行水分试验。

2.3.1 水分法试验仪器与步骤

(1) 试验仪器

本试验需要的主要仪器包括：甲种密度计、洗筛、量筒、细筛、天平、温度计、细筛漏斗、搅拌器、煮沸设备及其他设备(包括秒表、锥形瓶、研钵、木杆等)。在试验进行之前，需要加入六偏磷酸钠进行密度计分散剂的校正、弯液面校正、土粒沉降距离校正以及颗粒密度、悬液温度校正[60]。

(2) 试验步骤

① 试验预备处理。取洗盐后的烘干试样 30 g，倒入 500 mL 的锥形瓶中，加入 200 mL 水浸泡过夜，然后置于酒精灯上煮沸 40 min 左右。将煮沸后冷却的悬液移入烧杯中，静置 1 mim，使杯内上部悬液通过 0.075 mL 洗筛漏斗上洗筛进入量筒中，留在杯底的沉淀物用带橡皮头的研钵研散，加适量水搅拌后，静置 1 min，再将杯内悬液通过洗筛漏斗上洗筛滤进量筒中。如此反复，最后量筒中总悬液不超过 1 000 mL，直至杯内砂滤洗净为止，然后将杯内和洗筛上的砂粒洗入蒸发皿中，烘干称量，并按筛析法的规定进行细筛分析。

② 分散剂配制。先配置浓度为 4% 的六偏磷酸钠溶液 100 mL，再取 10 mL 溶液放入混合土的悬液中，然后加水至 1 000 mL。

③ 甲种比重计读数测定。用搅拌器将悬液上下搅拌 1 min，取出搅拌器后立即开动秒表，同时将密度计放入悬液中，然后过 0.5 min、1 min、5 min、30 min、120 min、1 440 min 时分别读取密度计读数，读数以弯液面上缘为准，精确至 0.5。然后测定悬液的温度，精确至0.5 ℃。

④ 计算小于某粒径试样质量占总试样质量的百分数(甲种比重计)。

2.3.2 试验结果分析

(1) 千枚岩土颗粒分析结果

由于取样时已经过了 5 mm 的筛，因此认为所有颗粒都是小于 5 mm 的。首先进行筛分试验：把小于 0.075 mm 的颗粒取 30 g 试样进行水分试验，见表 2-3。

表 2-3 千枚岩土水分试验

t/min	读数	L_1/cm	L/cm	d/mm
30	15.0	6.5	12.955	0.062 888 413
60	14.0	6.65	13.105	0.044 725 524
300	9.5	7.30	13.755	0.020 491 898
1 800	4.1	8.06	14.515	0.008 593 79
7 200	2.9	8.27	14.725	0.004 327 867
86 400	1.0	8.5	14.955	0.001 259 067

注：d 为颗粒直径，$d=K(L/t)^{0.5}$；L_1 为时刻 t 的土粒沉降距离；t 为沉降时间；L 为校正后的沉降距离，$L=L_1+(L_0-L_b)/2A$；L_b和 A 是甲种比重计的参数。

粗筛与水分试验结合在一起，则千枚岩土的级配曲线如图 2-3 所示。

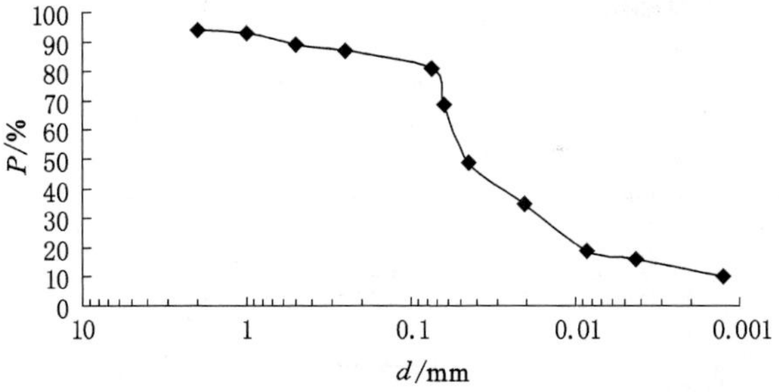

图 2-3　千枚岩土级配曲线

由图 2-3 可知，千枚岩土砂粒组(0.075～2 mm)占总质量的 29%，但砂粒组含有部分硬度较小的颗粒，不能完全按砂粒来对待，其可能在压路机的碾压下进一步变成细粒土。粉粒组(0.005～0.075 mm)占总质量的 54.5%，说明千枚岩最主要的粒组——粉粒组相对于砂土不容易振密，相对于黏土颗粒又缺乏黏聚力，所以粉粒组是较为难以碾压密实的一种土。在昌北铁路货场的路基工程中，千枚岩土较难压实，碾压 6 遍后压实系数的概率大多低于 89%。黏粒组(<0.005 mm)占总质量的 16.5%，即千枚岩土黏粒含量较少，所以后面测试其黏聚力较低。千枚岩土级配曲线在 0.045～0.075 mm 区域较陡，说明粒径颗粒在此段分布较为集中。

由《铁路工程土工试验规程》(TB 10102—2010)可知[61]：

$$C_u = \frac{d_{60}}{d_{10}} \tag{2-3}$$

$$C_c = \frac{d_{30}^2}{d_{60} d_{10}} \tag{2-4}$$

式中　C_u——土的不均匀系数；

C_c——曲率系数；

d_{60}——限制粒径，在分布曲线上小于该粒径的试样含量占试样总质量的 60%的粒径；

D_{30}——有效粒径，在分布曲线上小于该粒径试样含量占试样总质量的 30%的粒径；

D_{10}——有效粒径，在分布曲线上小于该粒径试样含量占试样总质量的 10%的粒径。

由图 2-3 计算可得，千枚岩土的不均匀系数为 43.46，曲率系数为 0.000 118，根据规范当 $C_u>5$，且 $C_c=1\sim3$ 时颗粒级配良好，对照《铁路路基设计规范》(TB 10001—2016)可知，千枚岩土是级配不良的土，所以在实际工程中存在难以压实的情况。

(2) 红黏土颗粒分析结果

红黏土水分试验的具体计算过程见表 2-4。

表 2-4　红黏土水分试验的记录表

t/min	读数	L_1/cm	L/cm	d/mm
30	12.5	6.85	13.305	0.065 663 545
60	11.3	7.10	13.555	0.046 865 326
300	9.7	7.28	13.735	0.021 097 51

表 2-4(续)

t/min	读数	L_1/cm	L/cm	d/mm
1 800	6.2	7.78	14.235	0.008 768 392
7 200	5.0	7.90	14.355	0.004 402 636
86 400	3.0	8.25	14.705	0.001 286 332

试验和方法同千枚岩土，红黏土级配曲线如图 2-4 所示。

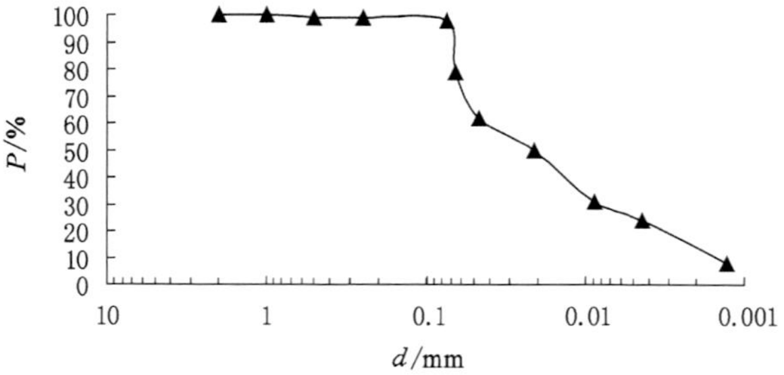

图 2-4　红黏土级配曲线

由图 2-4 可知，红黏土砂粒组(0.075～2 mm)占总质量的 2%，可以认为不含有粗颗粒，因此其较千枚岩土更细。粉粒组(0.005～0.075 mm)占总质量的 72.8%，说明红黏土最主要的粒组是粉粒组。黏粒组(<0.005 mm)占总质量的 25.2%，红黏土较千枚岩土黏粒含量高。红黏土级配曲线在 0.045～0.075 mm 区域较陡，说明粒径颗粒在此段分布较为集中。由击实试验及抗剪强度试验可知，红黏土体现了黏性土典型特性，而千枚岩土则体现了较好的粉土性质，黏聚力低，不宜压实，但红黏土粉粒含量也较高，说明还有别的因素影响着这两种土的性能。千枚岩土颗粒在击实的过程中是在不停变碎的，因此影响因素较红黏土复杂得多[62]。

2.4　界限含水率试验及土样定名

由于千枚岩土和红黏土小于 0.075 mm 的颗粒质量占总质量的比例均超过了 50%，所以应该按照细粒土进行定名。黏性土随着自身的含水率的变化会呈现不同状态，如随着含水率的增加，黏性土从坚硬状态逐渐过渡到硬塑、可塑、软塑和流动状态，不同状态的黏性土具有不同的承载力，因此了解黏性土的界限含水率对掌握黏性土的承载力非常重要。界限含水率还是黏性土定名的重要依据，根据《建筑地基基础设计规范》(GB 50007—2011)[63]可知，当小于 0.075 mm 的颗粒含量大于总质量的 50%、塑性指数(I_p)符合 $10 \leqslant I_p < 17$ 时，细粒土可定名为粉质黏土；当 $I_p \geqslant 17$ 可定名为黏土。

界限含水率也是铁路和公路路基填料选择的重要控制指标，《铁路路基设计规范》(TB 10001—2016)规定，当土的液限(w_p)高于 40%时，称为高液限黏性土，为 D 组填料，高液限黏性土往往有一定的膨胀性，在失水时容易产生收缩裂隙，因此是一种不良的路基填料，不宜直接作为路基填料。当黏性土的液限低于 40%时，为低液限黏性土，为 C 组填料。C组填料可以用于Ⅰ级铁路的路基本体、Ⅱ级铁路的基床底层和路基本体，是可以直接填筑的填料。具体应用范围及路基各层位对填料组别要求可参考表2-5。

表2-5 路基层位对路基填料组别的要求

路基层位	深度/m	可以填筑路基填料分组	
		Ⅰ级铁路	Ⅱ级铁路
基床表层	0～0.6(含)	A	A
基床底层	0.6～2.5(不含)	A、B	A、B、C
路基本体	≥2.5	A、B、C	A、B、C

理论上A组填料适合于路基各个层次的填筑，而且使用A、B填料的路基工后沉降小，路基病害小，是较理想的填料，但A、B组填料造价高，低等级铁路不便于全面采用。另外，C组填料容易引起路基问题，但在很多地方广泛分布，如果不充分利用，则不但会引起大量弃方，造成环保问题，还会增加工程造价。

2.4.1 试验材料与试验方法

(1) 试验材料及制备

本试验的材料有千枚岩土、红黏土及两种土的混合土，首先将千枚岩土和红黏土在天然状态下碾碎，然后过0.5 mm的筛，两种土各取1 200 g放入烘箱中进行烘干，烘干温度控制在105 ℃。

以千枚岩土干质量为基准，分别掺入0、20%、40%、60%、80%、100%的红黏土。其中，0表示纯千枚岩土，100%表示纯红黏土。各种掺合比试样取200 g时的质量比控制情况见表2-6。

表2-6 取样质量比控制

掺合比/%	m_p/g	m_r/g
0	200.00	0
20	166.67	33.33
40	142.86	57.14
60	125.00	75.00
80	111.11	88.89
100	0	200.00

按表2-6称取试样后，每种掺合比的试样需要经过充分混合(图2-5)，以备界限含水率试验使用。

(2) 界限含水率使用标准讨论

如前所述，黏性土的液限和塑限是黏性土定名和填料分组的重要指标，测定液限和塑限采用的仪器为液塑限联合测定仪。液限、塑限联合测定法基本原理为：圆锥仪的圆锥入土深度与其相应的含水率在双对数坐标上具有线性关系的特性。不同的规范使用不同质量的圆锥仪，例如《公路土工试验规程》(JTG E40—2007)[64]使用100 g圆锥仪，而《铁路工程土工试验规程》(TB 10102—2010)、《建筑地基基础设计规范》(GB 50007—2011)和土工试验规程(YS/T

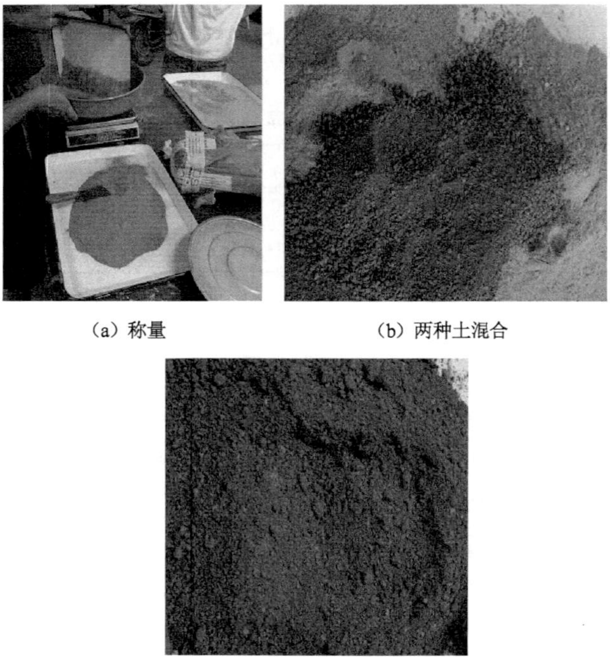

(a) 称量　　(b) 两种土混合

(c) 拌均

图 2-5　试样的称取、混合与拌合

5225—2016)均使用 76 g 圆锥仪，本书研究的课题的服务主要面向铁路，因此使用 76 g 圆锥仪。

在计算液限时，国内与国外有不同的使用标准，国内最早使用的是圆锥仪法，认为锥尖入土深度为 10 mm 时为土的液限，但在实际使用过程中，当锥尖入土深度超过 10 mm 时，土仍处于可塑状态，因此锥尖入土深度为 10 mm 时的含水率并不是土的实际液限。为了与美国及欧洲的碟式仪相对应，有学者研究发现，锥式仪 17 mm 液限与美国及欧洲碟式仪测的液限一致性较高。但 10 mm 液限标准在黏性土定名中已经实行了多年，因此突然改成 17 mm 液限会造成一定的混乱，因此国内目前流行 10 mm 液限与 17 mm 液限两种标准，使用时应标记出来。本试验为铁路路基填料选用服务，因此选用 10 mm 液限，但试验结果也计算了 17 mm 液限。

(3) 界限含水率测定方法

试验采用数显式液塑限联合测定仪，相对光电式液塑限联合测定仪，数显式测定方便，圆锥不容易歪斜，读数容易，因此目前数显式液塑性联合测定仪逐渐代替了光电式液塑限联合测定仪。试验采用的主要仪器见表 2-7。

表 2-7　界限含水率使用仪器

仪器设备名称	型号	量程	分辨率
液塑限联系测定仪	SDY-1(数显)	0～22 mm	0.1 mm
烘箱	101A-3 型	0～300 ℃	0.1 ℃
电子天平 1	YP6002B	0～600 g	0.01 g
其他	盛土杯、干燥皿、铝盒、调土皿、调土刀、毛玻璃		

试验可以按以下步骤进行：

① 加水拌和。依据表 2-6 称量混合土试样，加入适量的蒸馏水，使稠度接近入锥深度 h 分别为 3～5 mm、9～11 mm 和 16～18 mm 的稠度，然后充分拌和，使其没有明显的颜色差别。

② 静置浸润。将上述拌和后的每份土样放入独立密封的塑料袋中静置 24 h，使土颗粒充分浸水。在静置的过程中，可以在不解开密封的情况下翻动土试样，使试样尽可能充分吸水。

③ 调制土膏。将上述步骤中的一组土样取出，用调土刀把土样调制成土膏状，如图 2-6(a)所示。

④ 填土入土杯。把土膏填入测试用土杯，可以几次填入试样杯中，填入过程中可以施加压力，保证土内不能出现空隙，土杯填满后对高出试样杯的土进行刮平。

⑤ 测前仪器调整。将液塑限联合测定仪调平使液塑限联合测定仪上的水泡居中，在圆锥仪锥尖部分涂抹一薄层凡士林。然后将试样杯放在液塑限联合测定仪的升降台座上，调整升降台座，使土杯表面与圆锥仪的锥尖刚好接触，此时接触灯亮起，如图 2-6(b)所示。

(a) 调制土膏　　(b) 数显式土液塑限联合测定仪

图 2-6　界限含水率的试验过程

⑥ 测试。按下测试仪的测试按钮，圆锥仪在重力作用下沉入土杯中，5 s 后读数灯亮后读数，即锥尖入土深度 h_1。对于前 2 级 h_1 和 h_2 的测试，可以按照图 2-7(a)进行，测试两次以减小误差，要求两次测试的锥尖入土深度差值小于 0.5 mm，取平均值作为该级的锥尖入土深度。若两次测试结果差距大于 0.5 mm，说明土膏调制得不均匀，则应把土杯中的土挖出重新调试，并进行重新测试。对于 h_3 级的测试，由于锥尖入土深度太大，测试两次会造成互相干扰，因此仅做一次测试，如图 2-7(b)所示。

⑦ 重复测试另外 2 组试样。按步骤⑥测试另外 2 组土样，分别得到锥尖入土深度 h_2 和 h_3。

(4) 界限含水率的计算方法

① 界限含水率数据整理的基本原理。根据土的极限平衡理论，则圆锥与土的接触面的极限剪应力为(图 2-8)：

$$\tau = \frac{G\cos(\alpha/2)}{A} \tag{2-5}$$

式中　G——圆锥重力；

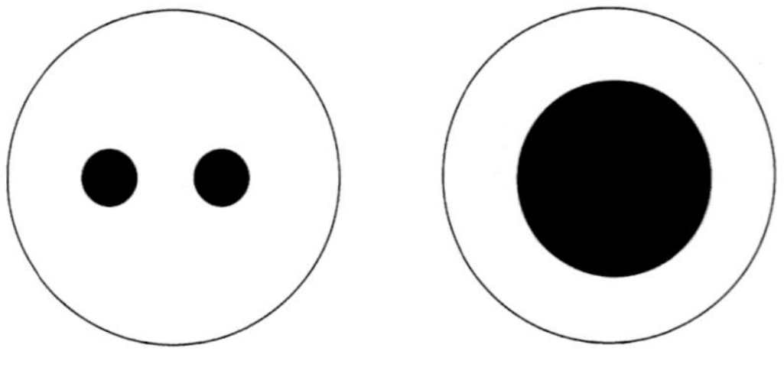

(a) 前2级测试点　　(b) 最后一级测试点

图 2-7　锥尖入土杯的位置

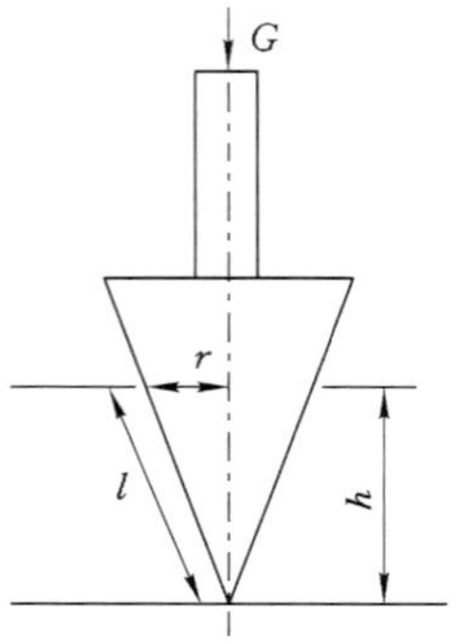

图 2-8　界限含水率求解基本原理

α——锥角；

A——圆锥与土的接触面面积。

圆锥与土的接触面面积为：

$$A = \pi r l = \frac{\pi h^2 \tan(\alpha/2)}{\cos(\alpha/2)} \tag{2-6}$$

对于特定的圆锥仪，令圆锥仪的锥角 α 为 30°，$K = \dfrac{\cos^2(\alpha/2)}{\pi\tan(\alpha/2)}$，则：

$$\tau = \frac{G\cos(\alpha/2)}{A} = \frac{G\cos^2(\alpha/2)}{\pi h^2 \tan(\alpha/2)} = K\frac{G}{h^2} \tag{2-7}$$

对式两边取对数，得：

$$\lg \tau = \lg(KG) - 2\lg h \tag{2-8}$$

式中　$\lg(KG)$——常数。

液塑限联合测试法的土膏是一种典型的重塑土，重塑土的无侧限抗压强度或抗剪强度与含水率 w 存在双对数关系，即：

$$\lg \tau = c - m\lg w \tag{2-9}$$

将上式绘制在双对数坐标系中是一条直线。对多种土进行的不同含水率和抗剪强度与对应圆锥入土深度试验的结果，其理论曲线与试验曲线在特性上相一致。经整理得：

$$\lg \tau = m_1 \lg w + c_1 \tag{2-10}$$

式中　m_1，c_1——由试验拟合确定的常数。

② 具体计算方法。目前界限含水率试验数据整理一般采用《铁路工程土工试验规程》(TB 10102—2010)中给出的方法，以含水率的对数值为横坐标，圆锥下沉深度的对数值为纵坐标，在双对数坐标纸上绘制如图 2-9 所示的关系曲线，三点应连成一条直线。当三点不在一条直线上时，则通过高含水率这一点 a 与其余两点 b、c 连成两条直线$\overline{ab}$和$\overline{ac}$。在圆锥下沉深度为 2 mm 处，可查得相应的两个含水率 d_1 和 d_2。当这两个含水率的差值小于 2%时，应以这两点的含水率平均值与高含水率的点连成一条直线，即$\overline{ad}$。当这两个含水率之差值大于或等于 2%时，则应再重做试验。在

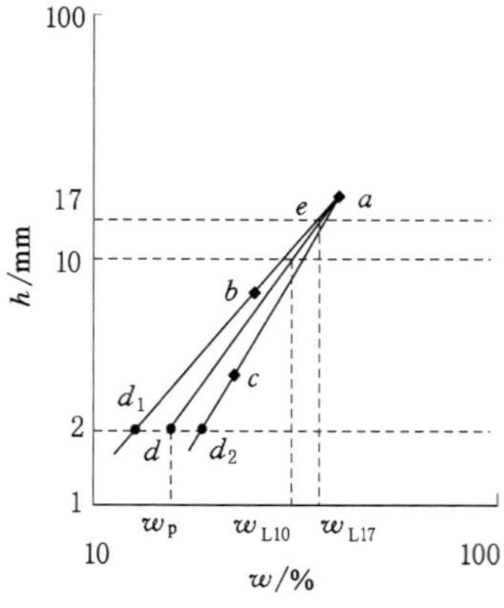

图 2-9　规范法中求解方法

图 2-9 中，d 点对应的含水率即为土的塑限 w_p，10 mm 横线与$\overline{ad}$相应点对应的含水率即为 10 mm 液限 w_{L10}，17 mm 横线与$\overline{ad}$的交点对应的含水率即为 17 mm 液限 w_{L17}。

基于以上规范与原理，采用 Excel 函数和 Visual Basic 编程的方法实现了自动求解，具体可以参考文献[65]。

2.4.2　试验结果与分析

试验过程如图 2-6 所示。试验完成后，采用 Excel 内部函数法编制界限含水率自动计算软件，输入试验所测的数据就可以得到各种组合情况下混合土的界限含水率求解图，见图 2-10。

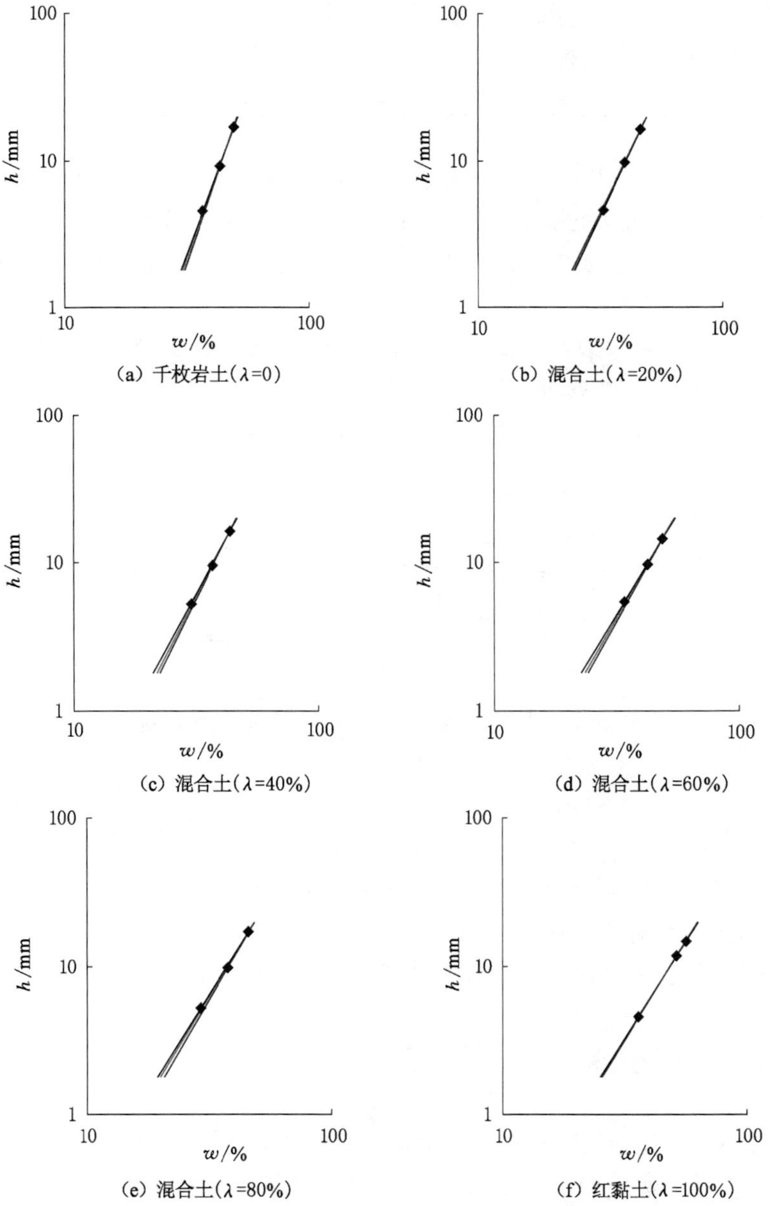

图 2-10　混合土液塑限试验结果求解

依据《建筑地基基础设计规范》(GB 50007—2011)、《土工试验规程》(YS/T5225—2016)的黏性土定名方法与《铁路工程土工试验规程》(TB 10102—2010)规范中填料分组方法,把图 2-10 求解的结果汇总,见表 2-8。

表 2-8 混合土的液塑限、定名与填料分组

λ/%	w_p/%	w_{L10}/%	I_p	w_{L17}/%	定名	填料分组
0	28.89	43.27	14.38	49.44	高液限粉质黏土	D
20	24.35	39.61	15.25	46.49	低液限粉质黏土	C
40	23.14	37.13	13.99	43.40	低液限粉质黏土	C
60	24.96	42.58	17.61	50.77	高液限粉质黏土	D
80	24.84	44.27	19.42	45.97	高液限黏土	D
100	26.39	48.44	22.05	59.17	高液限黏土	D

由表 2-8 分析可得,千枚岩土是高液限粉质黏土,为 D 组填料,不宜直接作为路基填料。红黏土为高液限黏土,为 D 组填料,不宜直接作为路基填料。虽然千枚岩土和红黏土均为高液限土,但二者混合后,当掺合比为 20%或 40%时,混合土为低液限土,可以作为路基填料。

为了得到液限、塑限及塑性指数随掺合比的变化规律,将表 2-8 中的数据绘制成图,如图 2-11 所示,并用多项式函数对数据拟合,可得:

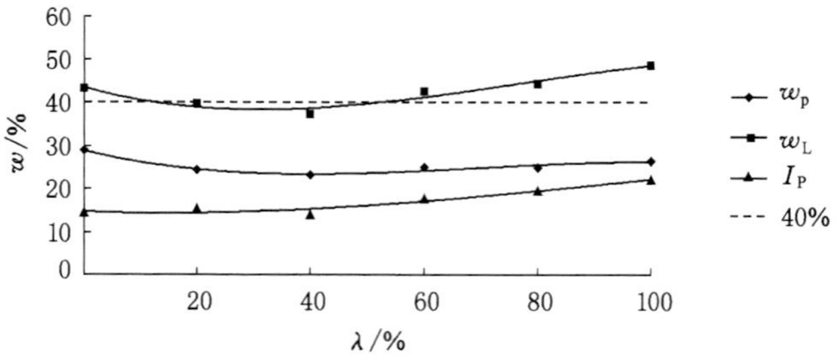

图 2-11 界限含水率指标随红黏土掺合比变化规律

$$w_L = -3\times10^{-5}\lambda^3 + 0.0075\lambda^2 - 0.3659\lambda + 43.434 \quad (R^2 = 0.9312) \tag{2-11}$$

$$w_p = -3\times10^{-5}\lambda^3 + 0.0056\lambda^2 - 0.3159\lambda + 28.806 \quad (R^2 = 0.9375) \tag{2-12}$$

$$I_p = -6\times10^{-6}\lambda^3 + 0.0019\lambda^2 - 0.0499\lambda + 14.628 \quad (R^2 = 0.9448) \tag{2-13}$$

据式(2-11)可以计算出当掺合比为 13%~52%时,混合土的液限小于 40%,即混合土为 C 组填料,可以用于Ⅰ级铁路的路基本体或Ⅱ级铁路的基床底层及路基本体的填筑。

2.5 标准击实试验与可击实性试验

击实试验的目的是测量土样在标准击实功下含水率与干密度的关系。由于粗粒土(如砾石土或砂土)在最干或饱和下容易击实,粗粒土中含有一定量水时容易形成毛细角边水而影响击实,所以粗粒土击实曲线是一近似的抛物线,不存在最优含水量。细粒土击实曲线近似一条开口向下的抛物线,存在峰值即最大干密度 ρ_{dmax},对应的含水率为最优含水率 w_{op}。

最大干密度和最优含水率是路基工程使用的两项重要指标，其中最大干密度常用于计算路基的压实程度，其表达方式在公路路基工程中称为压实度，在铁路路基工程中称为压实系数 K，即 $K=\rho_d/\rho_{dmax}\times100\%$，如Ⅰ级铁路的基床底层要求压实系数为 91%。最优含水率也是路基压实过程的重要指标，压实含水率一般控制在 $w_{op}\pm2\%$。填料含水率过低，土粒之间的摩擦力大，土粒相对运动摩擦力大而不容易压实；填料含水率过高，则容易出现弹簧土，即使增加压实遍数也无法对路基进行有效压实。

击实试验分为轻型击实试验与重型击实试验，不同的规范有不同标准，使用的击实筒大小也略有差别，《铁路工程土工试验规程》(TB 10102—2010)规定的击实参数如表 2-9 所列。《公路土工试验规程》(JTG E40—2007)规定的击实参数见表 2-10。

表 2-9　铁路工程规范的击实参数

试验类型	标准技术参数											
	编号	击实仪规格							试验条件			
		击锤			击实筒			护筒	击实功/(kJ·m^{-3})	层数/层	每层击数/击	最大粒径/mm
		质量/kg	锤底直径/mm	落距/mm	内径/mm	筒高/mm	容积/cm^3	高度/mm				
轻型	Q_1	2.5	51	305	102	116	947.4	50	592	3	25	5
	Q_2	2.5	51	305	152	116	2 103.9	50	597	3	56	20
重型	Z_1	4.5	51	457	102	116	947.4	50	2 659	5	25	5
	Z_2	4.5	51	457	152	116	2 103.9	50	2 682	5	56	20
	Z_3	4.5	51	457	152	116	2 103.9	50	2 701	3	94	40

表 2-10　公路工程规范的击实标准

试验方法	类别	锤底直径/cm	锤质量/kg	落距/cm	试筒尺寸		试样尺寸		层数/层	每层击数/击	击实功/(kJ·m^{-3})	最大粒径/mm
					内径/cm	高度/cm	高度/cm	体积/cm^3				
轻型	Ⅰ-1	5	2.5	30	10	12.7	12.7	997	3	27	598.2	20
	Ⅰ-2	5	2.5	30	15.2	17	12	2177	3	59	598.2	40
重型	Ⅱ-1	5	4.5	45	10	12.7	12.7	997	5	27	2687.0	20
	Ⅱ-2	5	4.5	45	15.2	17	12	2177	3	98	2677.2	40

通过表 2-9 与表 2-10 的对比，两种常用规程在击实筒的大小、击实锤的大小、落距、击实功方面均有差别，但差距并不是很大，如 Q_1 型与Ⅰ-1 型或 Z3 与Ⅱ-2 具有较好的等效性。在室内试验时，最好先查规范，然后用游标卡尺找到对应的击实筒、击实锤，再开展击实试验。

根据施工技术相关经验，轻型击实试验相当于 6～8 t 的压路机碾压效果，重型击实试验相当于 12～15 t 压路机的碾压效果，重型击实试验的击实功大约是轻型击实功的 4.5 倍，目前倡导大型机械施工，增加效率，因此重型击实试验使用较为普遍。

2.5.1　轻型击实试验与分析

(1) 土样制备与击实试验

① 击实参数。轻型击实试验采用的是 Q_1 型击实试验，使用的击实筒直径为 102 mm、

筒高 116 mm、容积 947.4 cm^3；击实锤质量 2.5 kg、锤底直径 51 mm、落距 305 mm；试验分 3 层击实，每层 25 击，击实功为 592 kJ/m^3。

② 土样制备。由千枚岩土和红黏土的界限含水率试验可知，混合土的塑限在 17%～19%，考虑制备试样的方便性，统一取土的塑限为 18%，一般轻型击实最优含水率要比塑限高一些，因此按照 24%为中心标准每种掺合比制备了 5 组试样，5 组试样的含水率分别为 20%、22%、24%、26%、28%。每个含水率的风干土样准备 4 kg，然后根据土样的风干含水率计算应加入水的质量，然后充分拌和后，装入塑料袋中浸润 24 h。24 h 内应在不解封袋口的情况下翻土 2～3 次，保证土料的均匀性。制备试样时，每个密封袋应贴上标签，保证记录的正确性。

③ 击实试验控制方法。分 3 层击实时，第 1、2 层击实时根据经验称取试样的质量，轻型击实的最大干密度不超过 1.55 g/cm^3，设最优含水率为 18%，则击实后土的总质量为：$1.55\times(1+0.18)\times592$ g=1 082 g，分3 层击实，则每层的质量为 361 g。前 2 层均称 361 g 进行击实。

第 2 层击实完成后，用尺测量击实后土面到筒口的距离 h，如果 h 等于 1/3 筒高，则原来加的土量是预计的土量，最后一层可以多加 10～20 g 的土量，以保证击实后土面略高于筒口处，且保证这个高出的距离小于 5 mm。如果 h 大于 1/3 筒高，说明原来加的土量偏少，则按比例最后一层应多加土量。如果 h 小于 1/3 筒高，说明前 2 层的土加的过多，则应按比例减小土量。最后一层击实过程中，击到 20 击应再观察击实后土面，如果土面低于筒口，则应补土量，如果土面高于筒口超过 5 mm，应用工具稍微挖除一部分土体。

(2) 轻型击实曲线与结果分析

击实试验完成后，以含水率 w 作为横坐标，以干密度作为纵坐标，绘制击实曲线，混合土在各掺合比下轻型击实的击实曲线如图 2-12 所示。

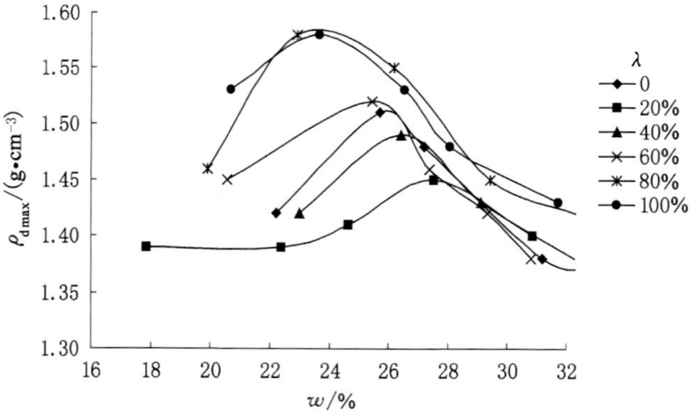

图 2-12　混合土的轻型击实曲线

由图 2-12 可知，在轻型击实试验中，红黏土掺量为 80%的最大干密度最大，而掺合比为 20%时最小。最大干密度随掺合比及最优含水率随掺合比的变化规律如图 2-13 和图 2-14 所示。

由图 2-13 可得，混合土最大干密度随红黏土掺合比的增加先减小后增加，在掺合比为 80%和 100%时达到最大，ρ_{dmax}在 1.58～1.45 g/cm^3 波动。最优含水率呈先增加而后减小的趋势，由于轻型击实试验没有控制好含水率，击实时最大含水率已经达到了 32%。抛物

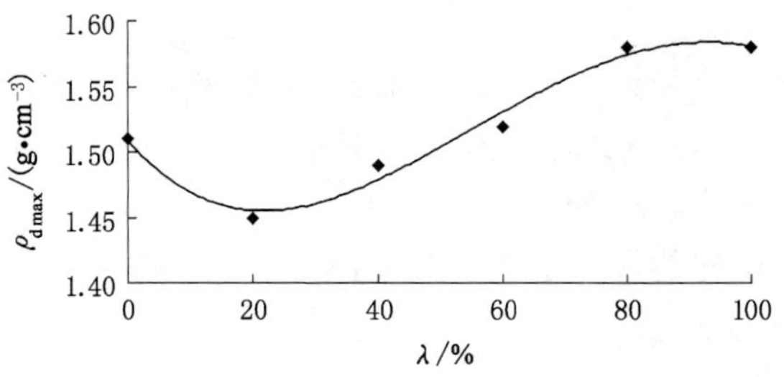

图 2-13 混合土最大干密度随掺合比的变化规律

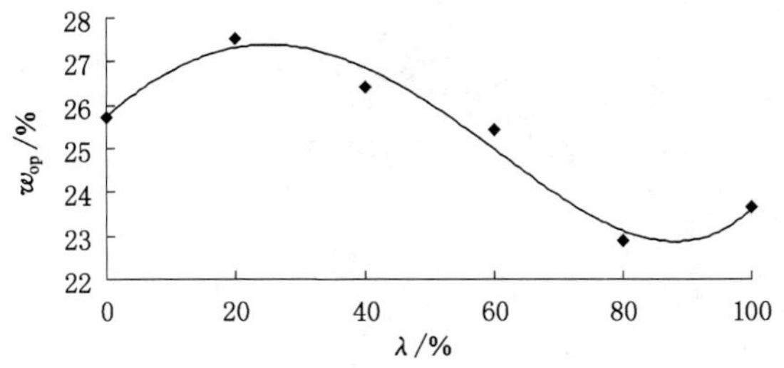

图 2-14 混合土最优含水率随掺合比的变化规律

线左边的点较少,因此是一组不完善的击实曲线。但我们仍然可以从轻型击实试验得出,土的最优含水率较土的塑限高 7%左右。轻型击实试验结果仅供轻重型击实试验的对比,工程应用时请以重型击实试验结果为准。

2.5.2 重型击实试验与分析

目前,工程施工一般采用大型压路机,压路机的质量甚至超过 20 t,因此重型击实试验为室内击实的标准击实试验。

(1) 土样制备与击实试验参数控制

① 击实参数。重型击实试验采用的是 Z3 型击实试验,使用的击实筒直径为 152 mm、筒高 152 mm、容积 2 103.9 cm^3;击实锤质量 4.5 kg、锤底直径 51 mm、落距 457 mm;试验分 3 层击实,每层 94 击,击实功为 2 701 kJ/m^3。

② 土样制备。由千枚岩土和红黏土的界限含水率试验可知,混合土的塑限在 17%~19%,考虑制备试样的方便性,统一取土的塑限为 18%,因此按照 18%的标准每种掺合比制备了 5 组试样,5 组试样的含水率分别为 14%、16%、18%、20%、24%。每种含水率的风干土样准备 5 kg,然后根据土样的风干含水率计算应加入水的质量,充分拌和后,装入塑料袋中,浸润 24 h。24 h 内应在不解封袋口的情况下翻土 2~3 次,保证土料的均匀性。制备试样时,每个密封袋应贴上标签,保证记录的正确性。

③ 重型击实试验控制方法。采用三层击实时,第 1、2 层击实时根据经验称取试样的质量,重型击实湿密度一般不超过 2 g/cm^3,则击实后土的总质量为:2×2 103 g=4 206g,分三层击实,则每层的质量为 1 402 g。前两层均称样 1 402 g 进行击实。最后一层的控制方法请参考前一节的轻型击实试验,这里不再详述。需要注意的是,重型击实试验下部有一个

垫块，不同的垫块高度略有不同，一定要在试验前测试垫块的高度，并核算筒的体积是否与规范中体积相一致。

④ 测定实际含水率与土质量。试验完成后，首先称量筒＋土的总质量 m，然后用推土器推出土体，在圆柱体的中心处，高度为 $h/3$、$2h/3$ 处取土样 20 g 以上进行含水率平行测定。

(2) 重型击实试验结果与分析

重型击实试验每个试样的含水率取两次平行测定的平均值，土的质量为 m 减去筒的质量(m_0)。干密度的计算方法：$\rho_{dmax}=(m-m_0)/[V\times(1+w)]$，然后以 w 为横坐标，以 ρ_{dmax} 为纵坐标，绘制击实曲线，如图 2-15 所示。

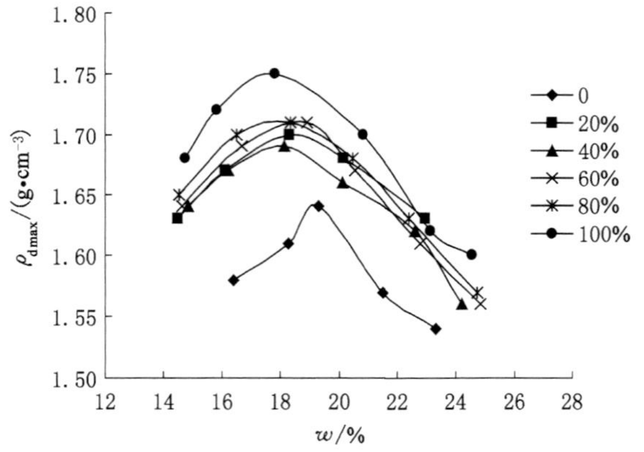

图 2-15 重型击实试验的击实曲线

由图 2-15 可得，红黏土的最大干密度最大为 1.75 g/cm³，千枚岩土的最大干密度最小为 1.64 g/cm³。为了更好地展示最大干密度随红黏土掺合比的变化规律，将数据整理成图 2-16 和图 2-17。

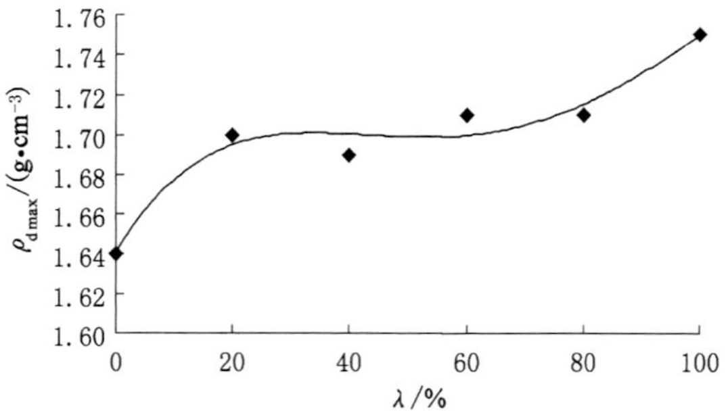

图 2-16 混合土最大干密度随掺合比的变化规律

从图 2-15 至图 2-17 可以看出，红黏土在标准重型击实功下得到的最大干密度最大，千枚岩土最小，而掺合比为 20%～80%时基本没有大的变化，其最大干密度在 1.69～1.71 g/cm³ 波动。为了后续试验方便，千枚岩土最大干密度取 1.64 g/cm³，红黏土取 1.75 g/cm³，而掺合比为 20%～80%时统一取为 1.70 g/cm³。最优含水率除千枚岩土超过 19%外，其余均在 18%左右波动，其波动范围小于工程中实际操作的±2%范围。因此，本研究统一取 18%作为混合土的统一最优含水率是较为恰当的。后续研究中的膨胀率、抗剪

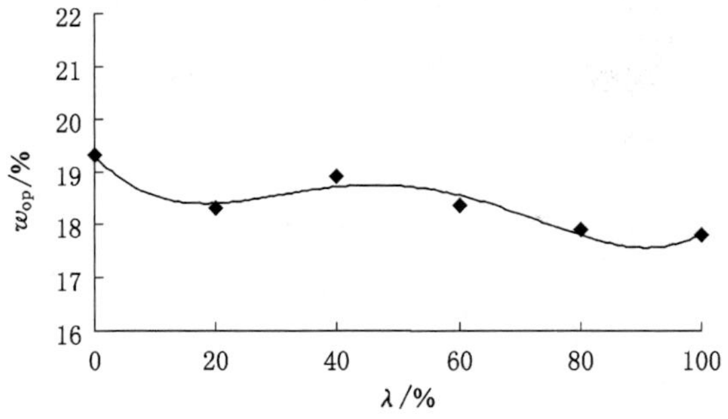

图 2-17 混合土最优含水率随掺合比的变化规律

强度、固结试验均是依据此来取值控制压实系数和最优含水率的。

2.5.3 轻型击实与重型击实试验对比分析

工程常识，重型击实试验的击实功较轻型击实试验大，所以重型击实试验所得到的最大干密度较大。本次试验开展了两种击实试验，其最大干密度和最优含水率的对比见表 2-11。

表 2-11 轻型击实与重型击实试验对比

λ/%	w_p/%	轻型击实		重型击实		最大干密度对比		最优含水率对比	
		ρ_{dmax} /(g·cm^{-3})	w_{op} /%	ρ_{dmax} /(g·cm^{-3})	w_{op} /%	ρ_{dmax}增加值 /(g·cm^{-3})	ρ_{dmax}相对增加值/%	w_{op}降低值/%	w_{op}相对降低值/%
0	28.89	1.51	25.7	1.64	19.2	0.13	8.61	6.50	25.3
20	24.35	1.45	27.54	1.70	18.3	0.25	17.24	9.24	33.6
40	23.14	1.49	26.43	1.69	18.91	0.20	13.42	7.52	28.5
60	24.96	1.52	25.43	1.71	18.35	0.19	12.50	7.08	27.8
80	24.84	1.58	22.9	1.71	17.80	0.13	8.23	5.10	22.3
100	26.39	1.58	23.66	1.75	17.8	0.17	10.76	5.86	24.8

由表 2-11 分析可得，对于混合土，重型击实试验的 ρ_{dmax} 较轻型击实试验增加了 0.13～0.25 g/cm^3，相对增加值为 8.23%～17.24%。因此，如果室内采用了轻型击实试验，则在保守情况下，重型击实试验的最大干密度要在轻型击实试验的基础上增加 10%。重型击实试验的 w_{op} 较轻型击实试验降低了 5.1%～9.24%，平均值为 6.9%，即重型击实试验的最优含水率可以在轻型击实试验基础上降低约 7%。

根据工程经验，土的最优含水率与土的塑限较为接近，根据本次试验 6 种掺合比混合土，轻型击实试验与土的塑限较为接近，与重型击实试验的最优含水率相差较大，相关情况见表 2-11。

2.5.4 可击实性试验与分析

标准击实试验往往击实功已经达到饱和，再增加击实功对土的干密度增加意义不大(见图 2-18，击实次数大于 N_1)，这是由于颗粒已经在击实功作用下已经发生了充分的位移和变形，再增加击实次数已经不能提高干密度，甚至会造成击实功的浪费。因此，在击实功较低的情况下更能反映土在相同击实功情况下的可击实性，如击实次数为 N_2，$N_2 < N_1$ 在相同的击实功下更能反映哪种混合土更容易压实。

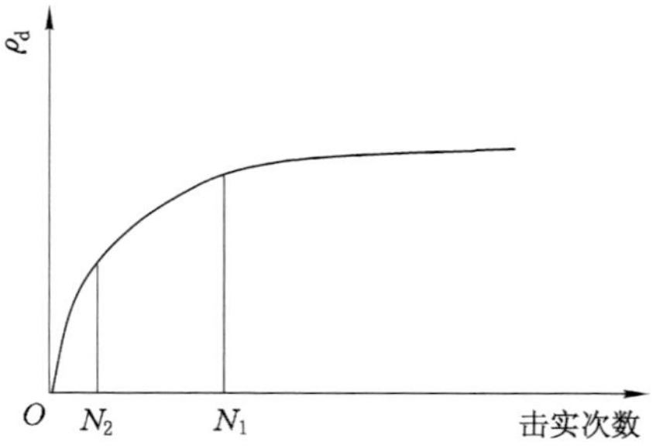

图 2-18　相同土干密度随击实次数的变化关系

(1) 可击实性试验的试验方法

由标准重型击实试验可知，混合土的最优含水率约为 18%，本试验含水率采用 18%。为了方便计算击实筒未击满情况下的土体积，采用与标准击实不同的击实方法。标准击实试验是铁垫块在最下面，击实锤直接击实土体，但击实后土样表面高低不平，不便于计算击实后土体体积和土密度。本次试验采用重型击实筒，但下面不放垫块，垫块放在土面上，然后通过击实锤击打铁垫块中央来给土施加击实功，其区别如图 2-19 所示。

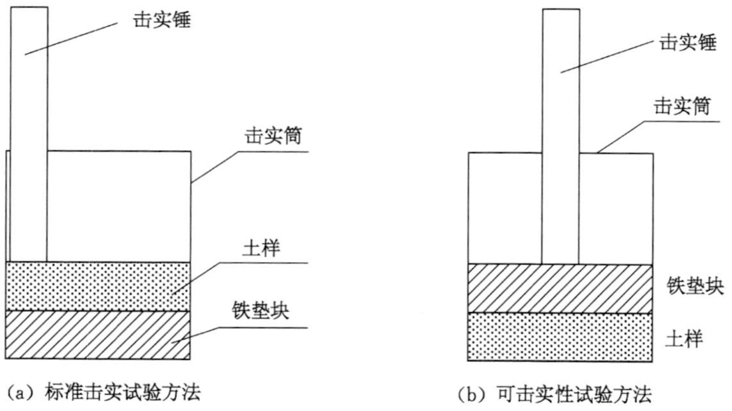

图 2-19　标准击实与可击实性试验的区别

可击实性试验的击实锤均击在垫块的中央，可以基本保证击实后的土样是一个标准的圆柱体，通过测定圆柱体的高就可以得出击实后土的体积，方便土体密度的计算。

可击实性试验土样含水率为 18%，每次击实土样的质量均为 1 000 g，击实次数为 50 次，低于标准击实的 94 次。

(2) 试验结果分析

通过游标卡尺可以测量击实后土样的高度 h，则击实后土样的体积 $V=\pi d^2 h/4$，通过 $\rho=m/V$ 来计算湿密度，通过 $\rho=m/[V(1+0.18)]$ 计算土的干密度。各掺合比的可击实性试验结果如图 2-20 所示。

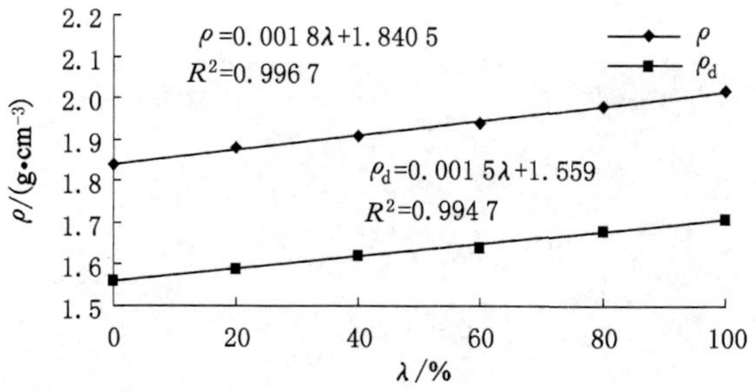

图 2-20 可击实性试验结果(低击实功)

由图 2-20 可知,在同样含水率与同样击实功情况下,混合土的密度与干密度均随着掺合比的增加而增加,其相关关系为:

$$\rho = 0.001\ 8\lambda + 1.840\ 5 \tag{2-14}$$

$$\rho_d = 0.001\ 5\lambda + 1.559 \tag{2-15}$$

由图 2-20 可知,在击实功与含水率相同的情况下,密度和干密度均随红黏土的掺合比的增加而线性增加。由此可知,在低击实功的情况下,千枚岩土最难压实,当加入红黏土后,可击实性提高。可击性试验与现场压实度的检测结果有一定联系,千枚岩土在南昌昌北铁路货场的实践中,重型压路机(20 t)在经过 2 遍静压,2 遍振动压实后,再经 2 遍静压后,千枚岩土的压实系数一般在 85%～89%,很难满足压实系数的控制要求,且压实后的强度很低,K_{30}值无法满足规范要求。而红黏土经过 6 遍碾压后,压实系数一般在 93%以上,K_{30}值可以达到 124 MPa/m,高于规范控制要求。这也是千枚岩土容易作为弃方的原因,昌北铁路货场采用石灰改良和土工格栅加固,均没有达到好的效果,与千枚岩土的难压实性关系密切。千枚岩土的可击实性差可以用微观结构进行解释,见本书 2.6 节。

2.6 矿物成分与微观结构试验

2.6.1 矿物成分试验与分析

千枚岩土和红黏土的特殊工程性质是受其矿物组成和化学成分控制的。研究矿物成分和化学成分不仅是了解控制这两种性质的内在因素,探讨千枚岩膨胀机理所必须的,而且是两种相互改良新方法所必不可少的。千枚岩土和红黏土填料的工程性质不仅取决于压实系数,还受矿物成分和微观结构的影响。

目前,研究矿物成分的主要手段是 X 射线衍射分析(XRD)和 X 射线能谱分析(EDX)等技术手段,土中黏土矿物的测定可利用矿物 X 射线衍射图谱,通过比较主要的峰值及衍射峰值强度、半高宽定量分析等方法,从而得到某种特定矿物在土中的百分比 。

(1) 试样制备与试验参数

用 X 射线衍射的试样要求是烘干的散状样,因此试验采用干试样进行配制,混合土的掺合比分别取 0、20%、40%、60%、80%、100%,每种掺合比试样分别取 10 g 装入相应的密封塑料袋中,并贴上标签,制备的试样如图 2-21 所示。

矿物成分分析在南昌大学进行,采用了德国布鲁克公司生产的 D8 型 X 射线衍射仪,试

图 2-21　矿物成分分析的制备试样

验参数设置如下：辐射源为铜、波长为 1.540 60 nm、测试温度为 30 ℃、不使用单色仪、Soller 狭缝为 0.04 rad、扫描步长为 0.020 5°。红黏土和千枚岩土的扫描角度范围分别设定为 5°～70°和 0°～80°。

(2) X 射线矿物成分试验结果与分析

采用 X 射线衍射仪对配置的土样进行 X 射线衍射试验，其试验结果如图 2-22 所示。

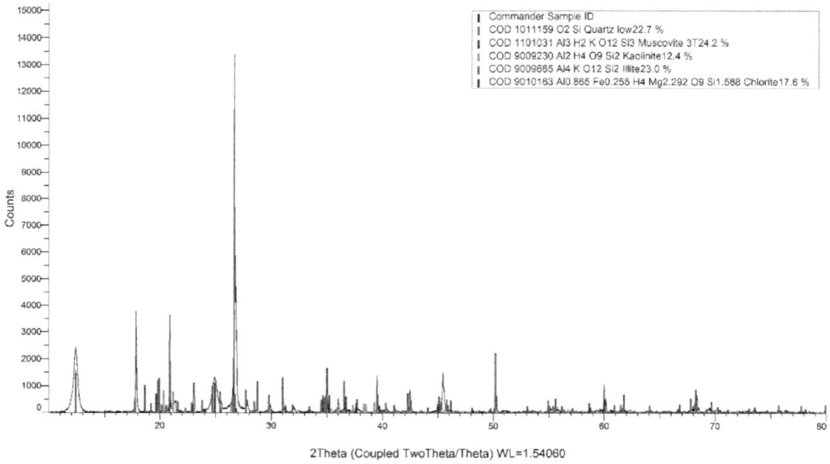

(a) 千枚岩土

图 2-22　各种掺合比下土的 X 射线衍射图谱

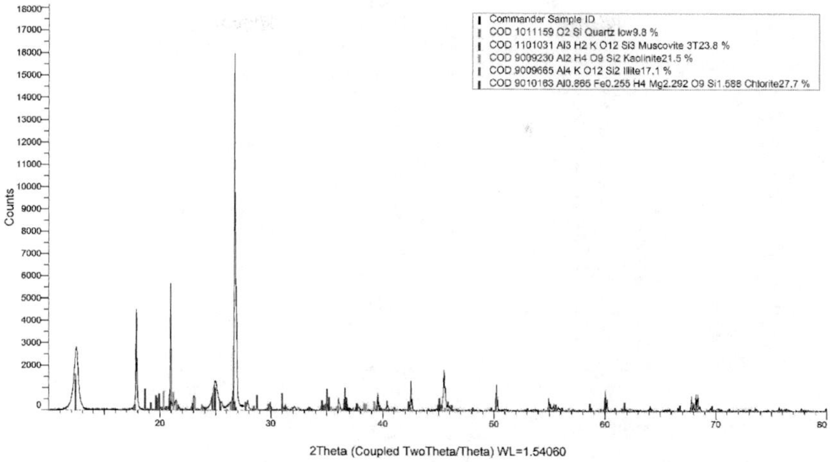

（b）λ=20%

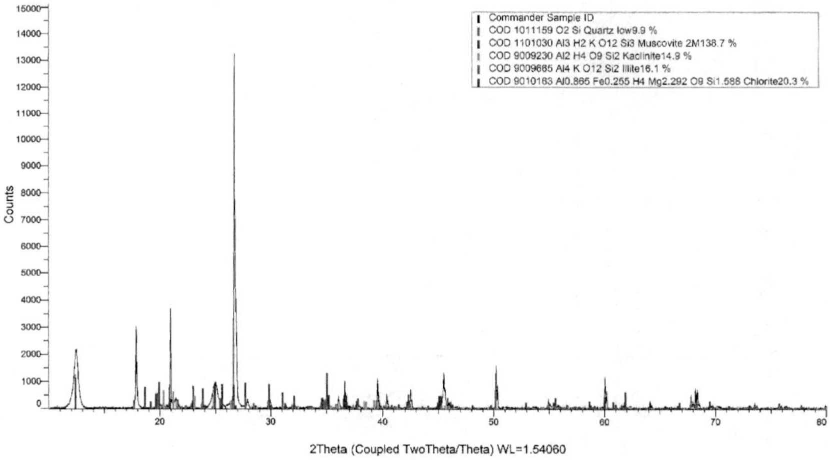

（c）λ=40%

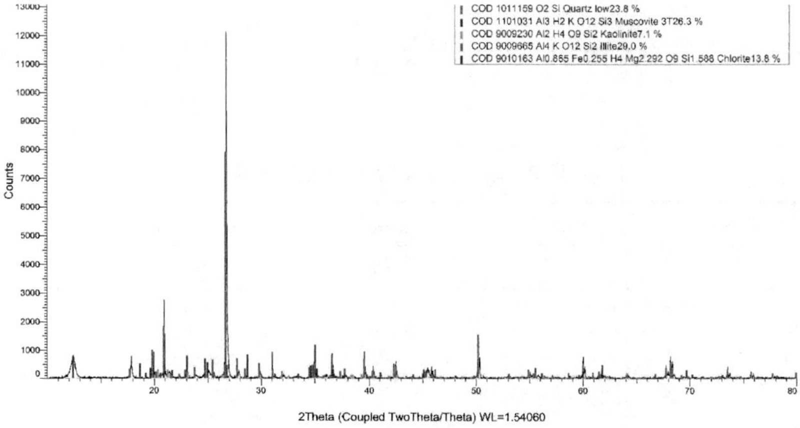

（d）λ=60%

图 2-22(续)

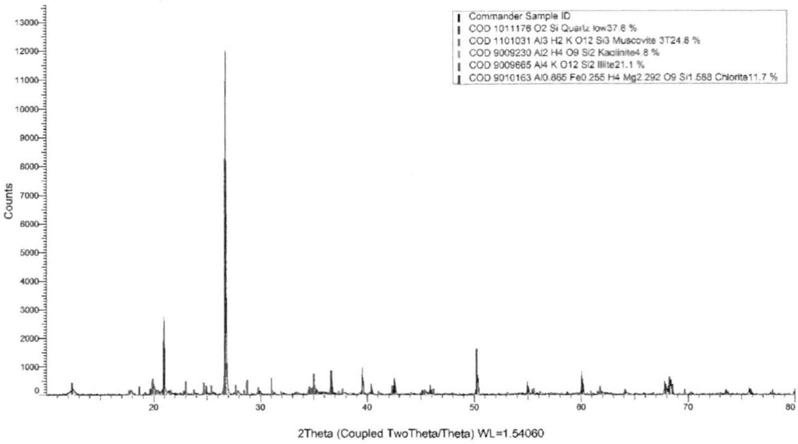

(e) λ=80%

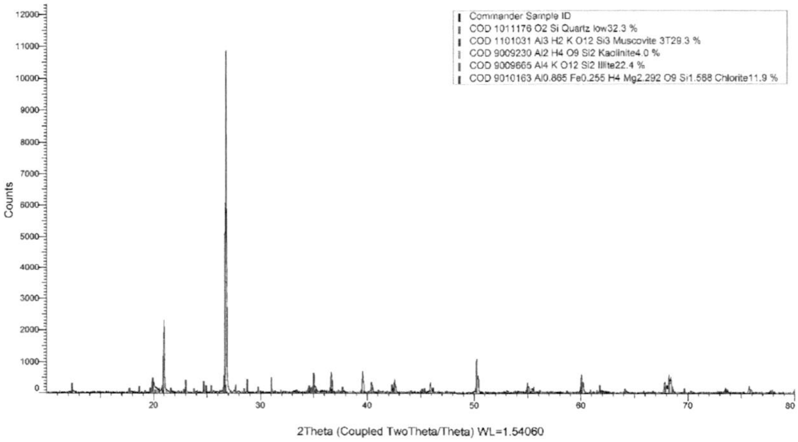

(f) 红黏土

图 2-22(续)

由以上射线衍射图谱可知，千枚岩土与红黏土所混合的混合土含有的矿物成分含量见表 2-12。

表 2-12 混合土的矿物成分含量

λ/%	高岭石/%	白云母/%	石英/%	伊利石/%	绿泥石+蒙脱石/%
0	12.4	24.2	22.7	23	17.6(蒙)
20	21.5	23.8	9.8	17.1	27.7
40	14.9	38.7	9.9	16.1	20.3
60	7.1	26.3	23.8	29	13.8
80	4.8	24.8	37.6	21.1	11.7
100	4	29.3	32.3	22.4	11.9(绿)

由表 2-12 可知，衍射结果对绿泥石和蒙脱石不能很好地区分，而且本次衍射试验在南

昌大学和南昌航空大学均进行了一次测试，但效果不好。根据后期的二次分析结果，认为千枚岩土中含有17.6%左右的蒙脱石和绿泥石的混合物，第3章中千枚岩土的无荷膨胀率可以达到19%，导致这种工程性质的最本质的原因就是千枚岩土中含有较多量的蒙脱石。红黏土的无荷膨胀率仅有3%左右，因为它不含蒙脱石矿物。黏土矿物成分中高岭石基本没有膨胀性，伊利石和绿泥石的膨胀性非常弱，所以对膨胀起决定作用的是蒙脱石的含量。红黏土虽然膨胀性较小，但其收缩性很大，与膨胀土有显著的区别，矿物成分上还不能作出明确的解释，值得在此方面深入研究。

2.6.2 扫描电镜试验与分析

（1）试验仪器与参数

电镜扫描分析采用的仪器是美国 FEI Nova Nano SEM450 型发射扫描电子显微镜和英国的 INCA X-Max250 型能谱仪。该仪器具有高分辨模式，可以对土样纳米级尺寸观察，可分析土的微观结构，具有高分辨率和多种放大倍数的特点。本次观察土样的电镜的放大倍数分别为 500x、1 000x、5 000x、10 000x 和 20 000x。能谱分析可以对混合土的颗粒进行定性和半定量分析。

土样配制方法同X衍射试验，此处不再详述。主要的试验步骤包括：将土样用电胶固定在圆盘上，并清除掉落的土颗粒；采用喷金仪对土样进行镀金膜，目的是更加清晰地观察土的微观结构；镀好膜的土样放入载物台上进行电镜扫描试验与能谱试验。

（2）微观结构分析

电镜扫描可以得到土的微观结构，观察土颗粒的颗粒形态，并能通过图片的比例尺大致获得土颗粒的分布尺寸，各种掺合比混合土的电镜扫描图如图 2-23 所示。在图 2-23 中，颗粒形态采用 10 000x 的放大倍数，微观结构组合采用 2 000x 的放大倍数。

（a）千枚岩土，10 000x　　（b）千枚岩土，2 000x

（c）λ=20%，10 000x　　（d）λ=20%，2 000x

图 2-23　混合土的微观结构扫描电镜图

(e) λ=40%，10 000x　　(f) λ=40%，2 000x

(g) λ=60%，10 000x　　(h) λ=60%，2 000x

(i) λ=80%，10 000x　　(j) λ=80%，2 000x

(k) 红黏土，10 000x　　(l) 红黏土，2 000x

图 2-23(续)

由图 2-23 可知，在所有的混合土中，除了纯红黏土外，其余的微观结构中千枚岩颗粒都占绝对优势。千枚岩土虽然在试验前已经充分碾碎，但其碾碎的颗粒仍然保持着原来片状构造，呈片状、长扁片状，颗粒较均匀，粒径长度为 10～15 μm，厚度一般为0.5 μm。颗粒之间呈现面-面、角-面接触。因此，在其被击实时，往往形成架空结构，类似于沉积岩中的接触型胶结[图 2-24(a)]；在浸水后可以形成较大的沉降，其压缩模量较低。

红黏土颗粒虽然呈团粒状，但再次放大可见团粒状的红黏土颗粒更为细小，其粒径大小

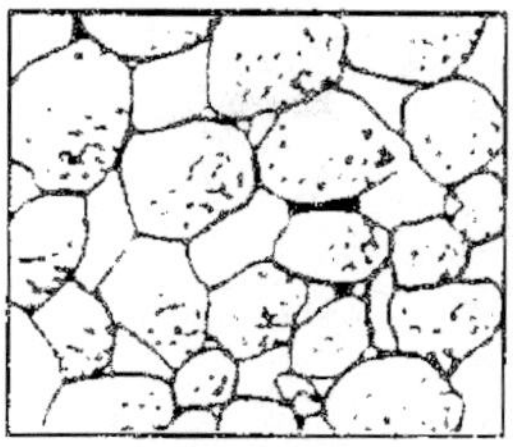

(a) 接触型胶结

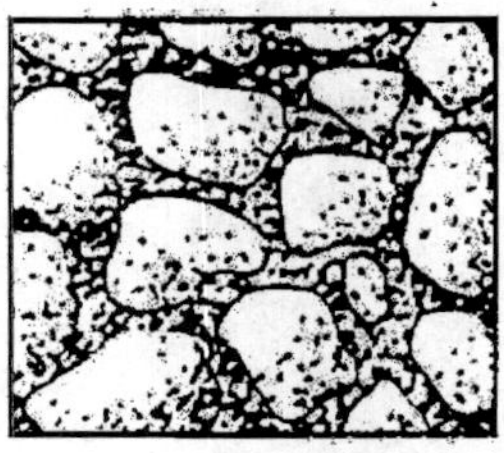

(b) 基底型胶结

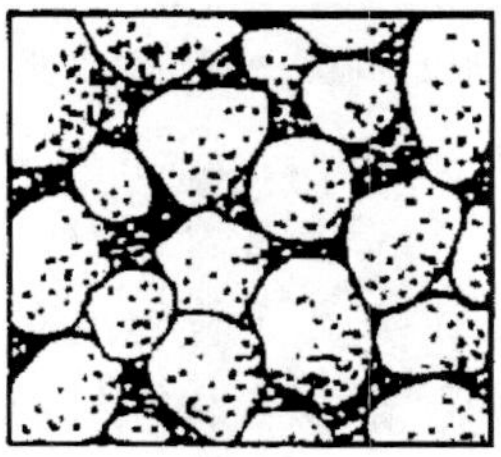

(c) 孔隙型胶结

图 2-24　沉积岩的胶结类型

往往在 1～4 μm 范围。从掺合比为 80%的图中可以看出，红黏土颗粒可以镶嵌入千枚岩土颗粒的孔隙中，可以有效改变混合土的级配情况，因此其更容易压实而形成密实结构，类似于沉积岩中的孔隙型胶结或基底型胶结[图 2-24(b)、(c)]，浸水后也不容易塌陷，因此其压缩模量较大。从前面击实试验可知，加入红黏土后土的可击实性呈线性提高，这与微观结构改变有较大关系。

在昌北铁路货场工程中，采用石灰进行改良。石灰相当于胶结物，由于石灰的掺量较少，仅能在接触点处形成胶结，仍然形成的是图 2-24(a)所示接触型胶结，因此地基系数 K_{30} 不易满足路基质量的要求。

2.6.3　能谱试验与分析

能谱试验是在扫描电镜的基础上对土颗粒某点进行能谱分析的，可以得出土颗粒的元素含量组成。本试验对千枚岩土表面和红黏土表面采集代表性点进行分析，如图 2-25 所示。

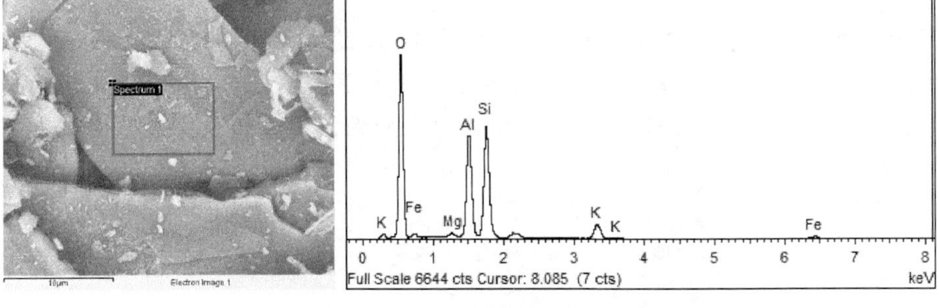

(a) 千枚岩土取位点及元素含量分析

图 2-25　千枚岩土和红黏土的元素分析图

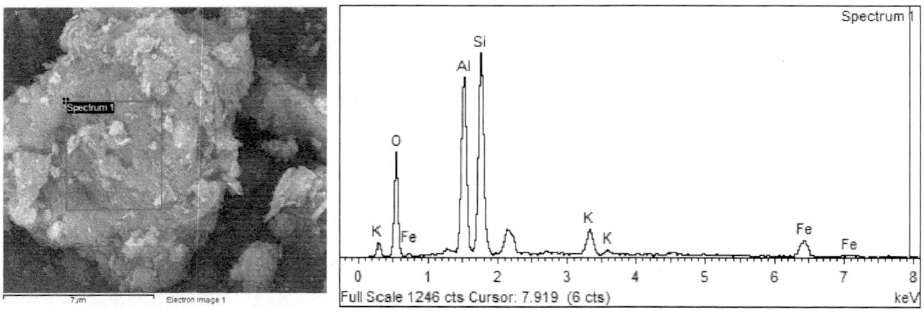

(b) 红黏土团粒取位点及元素含量分析

图 2-25(续)

由能谱元素分析图可以看出,O、Al、Si 是千枚岩土和红黏土的三大主要元素。因此,千枚岩土和红黏土主要化学成分是 Al_2O_3 和 SiO_2,其矿物成分推测为硅铝酸盐,具体矿物成分请参考 X 射线衍射试验。K 和 Fe 元素相对含量较少,但 K 元素在红黏土中含量较千枚岩土为多。国内研究表明,采用离子交换法(如使用 Ca^{2+} 来取代 K^+)时,红黏土的交换量预计要比千枚岩土大。昌北铁路货场实际研究表明,红黏土经石灰改良后,有较大的强度增长,经过 7 d 后强度远远超过了路基 K_{30} 地基系数的要求。而千枚岩土与石灰反应缓慢,且黏结性低,经过改良后强度仍较低,在现场表现为载料车陷入路基面较深,然后形成松土层。对元素含量进一步定量分析,可以得出各元素的质量分数和原子质量分数见表 2-13。

表 2-13 红黏土与千枚岩土元素定量分析

元素	红黏土		千枚岩土	
	质量分数/%	原子质量分数/%	质量分数/%	原子质量分数/%
O	31.98	48.7	54.89	69.65
Mg	—	—	0.33	0.27
Al	18.88	17.05	12.49	9.4
Si	27.18	23.57	23.83	17.23
K	5.9	3.68	2.42	1.26
Fe	16.06	7.00	6.04	2.2

定量分析表明,红黏土含有较多的 Fe 元素,根据前人的研究,红黏土一般含有游离态的氧化铁(Fe_2O_3),它可以在压实状态下形成较强的铁质胶结,从而可以较大幅度地增加红黏土的强度。对混合土进行能谱分析,Fe 元素的含量随掺合比的变化规律如图 2-26 所示。

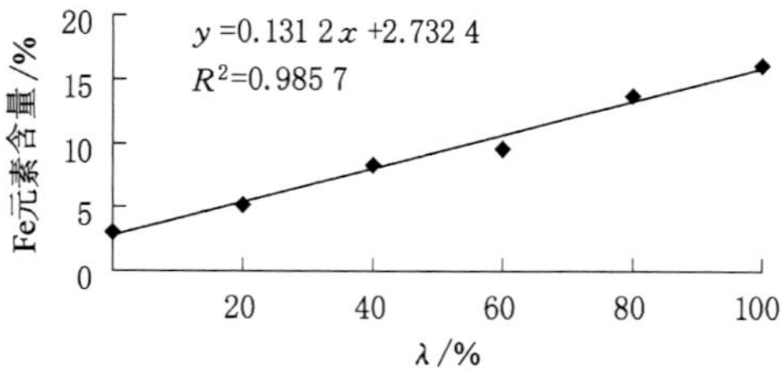

图 2-26 混合土 Fe 元素的含量随掺合比变化规律

红黏土游离态氧化铁不但可以提高红黏土自身的强度，同时在混合土中也可以起到胶结的作用，但 Fe 元素含量太低时，无游离态的氧化铁存在或较少，就难以形成有效的铁质胶结。根据后续的试验，强度要有明显提升的 Fe 元素含量大约为 9.5%。

2.7 本章小结

本章节开展了混合土的界限含水率、粒径级配、击实、矿物成分及电镜扫描试验，通过分析可得出如下结论：

(1) 千枚岩土和红黏土均为高液限土，为 D 组填料，其中千枚岩土为粉质黏土，红黏土为黏土。混合土液限随着掺合比“先减小、后增大”，在 13%～52%时可以成为低液限粉质黏土，为 C 组填料，可以用于Ⅰ级、Ⅱ级铁路特定部位的直接填筑。

(2) 重型击实试验的 ρ_{dmax} 较轻型击实试验增加了 0.13～0.25 g/cm^3，相对增加了 8.23%～17.24%。因此，如果室内采用了轻型击实试验时，在保守的情况下，重型击实试验的最大干密度要在轻型击实试验的基础上增加 10%。重型击实试验的 w_{op} 较轻型击实试验降低了 5.1%～9.24%，平均值为 6.9%，即重型击实试验的最优含水率可以在轻型击实试验的基础上降低约 7%。

(3) 在低击实功和最优含水率情况下，千枚岩土最难击实，红黏土最易击实，混合土的可击实性随着掺合比的增加而增加。

(4) 微观分析表明，千枚岩土颗粒以粉粒为主，形状以片状和长扁片状为主，颗粒接触以面-面、角-面为主，所以击实后容易形成架空结构，改良土形成接触型胶结。红黏土的颗粒以黏粒为主，但容易形成团粒状。红黏土颗粒细小，可以有效填充千枚岩土颗粒之间的空隙，从而在混合土击实后形成密实结构，有利于强度和压缩模量的增加。

(5) 矿物成分分析表明，千枚岩土中含有 17.6%的蒙脱石和绿泥石的混合物，因为含有较多的蒙脱石矿物，所以千枚岩土具有较高的膨胀性。

3 混合土浸水及干湿循环变形特性研究

黏性土由于其颗粒带电，在吸水或失水时，会导致扩散层的变厚或变薄，产生膨胀或收缩变形。部分黏性土(膨胀土)由于土内蒙脱石含量较多，吸水后表现为较大的膨胀性，膨胀会给工程造成较大危害，比如挡土墙后填有膨胀土时，吸水可能造成挡土墙胀裂。如果路基中填有膨胀性土，可能造成路基吸水膨胀，引起轨面抬高，从而影响列车正常运行。在沪昆高铁浙江江山段 K442＋786 处，由于路基填料中含有蒙脱石、海泡石等膨胀性矿物，轨道最大隆起量超过 2 cm，造成高铁列车到此段均降速到 40 km/h 行驶，严重影响了列车的正常运营。因此，千枚岩土必须通过试验掌握其性能后才可用于路基填料。昌北铁路货场千枚岩土也具有较大的膨胀性，其膨胀后变形如图 3-1(a)所示。

江西红黏土膨胀性较小，但路基面在失水后会表现出强烈的收缩变形，在路基面形成纵横交错的裂隙，如图 3-1(b)所示。红黏土强度对水较为敏感，当水沿着裂隙向路基深处渗流后，导致路基发生软化和沉陷，形成道砟囊、道砟槽等病害，因此裂隙对红黏土路基面十分不利。

(a) 千枚岩土　　(b) 红黏土

图 3-1　江西地区典型千枚岩土与红黏土的变形图

现场路基试验段研究表明，当千枚岩土掺入红黏土后，可以有效地降低千枚岩土的膨胀性，同时还可以降低红黏土的裂隙率。虽然现场混合土取得了实质性成功，但红黏土改良千枚岩土的机理和影响因素还不明确，因此有必要通过室内试验来研究相关问题。

在本节中，自由膨胀率测定混合土在没有任何约束情况下浸水后的变形特性；无荷膨胀率测定混合土在环向约束下浸水后的竖向变形。固结试验是在环向约束、有荷载情况下的竖向变形特性。干湿循环试验是测定混合土在干湿循环情况下试样表面的变形特性。

3.1 混合土自由膨胀率试验

自由膨胀率(δ_{ef})是反映黏土膨胀性的指标之一，它与黏土矿物成分、胶粒含量、化学成分和水溶液性质等有着密切的关系，对判别膨胀土具有较大的参考价值。例如，现行规范中

一般规定 $\delta_{ef} \geqslant 40\%$ 的为膨胀土。但单指标容易产生误判，现行规范中还规定应结合离子交换量等指标综合判定其是否为膨胀土。

自由膨胀率试验操作简便，所需仪器设备简单，因此该试验是测定黏性土胀缩特性时采用较多的试验项目。目前，我国现行土工试验方法标准和行业规程对自由膨胀率试验方法的一些细节的规定和说明存在不足之处，各种规范对测试步骤与方法略有差异，使得试验人员即使完全按标准和规程规定的方法对同一土样进行试验，也容易出现试验结果相差较大的现象。以下列举了各种规范对自由膨胀率试验的差异。目前，试验规范操作一般按以下三种规范进行，《土工试验方法标准》(GB/T 50123—2019)、《土工试验规程》(YS/T 5225—2016)、《公路土工试验规程》(JTG E40—2007)。三种规范中只有《公路土工试验规程》条文说明中强调，试样在水中浸泡 24 h 后再开始测试，但未说明浸泡是在搅拌前还是搅拌后进行，而其他两种规范并未说明试样在搅拌前是否需要一定时间的浸泡。

3.1.1　试样制备与试验方案

(1) 试样制备

先将千枚岩土与红黏土在烘箱中 105 ℃的条件下充分烘干，烘干时间不低于 8 h。将千枚岩土与红黏土充分碾碎，然后过 0.5 mm 的筛。试样采用筛下土进行配比，千枚岩土与红黏土按质量比(0、20%、40%、60%、80%、100%)取样，取样完成后应充分搅拌，每种掺合比土样分别称取 100 g 放入铝盒内备用。

(2) 试验关键步骤

① 取样。将土样从自由膨胀率专用取土漏斗中，倒入过程中不允许振动。土颗粒会从漏斗漏到下面的土杯中，如图 3-2 所示。多余的土将在土杯上堆积成锥形，用平口刀沿杯口刮平土面，将土样倒入铝盒内称量质量。此过程应进行 2 次，2 次平行试验土杯取土样质量之差不得大于 0.1 g；若超过，则应重新取样。

图 3-2　自由膨胀率测定

② 搅拌均匀。将铝盒中的土样倒入盛有 30 mL 蒸馏水和 5 mL 的 5%分析纯氯化钠溶液的量筒中，用搅拌器由上至下搅拌 10 次，最后用纯水清洗搅拌器及量筒内壁，至筒内液面约 50 mL 刻度处。

③ 静置与读数。因为现行规范中没有明确规定读数前的静置时间，本次试验在静置后

3 h，悬浊液澄清时开始读数。每隔 2 h 记录一次土液分界面的读数，该值即为土试样膨胀后的体积，当两次读数的差值不大于 0.2 mL 时，认定为膨胀稳定。

本试验土样均进行了平行试验，试验取两次读数平均值作为试验结果。

(3) 试验结果分析

在试验过程中，发现澄清后土水分界面不但没有因为膨胀吸水上升，而是随着时间不断下降，土样体积变化如图 3-3 所示。这种现象可能是搅拌后土样比较疏松，体积较大，但随着时间的增长，悬浊液开始聚集，所以土样的体积开始缩小。试验结果表明，公路土工试验规范中浸泡静置 24 h 是合理的。考虑到土颗粒在长时间吸水后，最终都会趋于稳定，因此结果仍可采用。

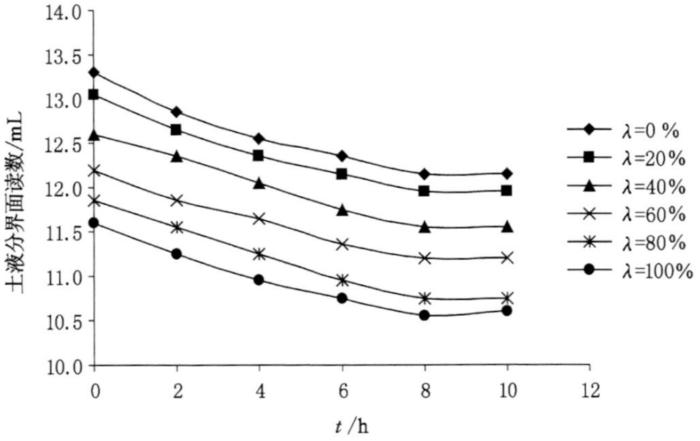

图 3-3　混合土 δ_{ef} 随时间的变化规律

3.1.2　自由膨胀率随红黏土掺合比的变化规律

自由膨胀率的计算方法为：

$$\delta_{ef}=\frac{V-V_0}{V}\times 100\ \% \tag{3-1}$$

式中　δ_{ef}——自由膨胀率，%，精确至 0.1%；

V——土样在量筒中膨胀稳定后的体积，mL；

V_0——量土杯的容积，为 10 mL。

采用式(3-1)进行计算时，取最终量筒稳定后的体积作为 V，然后进行计算。混合土自由膨胀率随掺合比的变化规律如图 3-4 所示。

由图 3-4 分析可得，当掺合比为 0(纯千枚岩土)时，土的自由膨胀率最大为 21.5%。当掺合比为 100%(纯红黏土)时，混合土的膨胀率最小为 6.0%。混合土的自由膨胀率随红黏土掺合比的增加而减小，其变化规律可以用三次函数来描述：

$$\delta_{ef}=2E^{-05}\lambda^3-0.003\ 5\lambda^2-0.039\ 4\lambda+21.484 \tag{3-2}$$

依据《膨胀土地区建筑技术规范》(GB 50112—2013)[66]，当 $40\%\leqslant\delta_{ef}<65\%$ 时为弱膨胀土，当 $65\%\leqslant\delta_{ef}<90\%$ 时为中膨胀土，当 $\delta_{ef}\geqslant 90\%$ 时为强膨胀土。试验结果表明，由于混合土的自由膨胀率均低于 40%，因此混合土均不是膨胀土，具备潜在的作为路基填料的能力。

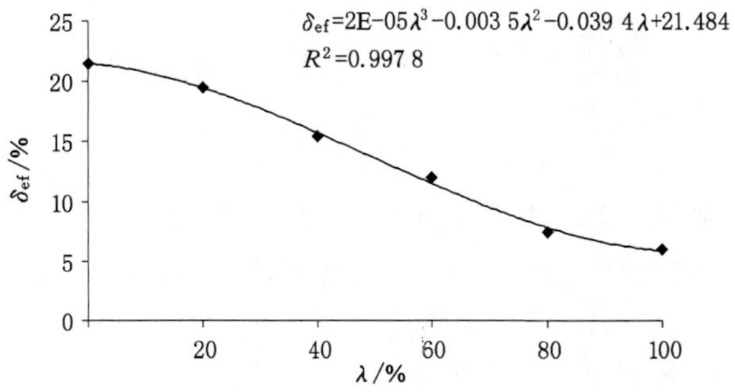

图 3-4 混合土自由膨胀率随掺合比的变化规律

3.2 混合土膨胀率试验

无荷膨胀率试验是测定土样在环向约束下，竖向没有荷载情况下浸水的膨胀变形。由于只在竖向上发生膨胀，部分现行规范中定义为线膨胀率，在《膨胀土地区建筑技术规范》(GB 50112—2013)中称为膨胀率，其计算式为：

$$\delta_{ep} = \frac{h_w - h_0}{h_0} \times 100\% \tag{3-3}$$

式中 δ_{ep}——土的膨胀率，%；

h_w——土样在水中膨胀稳定后的高度，mm；

h_0——土样的原始高度。

由于一般采用环刀进行试验，环刀的直径为 61.8 mm，环刀的高度为 20.0 mm，因此本试验的原始高度 h_0=20.0 mm。

3.2.1 试样制备

试样制备按以下步骤进行：

(1) 试样称取与混合

先将烘干千枚岩土与红黏土分别过 2 mm 的筛，按千枚岩土与红黏土质量的比例分别为 5∶0、5∶1、5∶2、5∶3、5∶4、0∶5，制备试样所需千枚岩土和红黏土总质量为 16 200 g。

(2) 加水和闷料

依据击实试验，混合土的最优含水率接近 18%，路基施工中一般按最优含水率±2%进行，因此本次试样制备的含水率为 16%、18%和 20%。试样按式(3-4)进行配水，加完水后应充分搅拌后放入密封袋中进行密封，并且闷料 24 h。在闷料期间，可以每隔一定的时间在袋内翻动一次，以保证土颗粒充分吸水。

$$m_w = \frac{m}{1 + 0.01w_0} 0.01 \times (w - w_0) \tag{3-4}$$

式中 m_w——土样所需加水量，g；

m——烘干后混合土的质量，g；

w_0——烘干土含水率，此次取值为 0；

w——制备试样的目标含水率，%。

(3) 制取环刀试样

采用击样法进行制样，以制取掺合比 20%(5∶1)为例，需要制取 $w=18\%$，压实系数为 91%的试样时，则称取试样的质量为：

$$w_{\mathrm{op}}KV_{\text{环}}(1+0.01w)=1.7\times0.91\times60\times(1+0.18)\ \mathrm{g}=109.53\ \mathrm{g}$$

称取 109.53 g 含水率为 18%的混合土样(掺合比为 20%，即 5∶1)，然后采用专用的环刀样制样工具进行击样法制样。该专用制样工具包括有机玻璃环刀套、环刀、击实锤组成。先把环刀套与环刀组合，将 109.53 g 土样全部倒入环刀套和环刀中，然后用击实锤击实环刀套中的土样，至土面与环刀上沿口齐平为止。击实过程中，应多次观察试样表面的位置。

(4) 测定竖向变形量

把制取的环刀试样放入专用的膨胀仪中，然后在膨胀仪的环刀以下部分浸入水中，通过架子上面放置百分表测定土样的竖向膨胀变形。由于实验室膨胀仪数量有限，本次多组膨胀采用固结仪进行膨胀测量，但固结仪的盖子是有一定重量的，因此实际的膨胀率会略大于本试验的测定值。浸水后，把数显的百分表调成 0，然后每隔 0.5 h 读数一次，至膨胀稳定后停止读数，一般读数总时间在 6 h，竖向膨胀测试如图 3-5 所示。

图 3-5　膨胀率测定

(5) 膨胀率测试组合情况设计

膨胀率试验共测定了 54 组试样，其组合情况为：$\lambda=0$、20%、40%、60%、80%、100%；$w=16\%$、18%、20%；$K=89\%$、91%、93%。其中，千枚岩土的最大干密度取 1.64 g/cm^3，红黏土的最大干密度取 1.75 g/cm^3，其余掺合比的的最大干密度取 1.70 g/cm^3。膨胀率试验组合方案见表 3-1。

表 3-1　膨胀率试验组合方案

K	$w/\%$	$\lambda_1=0$	$\lambda_2=20\%$	$\lambda_3=40\%$	$\lambda_4=60\%$	$\lambda_5=80\%$	$\lambda_6=100\%$
$K_1=89\%$	$w_1=16$	$\lambda_1w_1K_1$	$\lambda_2w_1K_1$	$\lambda_3w_1K_1$	$\lambda_4w_1K_1$	$\lambda_5w_1K_1$	$\lambda_6w_1K_1$
	$w_2=18$	$\lambda_1w_2K_1$	$\lambda_2w_2K_1$	$\lambda_3w_2K_1$	$\lambda_4w_2K_1$	$\lambda_5w_2K_1$	$\lambda_6w_2K_1$
	$w_3=20$	$\lambda_1w_3K_1$	$\lambda_2w_3K_1$	$\lambda_3w_3K_1$	$\lambda_4w_3K_1$	$\lambda_5w_3K_1$	$\lambda_6w_3K_1$
$K_2=91\%$	$w_1=16$	$\lambda_2w_1K_1$	$\lambda_2w_1K_2$	$\lambda_3w_1K_2$	$\lambda_4w_1K_2$	$\lambda_5w_1K_2$	$\lambda_6w_1K_2$
	$w_2=18$	$\lambda_2w_2K_1$	$\lambda_2w_2K_2$	$\lambda_3w_2K_2$	$\lambda_4w_2K_2$	$\lambda_5w_2K_2$	$\lambda_6w_2K_2$
	$w_3=20$	$\lambda_2w_3K_1$	$\lambda_2w_3K_2$	$\lambda_3w_3K_2$	$\lambda_4w_3K_2$	$\lambda_5w_3K_2$	$\lambda_6w_3K_2$

表 3-1(续)

K	w/%	$\lambda_1=0$	$\lambda_2=20\%$	$\lambda_3=40\%$	$\lambda_4=60\%$	$\lambda_5=80\%$	$\lambda_6=100\%$
$K_3=93\%$	$w_1=16$	$\lambda_3 w_1 K_1$	$\lambda_2 w_1 K_3$	$\lambda_3 w_1 K_3$	$\lambda_4 w_1 K_3$	$\lambda_5 w_1 K_3$	$\lambda_6 w_1 K_3$
	$w_2=18$	$\lambda_3 w_2 K_1$	$\lambda_2 w_2 K_3$	$\lambda_3 w_2 K_3$	$\lambda_4 w_2 K_3$	$\lambda_5 w_2 K_3$	$\lambda_6 w_2 K_3$
	$w_3=20$	$\lambda_3 w_3 K_1$	$\lambda_2 w_3 K_3$	$\lambda_3 w_3 K_3$	$\lambda_4 w_3 K_3$	$\lambda_5 w_3 K_3$	$\lambda_6 w_3 K_3$

3.2.2　膨胀率随时间的变化规律

在膨胀率试验中，随着时间的推移，黏土颗粒会吸水膨胀，即膨胀率会逐渐增加。以含水率为18%为例，膨胀率随时间的变化规律如图3-6所示。

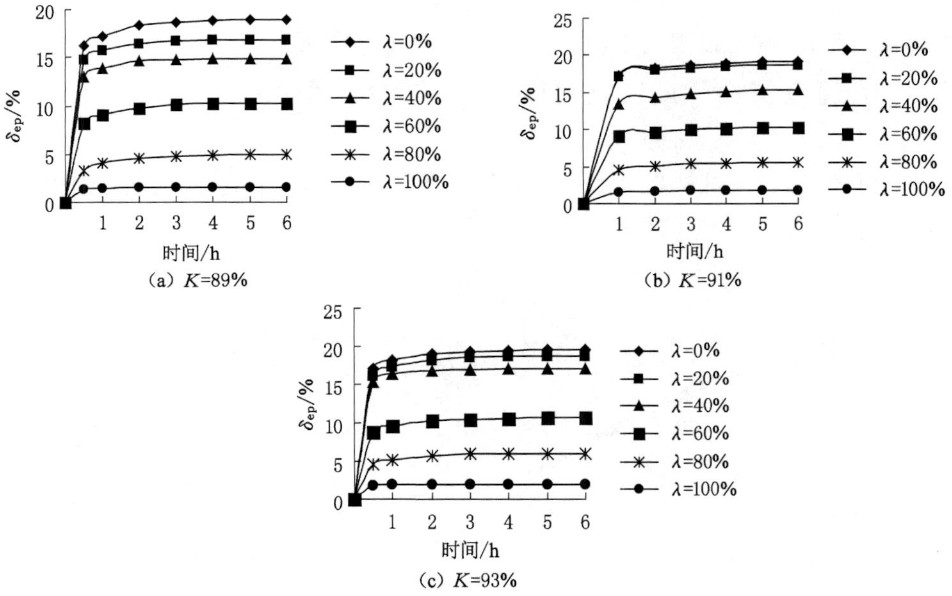

图 3-6　膨胀率随吸水时间的变化规律

由图3-6分析可得，0～1 h内混合土的膨胀率急剧增大，占总膨胀率的80%以上，而1 h后的膨胀率较小。对于掺合比为0、20%、40%的混合土，其膨胀率在1～5 h的增长速率递减，因此5 h内混合土的膨胀基本已经完成。掺合比为60%、80%和100%(红黏土)的膨胀在1 h内基本已经完成。

从图3-6中也可以得出，红黏土掺合比越大，曲线越位于下方，而千枚岩土的曲线在最上方，说明在所有掺合比的混合土试样中，纯千枚岩的膨胀率最大。矿物成分分析表明，千枚岩土中含有17.6%的蒙脱石和绿泥石的矿物，这是其膨胀率大的原因，也会导致严重的工程问题。以压实系数$K=91\%$为例，当路基吸水后，体积变为原来的1.191倍，而最大干密度会变成原来的1/1.191倍，压实系数从原来的91%降低为84.0%，大大低于91%的控制要求。当土样膨胀后，会在试样表面产生鼓起效应(实际路基面会发生隆起)，表面会产生较多的膨胀孔洞(图3-7)，成为雨水下渗的通道，进一步降低路基的强度，产生路基病害。

由于路基面遇到雨水会在短时间(通常在1 h内)产生较大的隆起，造成路基变松，因此雨季施工时，混合土路基面应该做好排水工作，必要时用塑料膜或土工膜进行覆盖。如果没

(a) 千枚岩土表现的膨胀性　　(b) 试样表面的孔洞

图 3-7　千枚岩土膨胀产生的鼓胀与孔洞

有足量的塑料膜，下次可以把表层的土铲去，然后重新填筑碾压施工。

3.2.3　膨胀率随掺合比的变化规律与数学预估模型

（1）膨胀率随掺合比变化规律

图 3-6 可知，混合土试样在浸水后 5 h 膨胀基本稳定，5～6 h 变化很小，因此可取浸水后 6 h 的膨胀率作为混合土的最终膨胀率。膨胀率随掺合比的变化规律如图 3-8 所示。

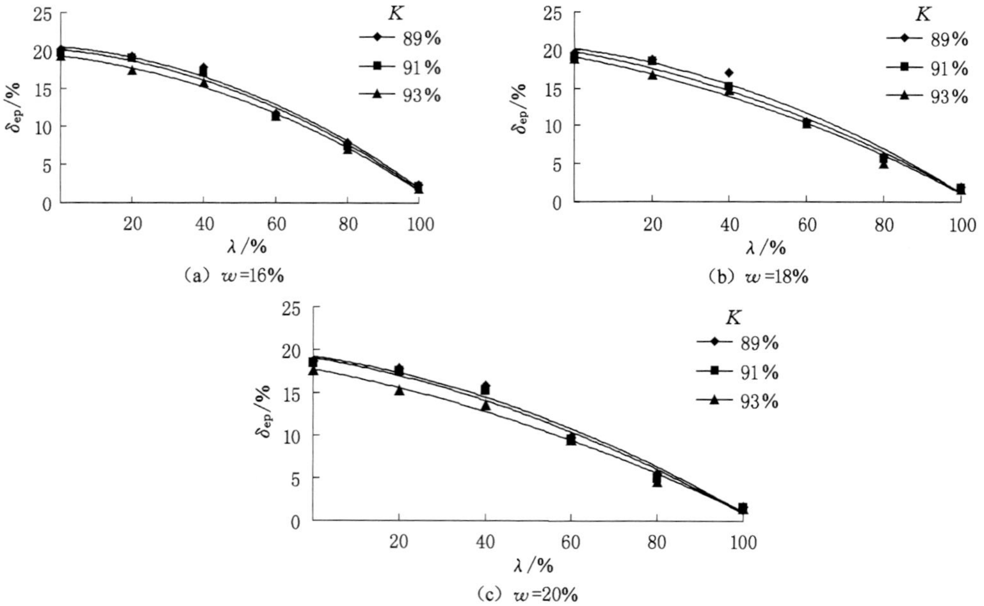

(a) w=16%　　(b) w=18%　　(c) w=20%

图 3-8　膨胀率随掺合比的变化规律

由图 3-8 可知，当混合土掺合比为 0（纯千枚岩土）时膨胀最大，掺合比为 100%（纯红黏土）膨胀最小，膨胀率随掺合比的增加而减小，说明加入红黏土后可以有效降低千枚岩土的膨胀率。

（2）膨胀率随掺合比变化规律的数学模型

由图 3-8 可知，采用二次函数数学模型对相关数据点进行拟合，得到膨胀率随掺合比的变化规律及相关系数列入表 3-2。

表 3-2 膨胀率随掺合比的变化规律数学模型

w/%	K/%	膨胀率随掺合比的数学模型	R^2
16	89	$\delta_{ep}=-0.001\ 5\lambda^2-0.038\ 7\lambda+20.536$	0.986 9
16	91	$\delta_{ep}=-0.001\ 4\lambda^2-0.042\ 6\lambda+20.136$	0.988 7
16	93	$\delta_{ep}=-0.001\ 2\lambda^2-0.053\ 3\lambda+19.313$	0.996 6
18	89	$\delta_{ep}=-0.001\ 2\lambda^2-0.066\lambda+20.200$	0.978 2
18	91	$\delta_{ep}=-0.001\lambda^2-0.087\ 8\lambda+19.789$	0.986 7
18	93	$\delta_{ep}=-0.000\ 9\lambda^2-0.094\ 6\lambda+19.104$	0.990 8
20	89	$\delta_{ep}=-0.001\ 1\lambda^2-0.074\lambda+19.193$	0.980 8
20	91	$\delta_{ep}=-0.001\lambda^2-0.083\ 1\lambda+19.004$	0.981 2
20	93	$\delta_{ep}=-0.000\ 7\lambda^2-0.091\ 7\lambda+17.686$	0.990 9

由表 3-2 可知，采用二次函数来表示膨胀率随掺合比的变化规律的相关系数均大于 0.95，说明二次函数数学模型描述相关规律是合理的，即膨胀率随掺合比的增加呈二次函数降低。使用表 3-2 中的数学模型，可以计算掺合比为其他情况下的膨胀率，如求解掺合比为 50%膨胀率。

(3) 膨胀率随掺合比的归一化数学模型

考虑到图 3-6 中的曲线都相当接近，如果不考虑制样含水率的影响，即分析膨胀率随掺合比的变化规律。可以在 Excel 中采用多元回归分析方法，以膨胀率 δ_{ep} 作为因变量，考虑到掺合比存在二次关系式，因此把 λ^2 和 λ 作为自变量，采用回归分析，可以得到膨胀率随掺合比、含水率变化规律的归一化数学模型，其数学模型如式(3-5)所列，相关系数 R^2 可达0.985 1。

$$\delta_{ep}=-0.001\ 4\lambda^2-0.044\ 9\lambda+19.996 \tag{3-5}$$

用式(3-5)计算膨胀率时，其误差情况见表 3-3。

表 3-3 预测数学模型引起的误差分析

w/%	λ/%	δ_{ep}实测值/%	δ_{ep}计算值/%	误差/%	误差率/%
16	0	20.2	19.996	0.204	1.010
	20	19.3	18.538	0.762	3.948
	40	17.9	15.96	1.940	10.838
	60	11.7	12.262	0.562	4.803
	80	7.8	7.444	0.356	4.564
	100	2.3	1.506	0.794	34.52
18	0	19.7	19.996	0.296	1.503
	20	19.1	18.538	0.562	2.942
	40	17.2	15.96	1.24	7.209
	60	11.4	12.262	0.862	7.561
	80	7.3	7.444	0.144	1.973
	100	2.1	1.506	0.594	28.286

表 3-3(续)

w/%	λ/%	δ_{ep}实测值/%	δ_{ep}计算值/%	误差/%	误差率/%
20	0	19.3	19.996	0.696	3.60
	20	17.5	18.538	1.038	5.931
	40	15.9	15.96	0.06	0.377
	60	11.3	12.262	0.962	8.513
	80	6.9	7.444	0.544	7.884
	100	1.8	1.506	0.294	16.333

从表 3-3 可以看出，采用式(3-5)来描述膨胀率随掺合比的变化关系时(不考虑含水率影响)，绝对误差最大为膨胀率 1.94%，相对误差为 34.5%，相对误差除纯红黏土外，其余误差均较小，这是由于红黏土本身的膨胀率很小引起的。所以，用式(3-5)描述混合土膨胀率(红黏土除外)随掺合比的变化规律是可行的。

3.2.4 膨胀率随含水率的变化规律

为了分析膨胀率随击实时含水率的变化关系，可以提取掺合比不变时的膨胀率数据，然后绘制膨胀率随含水率的变化规律，如图 3-9 所示。

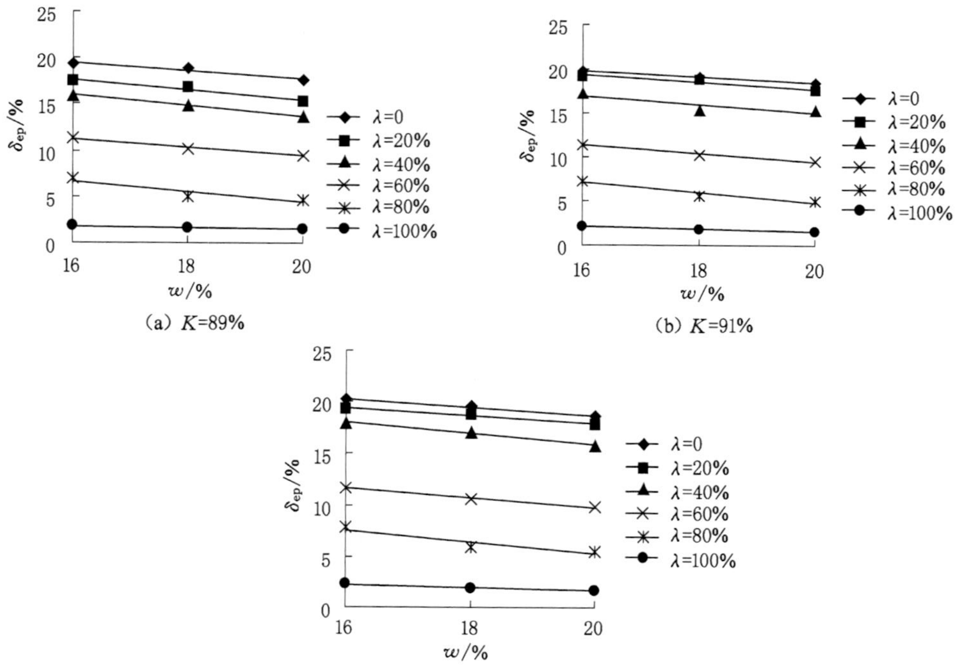

(a) K=89%　(b) K=91%　(c) K=93%

图 3-9　膨胀率随含水率的变化关系

由图 3-9 可知，在红黏土掺合比不变的情况下，膨胀率随含水率的增加而接近线性减小。这是因为击实制样过程中的含水率越高，越多的土颗粒已经吸水并完成膨胀。当环刀试样浸入水中后，试样含水率与饱和含水率差距小，再次吸水后膨胀率相应就减小。如

图 3-9 所示，膨胀率随含水率的变化规律可以用线性函数来表示，即

$$\delta_{ep} = a_1 w + a_2 \tag{3-6}$$

式中　a_1，a_2——线性数学模型的拟合系数，见表 3-4。

表 3-4　膨胀率随含水率的变化拟合情况

K/%	λ/%	a_1	a_2	R^2
89	0	−0.425	26.250	0.914 6
	20	−0.550	26.433	0.957 8
	40	−0.575	25.117	0.999 4
	60	−0.450	18.433	0.983 8
	80	−0.575	15.850	0.875 8
	100	−0.075	2.983	0.964 3
91	0	−0.325	24.917	0.998 0
	20	−0.400	25.667	0.884 8
	40	−0.475	24.483	0.750 0
	60	−0.450	18.533	0.983 8
	80	−0.575	16.317	0.929 2
	100	−0.125	4.083	0.986 8
93	0	−0.400	26.667	0.979 6
	20	−0.375	25.383	0.964 3
	40	−0.525	26.383	0.981 5
	60	−0.475	19.250	0.991 8
	80	−0.575	16.750	0.875 8
	100	−0.150	4.667	0.964 3

由表 3-4 可知，采用式(3-6)描述膨胀率随掺合比的关系时，相关系数大部分接近 0.9，也有极个别点的膨胀率偏差较大，这可能是试验误差引起的。但总体而言，膨胀率随制样时的初始含水率的增加而减小，制样含水率越大，土样在浸水后膨胀率越低。在实际工程中，如果不出现弹簧土的情况下，压实时含水率略高于最优含水率对控制膨胀率是有利的。

3.2.5　膨胀率随压实系数的变化规律

为了分析膨胀率随制样时压实系数的变化关系，可以提取掺合比和含水率不变时膨胀率的试验数据，然后分析膨胀率随制样时压实系数的变化。膨胀率随压实系数的变化规律如图 3-10 所示。

由图 3-10 可知，混合土膨胀率 δ_{ep} 随着压实系数 K 的增加呈线性减小。采用回归分析可得，其变化规律可以用线性数学模型来表达，即：

$$\delta_{ep} = a_3 K + a_4 \tag{3-7}$$

式中　a_3，a_4——线性数学模型的拟合系数，见表 3-5。

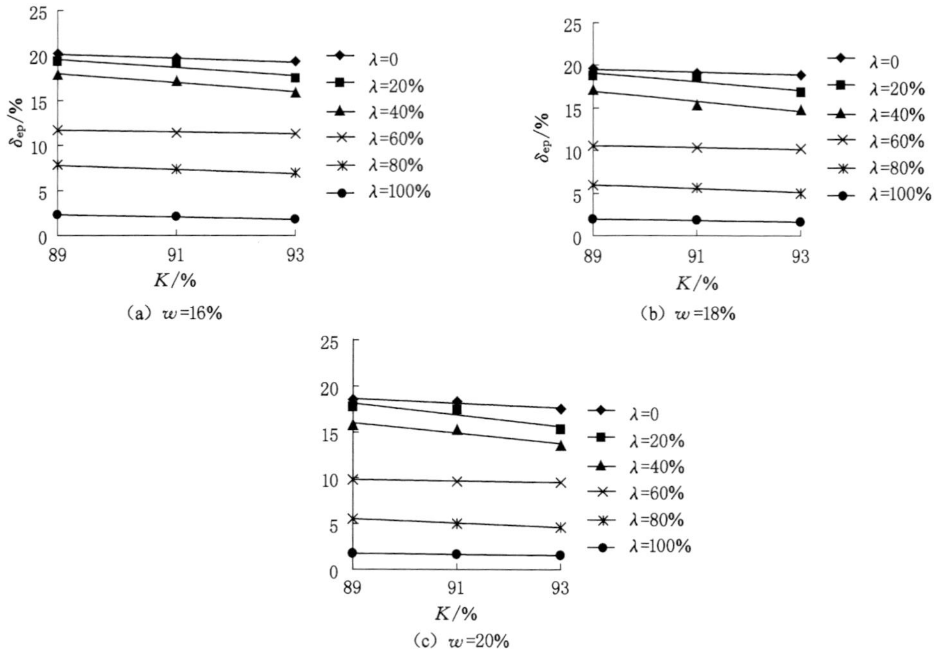

图 3-10　膨胀率随压实系数的变化规律

表 3-5　膨胀率随压实系数变化拟合情况

w/%	λ/%	a_3	a_4	R^2
16	0	−0.225	40.208	0.995 9
	20	−0.450	59.583	0.832 2
	40	−0.500	62.500	0.970 9
	60	−0.100	20.567	0.923 1
	80	−0.225	27.808	0.995 9
	100	−0.125	13.442	0.986 8
18	0	−0.175	35.125	0.942 3
	20	−0.500	63.567	0.824 2
	40	−0.575	68.058	0.903 8
	60	−0.100	19.467	0.923 1
	80	−0.225	25.975	0.964 3
	100	−0.075	8.592	0.964 3
20	0	−0.250	40.950	0.892 9
	20	−0.625	73.742	0.838 6
	40	−0.550	64.950	0.909 8
	60	−0.075	16.458	0.964 3
	80	−0.225	25.508	0.995 9
	100	−0.050	6.150	1.000 0

由表 3-5 可知，相关系数均在 0.8 以上，大部分相关系数大于 0.9，说明膨胀率与压实系数线性显著相关，用线性数学模型来表达混合土膨胀率随压实系数的变化规律是合理的。

3.2.6 膨胀率随 λ、w 和 K 的变化规律的综合数学模型

(1) 所有掺合比混合土综合分析

为了考察混合土膨胀率随 λ、w 和 K 三个参数变化是否存在统一的变化规律，可以把以上数据进行汇总，然后用多元线性规划求解并分析相关关系。考虑到膨胀率 δ_{ep} 与 w 和 K 均呈线性关系，而与 λ 呈二次多项式关系，则初步设回归方程为：

$$\delta_{ep} = b_1 w + b_2 K + b_3 \lambda^2 + b_4 \tag{3-8}$$

具体分析可以使用 Excel 的多元线性规划求解，可求得膨胀率 δ_{ep} 与 w、K 和 λ^2 的关系，采用 95%的置信度，拟合系数见表 3-6，方差分析见表 3-7。

表 3-6 拟合系数求解结果

参数名称	拟合系数	标准误差	t 统计量	P 值	下限 95.0%	上限 95.0%
b_4	51.332 872 16	8.471 324 468	6.059 604 062	$1.768\ 4\times10^{-7}$	34.317 716 54	68.348 027 77
b_1	−0.416 666 67	0.091 292 937	−4.564 062 46	$3.285\ 19\times10^{-5}$	−0.600 033 92	−0.233 299 41
b_2	−0.280 555 56	0.091 292 937	−3.073 135 39	0.003 425 184	−0.463 922 81	−0.097 188 3
b_3	−0.001 762 75	$4.189\ 54\times10^{-5}$	−42.075 073 7	$1.063\ 41\times10^{-40}$	−0.001 846 9	−0.001 678 6

表 3-7 方差分析结果

统计指标	自由度 d_f	样本数据平方和 S_s	样本数据平均平方和 M_s	统计量值 F_1	显著性检验值 F_2
回归分析	3	2 160.980 651	720.326 883 6	600.195 551 8	$3.496\ 65\times10^{-39}$
残差	50	60.007 682 62	1.200 153 652		
总计	53	2 220.988 333			

注：表中 d_f，S_S，M_s，F，Significance F 均为统计学中的相关指标，可以参考统计学的知识理解。

采用式(3-8)来描述膨胀率的综合变化规律时，相关系数 $R^2=0.972\ 9$。

因此，式(3-8)具体可以表示为

$$\delta_{ep} = -0.416\ 7w - 0.280\ 6K - 0.001\ 8\lambda^2 + 51.332\ 9 \tag{3-9}$$

采用式(3-9)计算的膨胀率称为计算值，计算值与实测值的误差见表 3-8。

表 3-8 拟合误差分析

w/%	K/%	λ/%	实测值/%	计算值/%	绝对误差/%	相对误差/%
16	89	0	20.2	19.697	0.503	2.49
16	89	20	19.3	18.992	0.308	1.60
16	89	40	17.9	16.876	1.024	5.72
16	89	60	11.7	13.351	1.651	14.11
16	89	80	7.8	8.415	0.615	7.89
16	89	100	2.3	2.069	0.231	10.03
16	91	0	19.7	19.136	0.564	2.86

表 3-8(续)

w/%	K/%	λ/%	实测值/%	计算值/%	绝对误差/%	相对误差/%
16	91	20	19.1	18.431	0.669	3.50
16	91	40	17.2	16.315	0.885	5.14
16	91	60	11.4	12.790	1.390	12.19
16	91	80	7.3	7.854	0.554	7.59
16	91	100	2.1	1.508	0.592	28.18
16	93	0	19.3	18.575	0.725	3.76
16	93	20	17.5	17.869	0.369	2.11
16	93	40	15.9	15.754	0.146	0.92
16	93	60	11.3	12.229	0.929	8.22
16	93	80	6.9	7.293	0.393	5.69
16	93	100	1.8	0.947	0.853	47.39
18	89	0	19.6	18.863	0.737	3.76
18	89	20	18.8	18.158	0.642	3.41
18	89	40	17.1	16.043	1.057	6.18
18	89	60	10.6	12.518	1.918	18.09
18	89	80	5.9	7.582	1.682	28.51
18	89	100	1.9	1.236	0.664	34.95
18	91	0	19.1	18.302	0.798	4.18
18	91	20	18.6	17.597	1.003	5.39
18	91	40	15.3	15.482	0.182	1.19
18	91	60	10.3	11.956	1.656	16.08
18	91	80	5.6	7.021	1.421	25.37
18	91	100	1.8	0.675	1.125	62.51
18	93	0	18.9	17.741	1.159	6.13
18	93	20	16.8	17.036	0.236	1.41
18	93	40	14.8	14.921	0.121	0.82
18	93	60	10.2	11.395	1.195	11.72
18	93	80	5	6.460	1.460	29.19
18	93	100	1.6	0.114	1.486	92.89
20	89	0	18.6	18.030	0.570	3.06
20	89	20	17.8	17.325	0.475	2.67
20	89	40	15.8	15.210	0.590	3.74
20	89	60	9.8	11.684	1.884	19.23
20	89	80	5.5	6.748	1.249	22.70
20	89	100	1.7	0.403	1.297	76.32
20	91	0	18.4	17.469	0.931	5.06

表 3-8(续)

w/%	K/%	λ/%	实测值/%	计算值/%	绝对误差/%	相对误差/%
20	91	20	17.5	16.764	0.736	4.21
20	91	40	15.3	14.649	0.503	4.26
20	91	60	9.6	11.123	0.308	15.87
20	91	80	5	6.187	1.024	23.75
20	91	100	1.6	−0.159	1.651	109.91
20	93	0	17.6	16.908	0.615	3.93
20	93	20	15.3	16.203	0.231	5.90
20	93	40	13.6	14.087	0.564	3.58
20	93	60	9.5	10.562	0.669	11.18
20	93	80	4.6	5.626	0.885	22.31
20	93	100	1.5	−0.720	1.390	147.98

由表 3-8 可知，采用式(3-9)来计算混合土膨胀率时，绝大部分组合情况误差较小。但当掺合比 $\lambda=100\%$，即纯红黏土时，误差较大，最大可以超过 100%，且红黏土的膨胀率出现了负数情况，这与实际情况相差很大。分析其原因认为，红黏土本身膨胀率很小，一般不超过 2%，较小的绝对误差可能导致相对误差百分比非常大。

(2) 去除红黏土的混合土综合模型分析

考虑本课题主要研究的对象是混合土，为了更好地分析混合土的膨胀规律，纯红黏土引起的误差较大，因此舍去 $\lambda=100\%$的红黏土数据。对数据重新回归分析，分析结果见表 3-9 和表 3-10。

表 3-9　拟合情况分析

参数名称	拟合系数	标准误差	t 统计量	P 值	下限 95.0%	上限 95.0%
b_4	56.519 540 2	5.644 36	10.013 4	1.41×10^{-12}	45.120 523	67.918 557
b_1	−0.476 666 6	0.060 827	−7.836 4	1.12×10^{-9}	−0.599 510 9	−0.353 822
b_2	−0.320 00	0.060 827	−5.260 5	4.83×10^{-6}	−0.442 844	−0.197 155
b_3	−0.002 072 96	4.20×10^{-5}	−49.243	4.19×10^{-38}	−0.002 157	−0.001 987

表 3-10　方差分析

统计指标	自由度 d_f	样本数据平方和 S_s	样本数据平均平方和 M_s	统计量值 F_1	显著性检验值 F_2
回归分析	3	1 116.247	372.082 3	838.017 2	8.38×10^{-37}
残差	41	18.204 13	0.444 003		
总计	44	1 134.451			

由以上计算可得方程的拟合系数，去掉红黏土数据后，混合土的膨胀率为：

$$\delta_{ep}=-0.476\,7w-0.320\,0K-0.002\,1\lambda^2+56.519\,5 \tag{3-10}$$

采用去掉红黏土数据分析后，相关系数为 $R^2=0.983\ 953$，略有降低，但相对误差也降低了，绝大部分处于可接受范围之内。膨胀率计算值和实测值的误差见表 3-11。

表 3-11　膨胀率实测值与计算值误差分析

序号	w/%	K/%	λ/%	实测值/%	计算值/%	绝对误差/%	相对误差/%
1	16	89	0	20.2	20.413	−0.213	−1.050
2	16	89	20	19.3	19.584	−0.284	−1.470
3	16	89	40	17.9	17.096	0.804	4.490
4	16	89	60	11.7	12.950	−1.250	−10.690
5	16	89	80	7.8	7.146	0.654	8.390
6	16	91	0	19.7	19.773	−0.073	−0.370
7	16	91	20	19.1	18.944	0.156	0.820
8	16	91	40	17.2	16.456	0.744	4.320
9	16	91	60	11.4	12.310	−0.910	−7.980
10	16	91	80	7.3	6.506	0.794	10.880
11	16	93	0	19.3	19.133	0.167	0.870
12	16	93	20	17.5	18.304	−0.804	−4.590
13	16	93	40	15.9	15.816	0.084	0.530
14	16	93	60	11.3	11.670	−0.370	−3.280
15	16	93	80	6.9	5.866	1.034	14.990
16	18	89	0	19.6	19.460	0.140	0.720
17	18	89	20	18.8	18.630	0.170	0.900
18	18	89	40	17.1	16.143	0.957	5.600
19	18	89	60	10.6	11.997	−1.397	−13.180
20	18	89	80	5.9	6.193	−0.293	−4.960
21	18	91	0	19.1	18.820	0.280	1.470
22	18	91	20	18.6	17.990	0.610	3.280
23	18	91	40	15.3	15.503	−0.203	−1.330
24	18	91	60	10.3	11.357	−1.057	−10.260
25	18	91	80	5.6	5.553	0.047	0.850
26	18	93	0	18.9	18.180	0.720	3.810
27	18	93	20	16.8	17.350	−0.550	−3.280
28	18	93	40	14.8	14.863	−0.063	−0.420
29	18	93	60	10.2	10.717	−0.517	−5.070
30	18	93	80	5.0	4.913	0.087	1.750
31	20	89	0	18.6	18.506	0.094	0.500
32	20	89	20	17.8	17.677	0.123	0.690
33	20	89	40	15.8	15.189	0.611	3.860

表 3-11(续)

序号	w/%	K/%	λ/%	实测值/%	计算值/%	绝对误差/%	相对误差/%
34	20	89	60	9.8	11.044	−1.244	−12.690
35	20	89	80	5.5	5.239	0.261	4.740
36	20	91	0	18.4	17.866	0.534	2.900
37	20	91	20	17.5	17.037	0.463	2.650
38	20	91	40	15.3	14.549	0.751	4.910
39	20	91	60	9.6	10.404	−0.804	−8.370
40	20	91	80	5.0	4.599	0.401	8.010
41	20	93	0	17.6	17.226	0.374	2.120
42	20	93	20	15.3	16.397	−1.097	−7.170
43	20	93	40	13.6	13.909	−0.309	−2.280
44	20	93	60	9.5	9.764	−0.264	−2.770
45	20	93	80	4.6	3.959	0.641	13.930

由表 3-11 可知，膨胀率最大绝对误差为 1.396 9%，最大相对误差为 14.99%，平均相对误差为 4.65%。从拟合误差来看，采用式(3-8)描述膨胀率是可行的。图 3-11 直观地说明了实测值与计算值之间的差距；相对误差率随试验序号的变化如图 3-12 所示。

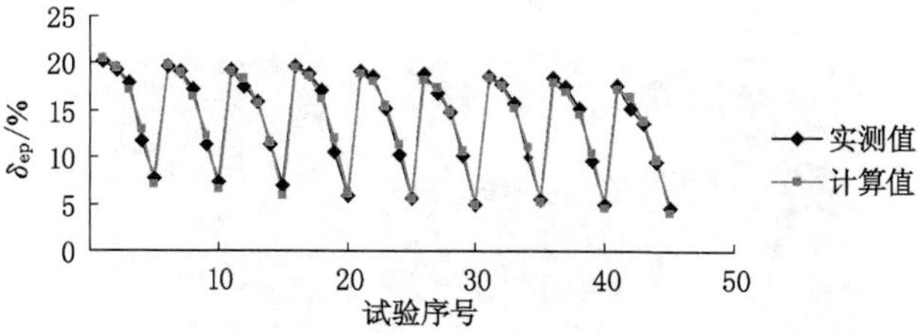

图 3-11 计算值与实测值的实际数值差距

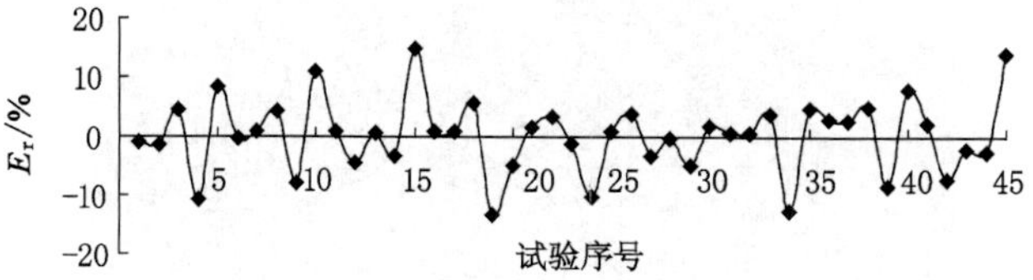

图 3-12 相对误差随试验序号的变化

采用式(3-10)描述混合土膨胀率随 w、K、λ 的其计算误差会略大于单项的预测数学模型，但误差相对是可控的，也可以用于实际的膨胀率预测计算。

3.3 混合土有荷浸水变形特性试验——固结试验

为了保证路基等建筑物或构筑物的安全和正常使用，对建在可压缩地基（如土基）的建筑物或者构筑物本身是可压缩的（如路堤），尤其是比较重要的建（构）筑物在地基设计时必须计算其可能产生的最大沉降量和沉降差，确保在规范所允许的范围内，否则必须采用加固措施。

从 1925 年太沙基（Terzaghi）用香烟盒（cigarette boxes）做了全世界历史上第一个固结试验开始，土工试验就从理论发展到了实际应用当中。为了测定路基在荷载作用下的变形，或者预测路基的工后沉降，一般都会应用到压缩模量。土体的浸水变形特性与铁路路基下的地基土的强度、稳定、沉降和渗流等关系密切。由固结试验所测得的压缩系数是判定土体压缩性的重要指标，所得的压缩模量是数值分析中换算弹性模量或变形模量的重要依据。

固结试验是指测定饱和黏性土试样（浸水条件下）在侧限（环刀约束侧向变形）的条件下加压的压缩试验。将试样在侧限和容许轴向排水的容器中逐级增加压力，测定压力和试样变形或孔隙比的关系，变形和时间的关系，以便计算土的单位沉降量、压缩系数、压缩指数、回弹指数、压缩模量、固结系数及原状土的前期固结压力等。

3.3.1 固结试验方法和试样制备

（1）固结试验仪器与试验方法

固结试验采用华东交通大学岩土工程实验室的 NT. YJZ-1 型三联固结仪，如图 3-13 所示。加压等级分别为 50 kPa、100 kPa、200 kPa、300 kPa、400 kPa。试验步骤按照《铁路工程土工试验规程》（TB 10102—2010）中 1 h 快速固结试验操作。

图 3-13 三联固结仪

（2）试样制备

试样制备可以按如下步骤进行：

① 混合土样掺合比及其确定。固结试验采用的环刀高度为 20.0 mm、直径为 61.8 mm，

体积为 60 cm^3，所以其适用的土粒大小不应大于 2 mm，所以取样前应把土粒碾碎过 2 mm 的筛。考虑制样需要一定的富余土量，因此每种掺合比的混合土需要准备 2 000 g 土样，其掺合比按表 3-12 进行称取。称取好的试样应先充分拌合。

表 3-12　混合土配料控制质量表

掺合比/%	千枚岩土质量/g	红黏土质量/g	混合土样总质量/g
0	2 000	0	2 000
20	1 600	400	2 000
40	1 200	800	2 000
60	800	1 200	2 000
80	400	1 600	2 000
100	0	2 000	2 000

② 配制特定含水率土样并闷料。为了使路基碾压密实，因此固结试验采用制样含水率分别为 16%、18%和 20%。由于取样质量为 2 000 g，加水质量可以按表 3-13 进行，考虑夏季蒸发量大，因此需要稍微多加一些水。

表 3-13　配制特定含水率土样控制加水量

制样含水率/%	16	18	20
混合土样总质量/g	2 000	2 000	2 000
设计加水质量/g	320	360	400
实际加水质量/g	330	370	410

上述的每种掺合比试样加水后，需要充分搅拌以保证水分的均匀性，搅拌标准是混合土没有明显的颜色差异，其搅拌过程如图 3-14 所示。搅拌均匀后的试样可以装入密封袋中静置 24 h，以保证土颗粒可以充分吸收水分。为了保证试样的均匀性，闷料期间可以在袋内翻料 2～3 次。

(a) 搅拌过程　　(b) 搅拌完成

图 3-14　加水搅拌制备特定含水率土样

③ 制取环刀试样。如果采用击实筒击实法，由于试验方案设计的试验组数较多，红黏土的最大干密度较大且强度较大，用环刀切土法取样有一定的困难，则所制作的环刀试样难以控制压实系数。因此，本试验采用击样法制取环刀试样，其制样方法与 3.3 节的膨胀率试验制样方法相同，此处不再详述。

固结试验考虑以下方案的组合：压实系数为 $K_1=89\%$、$K_2=91\%$、$K_3=93\%$；含水率为 $w_1=16\%$、$w_2=18\%$、$w_3=20\%$；红黏土掺合比为 $\lambda_1=0$、$\lambda_2=20\%$、$\lambda_3=40\%$、$\lambda_4=60\%$、$\lambda_5=80\%$、$\lambda_6=100\%$，因此本试验的组合共有 $6\times3\times3=54$ 组。制取试样所需要土样质量可参考表 3-14 中数据。

表 3-14　环刀试样所需土样质量控制表

$\lambda/\%$	控制参数	$w=16\%$			$w=18\%$			$w=20\%$		
$\lambda=0$	$K/\%$	89	91	93	89	91	93	89	91	93
	m/g	101.59	103.87	106.15	103.34	105.66	107.98	105.09	107.45	109.81
$\lambda=20$	$K/\%$	89	91	93	89	91	93	89	91	93
	m/g	105.31	107.67	110.04	107.12	109.53	111.93	108.94	111.38	113.83
$\lambda=40$	$K/\%$	89	91	93	89	91	93	89	91	93
	m/g	104.69	107.04	109.39	106.49	108.88	111.28	108.94	111.38	113.83
$\lambda=60$	$K/\%$	89	91	93	89	91	93	89	91	93
	m/g	105.30	107.67	110.03	107.12	109.53	111.93	108.94	111.38	113.83
$\lambda=80$	$K/\%$	89	91	93	89	91	93	89	91	93
	m/g	105.92	108.30	110.68	107.75	110.17	112.59	109.58	112.04	114.50
$\lambda=100$	$K/\%$	89	91	93	89	91	93	89	91	93
	m/g	108.40	110.84	113.27	110.27	112.75	115.23	112.14	114.66	117.18

(3) 试验结果计算方法

① 初始孔隙比：

$$e_0=\frac{\rho_s(1+0.04w_0)}{\rho_0}-1 \tag{3-11}$$

式中 e_0——初始孔隙比；

ρ_s——颗粒密度，g/cm^3，其值可以参考 2.2 节的土粒相对密度试验；

w_0——试样初始含水率，%；

ρ_0——环刀试样湿密度，g/cm^3。

② 第 i 级压力下固结稳定后的孔隙比：

$$e_i=\frac{h_i(1+e_0)}{h_0}-1 \tag{3-12}$$

式中 e_i——第 i 级压力下固结稳定后的孔隙比；

h_i——第 i 级压力下固结稳定后的高度，mm。

③ 特定压力范围内的压缩系数：

$$\alpha_v=\frac{e_i-e_{i+1}}{p_{i+1}-p_i} \tag{3-13}$$

式中 α_v——p_i和p_{i+1}压力范围内的压缩系数，MPa^{-1}；

e_i，e_{i+1}——p_i和p_{i+1}压力下固结稳定后的孔隙比；

p_i——第i级压力，kPa；

p_{i+1}——第$i+1$级压力，kPa。

由于土在不同压力范围内具有不同的压缩特性，因此规范中一般用100～200 kPa的压缩系数来评价土的压缩性。例如，$\alpha_v<0.1\ MPa^{-1}$的为低压缩性土，大于$0.5\ MPa^{-1}$为高压缩性土，处于二者之间的为中压缩性土。

④ 特定压力范围内的压缩模量：

$$E_s=\frac{1+e_i}{\alpha_v} \tag{3-14}$$

式中 E_s——压缩模量，MPa，一般采用100～200 kPa计算土的压缩模量，以方便对比。

3.3.2 混合土的压缩曲线特征分析

由土粒比重试验及固结试验中沉降量读数，按照式(3-11)和式(3-12)可以计算出混合土在处理后可得各混合土在不同荷载下孔隙比的变化曲线，如图3-15所示。

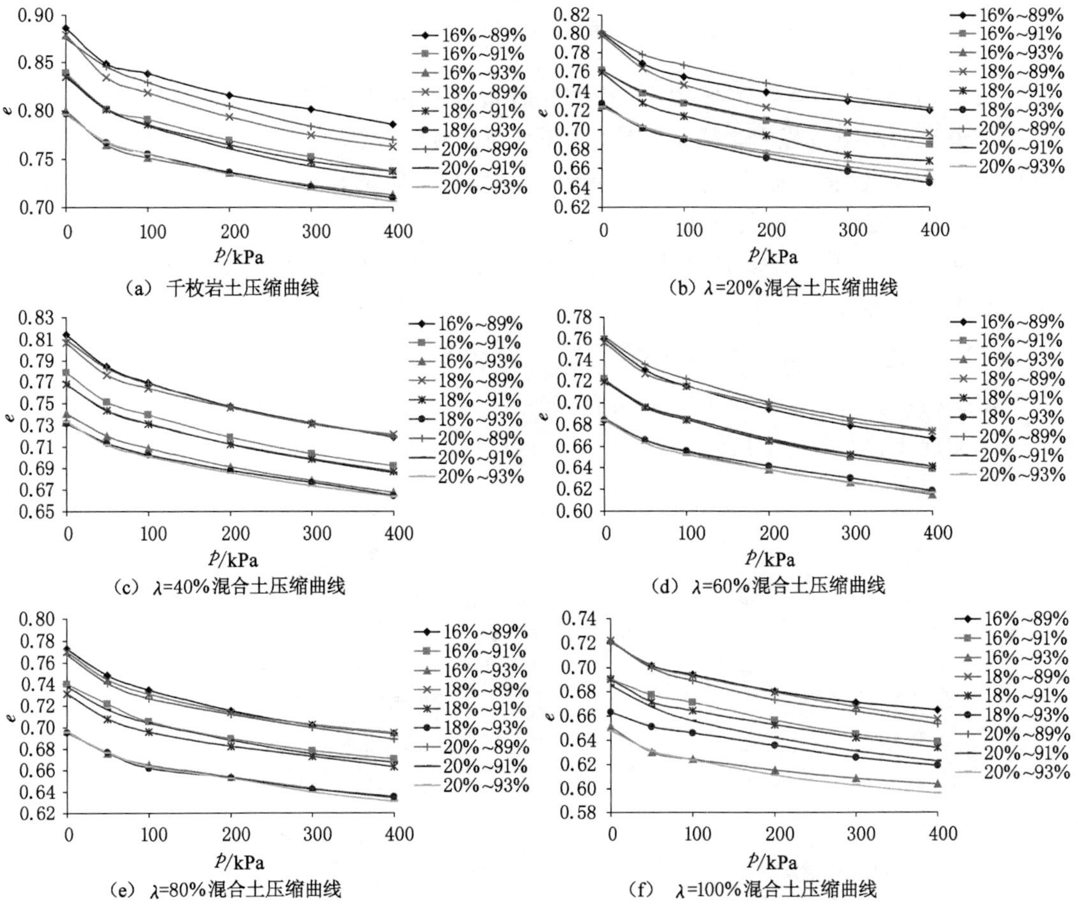

(a) 千枚岩土压缩曲线
(b) λ=20%混合土压缩曲线
(c) λ=40%混合土压缩曲线
(d) λ=60%混合土压缩曲线
(e) λ=80%混合土压缩曲线
(f) λ=100%混合土压缩曲线

图3-15 不同载荷下混合土的e-p曲线

由图 3-15 可知，在任意一组曲线图中，当压实系数相同，含水率分别为 16%、18%、20%时的曲线近似靠在一起；当含水率相同、压实系数不同时，曲线的位置相差较大，说明压实系数对曲线的影响要大于含水率对压缩曲线的影响。如图 3-15(d)所示，所有的曲线位置非常接近，说明加荷对 e 值的影响较小，而其余曲线分开较大，压实系数对压缩特性影响较大。

为了分析掺合比对孔隙比的影响，对相关数据进行提取，以制样含水率为 18%、压实系数为 91%为例，不同压力下孔隙比随掺合比的变化规律如图 3-16 所示。

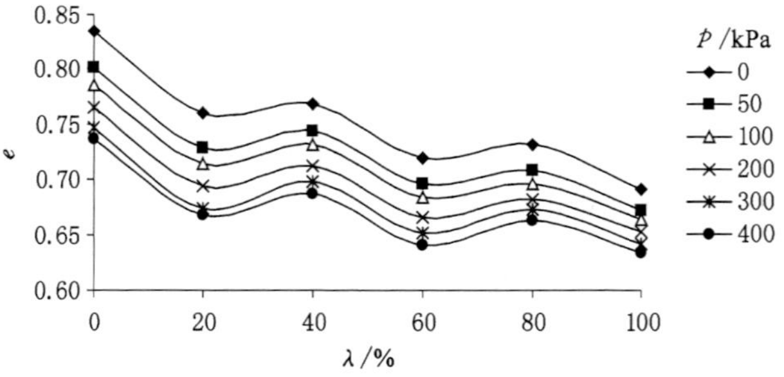

图 3-16 孔隙比随掺合比的变化规律

由图 3-16 可知，在相同的压力下，孔隙比近似随掺合比的增加而减小，但中间略有波动。这是由于在制样过程中试样个数较多，并且制样时间较长，不同的试样蒸发水量有一定的差异，导致密度也有一定的差异，最终导致孔隙比有一定的误差。根据以上分析可知，相同压力下掺合比越大，土的孔隙比越小。

在不同压力下，孔隙比随掺合比的曲线是一组近似的平行线，说明压力对各组土孔隙的减小速度近似相等。

3.3.3 掺合比对压缩系数与压缩模量影响分析

根据式(3-13)和式(3-14)，可以计算荷载在 100～200 kPa 时混合土压缩模量与压缩系数之间相关规律，如图 3-17 所示。

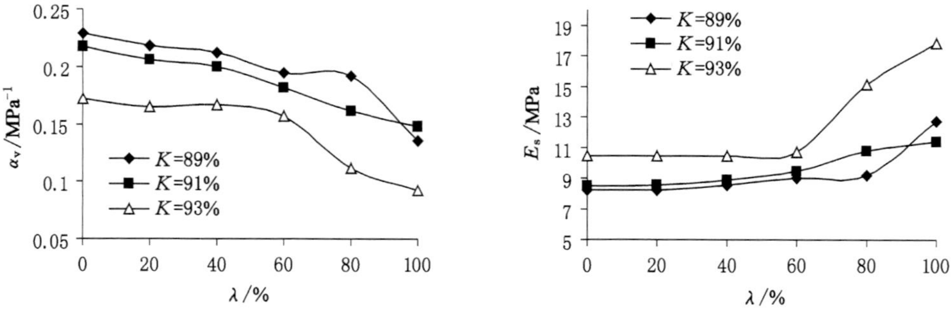

(a) w=16%时 α_v-λ 曲线　　(b) w=16%时 E_s-λ 曲线

图 3-17 压实系数和压缩模量随掺合比的变化规律

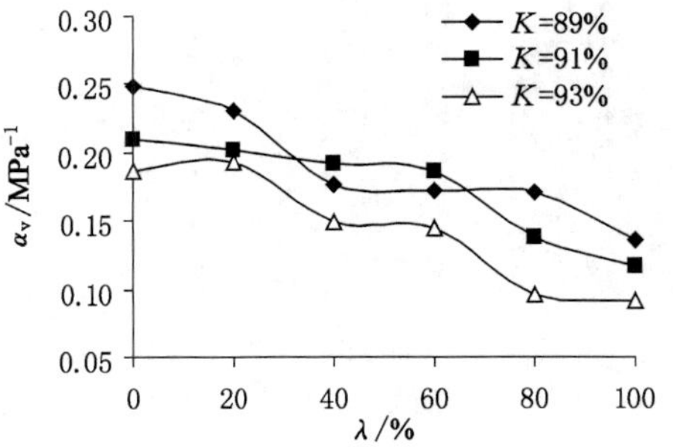

(c) w=18%时α_v-λ曲线

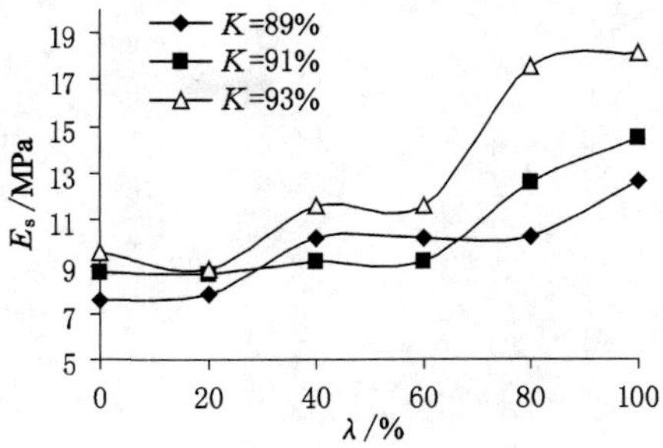

(d) w=18%时E_s-λ曲线

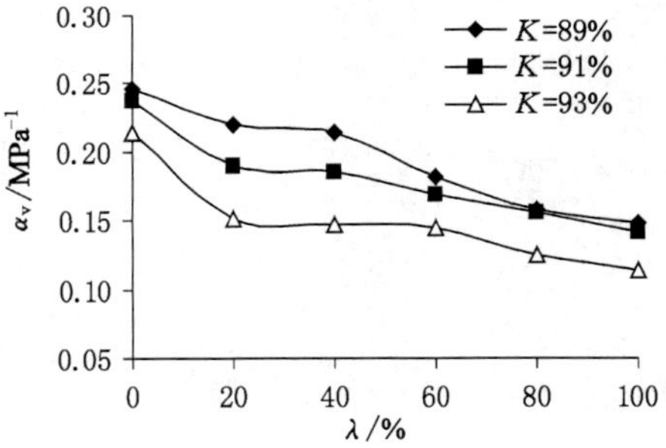

(e) w=20%时α_v-λ曲线

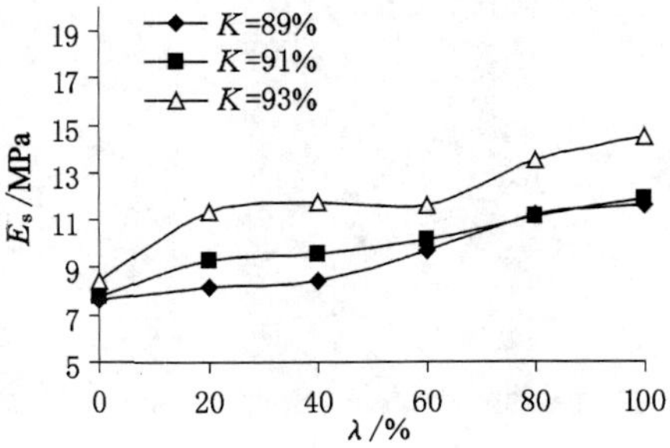

(f) w=20%时E_s-λ曲线

图 3-17(续)

根据图 3-17 可知,混合土的压缩系数随着掺合比的增加而减小,压缩模量随红黏土掺合比的增加而增加,即土的可压缩性随红黏土掺量的增加而减小。由图 3-17(b)和图 3-17(d)可知,在含水率不高于最优含水率 18%时,压实系数为 93%对应的压缩模量在掺合比从 60%增加至 100%时增长显著,而含水率为 20%增长率就小得多。上述现象说明,即使固结试验最终试样均饱和了,但制样掺合比对压缩模量还是有显著影响,特别是掺合比超过 60%时对压缩模量的增加会有更为显著的影响。

从以上分析可知,混合土压缩模量随红黏土掺合比的增加而增加,但在含水率为 16%和 18%时,掺合比从 20%增加至 60%,而压缩模量并没有明显的增长[图 3-17(b),(d)],这种现象可以微观结构上进行解释,其微观结构扫描电镜如图 3-18 所示。

当掺合比较小时[图 3-18(a)至图 3-18(d)],颗粒成分千枚岩占绝对优势,压碎后的千枚岩土颗粒形状成偏片状,颗粒较均匀,粒径长度方向为 10~15 μm,厚度一般为 0.5 μm。由于千枚岩土颗粒较均匀,保留了原岩的片状构造,颗粒接触形式为面-面接触或面-角接触,因此碾压作用下容易形成架空结构而不易压实[67-68],而且南昌千枚岩土颗粒硬度很低,土样在浸水和压力作用下,点面接触可能由于角接触处在浸水和荷载作用下发生碎裂,架空结构容易塌陷,故压缩模量较小。当掺合比较小时,如掺合比为 20%~40%时,红黏土颗粒太少无法充填千枚岩土颗粒的孔隙,因此仍以架空结构为主,加入红黏土对压缩模量影响不大。当掺合比较大时[图 3-18(e)],红黏土颗粒粒径范围为 1~4 μm,可以有效地填充千枚岩土颗粒的空隙,所以压实后可形成致密结构,形成类似于沉积岩中的孔隙型胶结或基底型胶结,其中红黏土及其内部的游离态的氧化铁起到胶结作用,在浸水后不容易塌陷,故压缩模量增大[69]。

(a) λ=0 (b) λ=20% (c) λ=40%

(d) λ=60% (e) λ=80% (f) λ=100%

图 3-18 千枚岩土和红黏土颗粒特征放大 5 000 倍扫描电镜图

3.3.4 压实系数对压缩模量影响分析

根据图 3-17 可知，压实系数大的压缩模量曲线一般位于压实系数小的曲线之上，即压实系数越大，压缩模量越大。为了更好地分析压实系数对土压缩模量的影响，将含水率相同的数据提取并绘制变化规律，如图 3-19 所示。

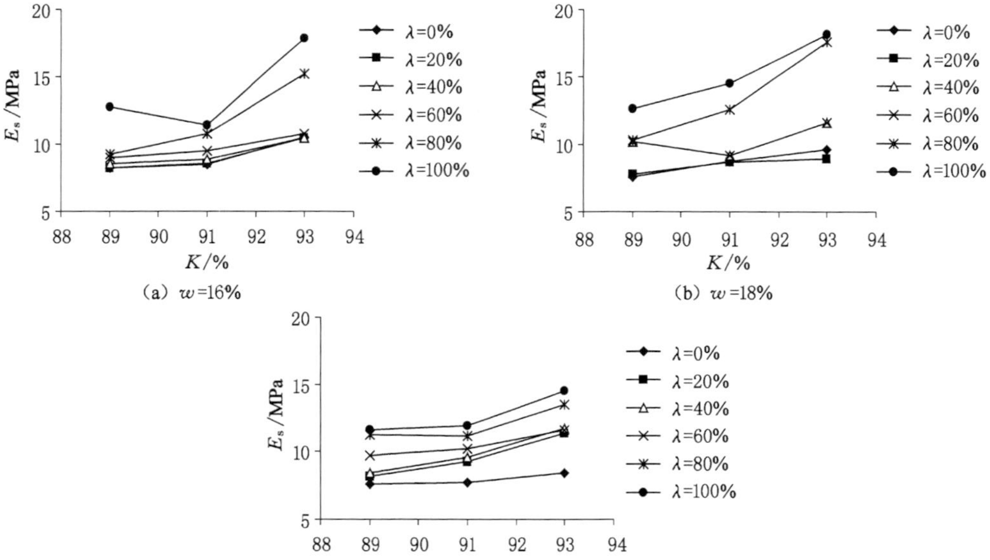

(a) w=16% (b) w=18% (c) w=20%

图 3-19 压缩模量随制样时压实系数变化规律

由图 3-19 分析可得，在含水率和掺合比相同的情况下，混合土的压缩模量随压实系数的增加而增长(个别试样可能由于制样问题导致了压实系数从 89%增加至 91%时，压缩模量下降)，曲线的斜率即为混合土压缩模量的增长率。图 3-19 大部分曲线规律如下：压实系数从 91%增加至 93%的增长率大于压实系数从 89%增加至 91%，见表 3-15。研究表明，压实系数虽然均增长 2%，但压实系数 91%～93%的压缩模量增长幅度大于压实系数 89%～91%，可能原因为土体压实系数越大，土中的孔隙越小，水对土体颗粒塌陷的影响越小。

表 3-15 压实系数变化区间对压缩模量增幅的影响

w/%	ΔE_{s_1} (K 值从 89%增至 91%)	ΔE_{s_2} (K 值从 91%增至 93%)	$\Delta E_{s_2}/\Delta E_{s_1}$
16	0.266	2.930	11.03
18	0.701	2.428	3.46
20	0.509	1.896	3.73

由表 3-15 可知，工程上如果把路基的压实系数提高到 93%，可以大大提高混合土的压缩模量，也可以减小混合土路基沉降值，对路堤稳定意义很大。

3.3.5 制样含水率对压缩模量影响分析

在相同的压实系数与掺合比下，制样时的含水率对压缩模量也有一定的影响。为了更好地说明制样含水率对压缩模量的影响，提取相同压实系数和相同掺合比的数据，则绘制压缩模量随含水率的变化规律如图 3-20 所示。

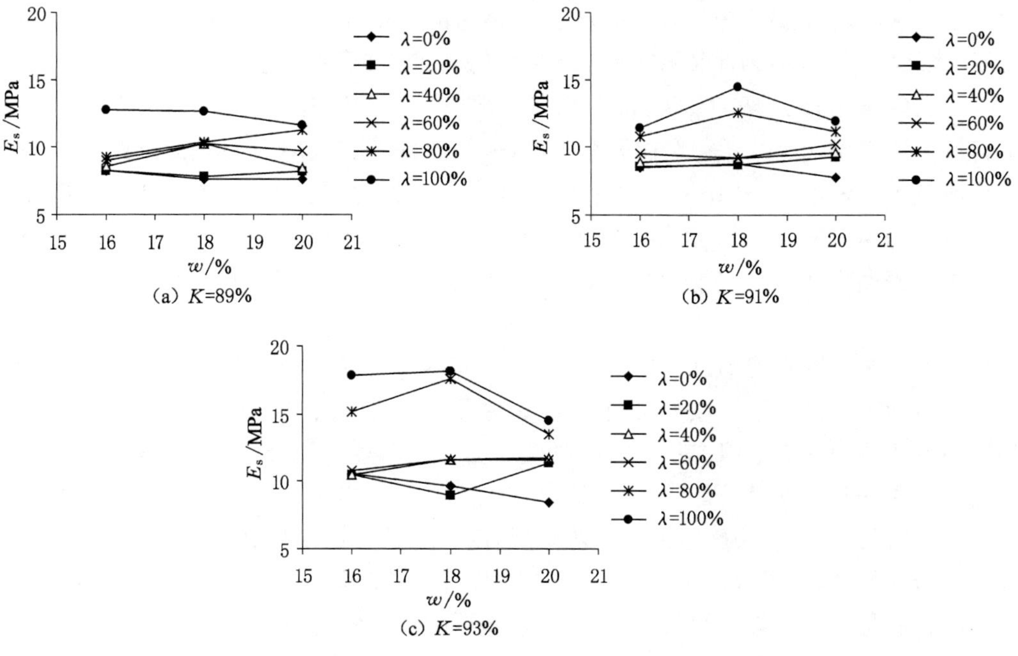

(a) K=89% (b) K=91% (c) K=93%

图 3-20 混合土压缩模量随掺合比的变化规律

由图 3-20 可知，压缩模量随含水率的变化规律性并不是很明显，但总体分析可得，当压实系数为 89%、含水率从 16%增加至 18%或从 18%增加至 20%时，压缩模量升高和降低的比例各占 1/2。当压实系数为 91%、含水率从 16%增加至 18%时，仅有掺合比为 60%时发生下降，其余掺合比均增长；当含水率从 18%增加至 20%时，压缩模量增长的掺合比值是 0、80%和 100%，剩余的压缩模量降低。当压实系数为 93%时，含水率从 16%增加到 18%时，当掺合比为 0、20%时发生了下降，掺合比为 40%、60%、80%、100%时压缩模量增加；当含水率从 18%增长至 20%时，掺合比为 0、60%、80%、100%时压缩模量降低。

综上所述，压缩模量随含水率变化规律不明显，当含水率从 16%增至 18%时，压缩模量较大概率的发生增长，而含水率从 18%增长至 20%时，压缩模量较大概率的发生下降。这些规律说明，在最优含水率时，压实对路基浸水稳定最为有利。

3.4 混合土干湿循环变形试验研究

部分黏性土(膨胀土)在浸水后会发生较大的膨胀，在失水后会发生较大的收缩，还会在土体内留下一些膨胀孔隙和收缩裂隙。然而这些裂隙和孔洞是雨水侵入路基的重要通道，雨不但会降低路基表面的强度，而且可能引起内部土体强度的降低[70-72]，进而引起路堤边坡滑坡和路基道砟囊等病害或地质灾害。江西红黏土是一种收缩性较强的黏土，干旱季节裂隙土中含水量降低，土体收缩使土体的原始结构受到不同程度的破坏，产生裂隙，破坏了土体的整体性，使其强度大为削弱。另外，裂隙也加剧了大气对土体的影响，使水分的入侵与土体的风干更为剧烈。在雨季，雨水会渗入土体开裂的裂隙，土体黏聚力急剧降低，强度衰减，导致路基、边坡、隧道等工程建筑物失稳，因此裂隙在干湿环境中的演变对工程具有重要意义。

工程上常采用石灰、水泥、砂、粉煤灰和纤维[73-75]对土质进行改良，来改变收缩性土的收缩特性。法塔希(Fatahi)等[76]的研究表明，采用水泥改良高岭石为主的裂隙土效果要好于纤维改良。埃米洛卢(Emiroğlu)等[77]认为，在考虑强度与裂隙特性时，砂改良裂隙土的最优掺合比为 43%～66%。聚合物也可用于减少裂隙土体积收缩，并产生各向同性材料，其干燥裂纹程度降低[78]。薛强(Q. Xue)等[79]研究表明，秸秆纤维可以降低黏性土的渗透系数和裂隙。

从红黏土被英国布切纳(Buchanan)于 1807 年在印度马拉巴尔(Malabar)山区发现后，由于其独特的工程性质与区域分布变异性，国内外学者对它的工程特性进行了广泛的研究，其特殊性主要体现在高液限容易引起高收缩率。如前所述，昌北铁路货场路基面和红黏土路基面在太阳照射下失水，最大裂隙宽度可以达到 2 cm 以上(图 3-21)，深度超过 0.5 m。如果其失水时间更长，则裂隙可能进一步扩展，因此红黏土特殊性中重要的一条就是其强收缩性能。研究发现，在千枚岩土中掺入红黏土，膨胀性有降低，液限性能都有改善，本节研究重点是混合后是否对红黏土裂隙同时也有帮助，即降低红黏土的裂隙性能。

3.4.1 干湿循环试验试样制备和试验方法

(1) 试样制备

铁路路基工程中一般要求在最优含水率时压实，且压实系数不低于 91%。采用击实法

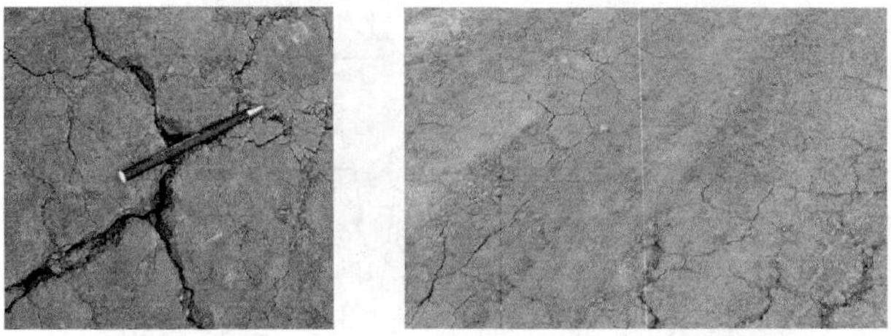

(a) 昌北铁路货场　　(b) 江西煤炭储备中心铁路专用线(九江)

图 3-21　南昌与九江典型红黏土路基面失水收缩

制作了压实系数为 91%和初始含水率(w_0)为 18%的试样。由于试样直径对试样表面收缩变形有明显的影响,因此试样直径分别选用了三种直径:61.8 mm、100 mm 和152 mm,对应的击实容器分别为环刀、轻型击实筒和重型击实筒。其制取方法与数量如下:

① 环刀试样制备。制作方法采用击样法制样,控制土的压实系数与含水率,一共制作了 36 个环刀试样。制样的压实系数分别为 89%、91%和 93%,制样含水率按最优含水率控制为 18%,6 种掺合比分别为 0、20%、40%、60%、80%和 100%,共制作了 18 个试样。但试验结果表明,环刀试样表面开展的裂隙表征实际工程裂隙的效果并不好。

② 100 mm 直径试样制备。直径为 100 mm 的试样,采用击样法在轻型击实筒中制样,由于混合土的最优含水率约为 18%,所以试验配置的试样含水率为 18%,按压实系数 91%进行压实,共制作了掺合比为 0、20%、40%、60%、80%和 100%的 6 个试样。由于需要土量较多,因此本组试验仅考虑了压实系数为 91%一种情况。

③ 152 mm 试样制备。直径为 152 mm 的试样,采用击样法在重型击实筒中制样,试验配置的试样含水率为 18%,按压实系数 91%进行压实,共制作了掺合比为 0、20%、40%、60%、80%和 100%共 6 个试样。由于需要土量较多,因此本组试验仅考虑了压实系数为 91%这一种情况。

三种试样如图 3-22 所示。

图 3-22　干湿循环试验的环刀试样、100 mm 试样、152 mm 试样

(2) 干湿循环试验方法

为模拟南昌市夏季地表温度可以达到最高温度,对制备的样品在 55 ℃条件下烘干,12 h后连续监测 1 h 土样的含水率至恒重。对烘干后的试样加环套保护后放入容器中,加水至试样表面使试样饱和 12 h(模拟江西省南昌市的连续降雨情况)完成一次干湿循环试验。按此方法完成第 2、3、4、5、6 次干湿循环试验。其干湿循环路径示意如图 3-23 所示,其中含水率下降表示烘干过程,含水率上升表示饱和加湿过程。

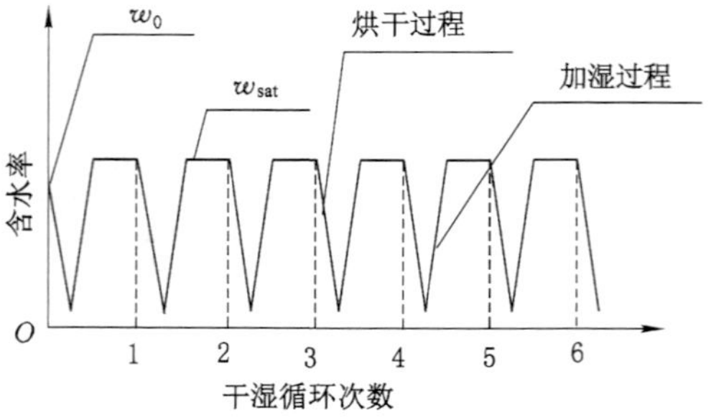

图 3-23　干湿循环试验的循环路径

3.4.2　混合土裂隙扩展定性分析

（1）环刀试样裂隙发育

由于环刀试样较多，当掺合比为20%、40%、60%、80%时，试样表面的裂隙与膨胀孔洞均不明显，仅有千枚岩土和红黏土出现了明显的孔隙或裂隙，以下选取几种典型情况进行分析。

① 千枚岩干湿循环后变形定性分析。图3-24为千枚岩土在$w=18\%$、$K=89\%$时环刀试样在经过干湿循环作用后的裂隙发育情况。千枚岩土未经过干湿循环的试样表面平整，无任何裂隙，符合制样观察要求[图3-24(a)]。经过第1、2次干湿循环后，千枚岩土表面变化不明显[图3-24(b)]。第3次干湿循环后，试样表现出了较强的膨胀，表面上出现了一些由于鼓胀而产生的小孔洞，但数量较少[图3-24(c)]。第5次干湿循环后，试样膨胀十分明显，竖向膨胀量达到2 mm以上，表面上已经出现了明显的由于鼓胀而产生的较大孔洞，部分孔隙已经连接成线[图3-24(d)]。

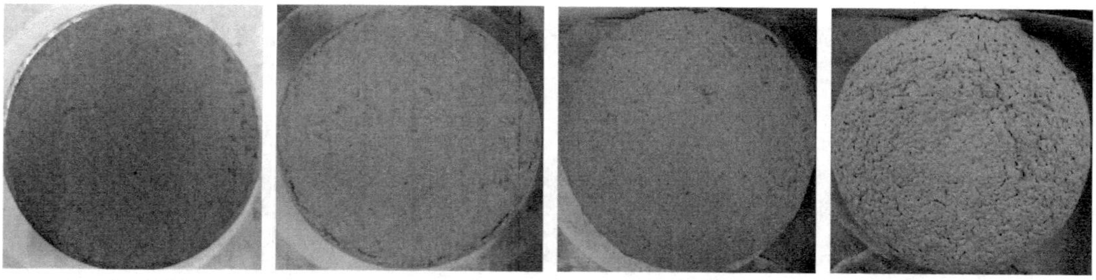

(a) 第0次循环　(b) 第1次循环　(c) 第3次循环　(d) 第5次循环

图 3-24　千枚岩土干湿循环试样表面情况

对以上进行定性分析可知，千枚岩土不会产生收缩裂隙，而是会产生膨胀孔洞。如果路基中出现了连通的鼓胀孔洞，则可以成为雨水侵入路基的通道，降低路基的强度，从而产生病害，因此千枚岩土不宜直接作为路基填料。

② 掺合比为60%试样干湿循环变形分析。图3-25为掺合比60%，制样含水率为18%的混合土样干湿循环变形图。由图3-25分析可得，在前两次干湿循环后，试样表面没有任何裂隙和孔洞产生[图3-25(a)和图3-25(b)]。经过第3次干湿循环后，试样表面表现出一定的干缩，环刀壁与土体有脱开现象，但并不明显，说明收缩变形还较小[图3-25(c)]。经过5次干湿循环后，千枚岩土膨胀性起了较大的作用，试样表面产生了膨胀孔洞，但是零星分

布，其孔隙数量与大小远小于纯千枚岩土的发育程度[对比图 3-25(d)和图 3-24 的(d)]。

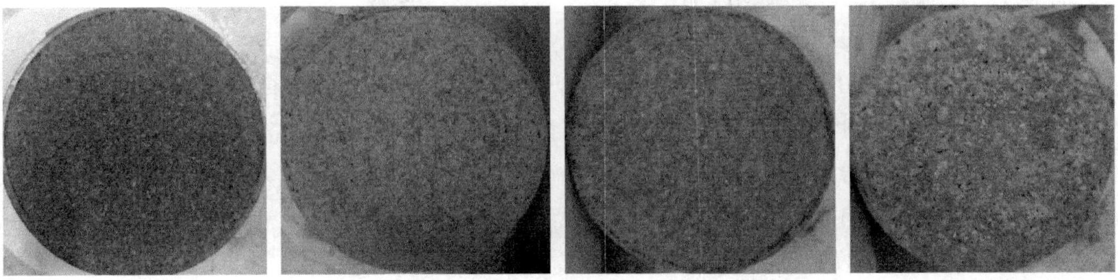

(a) 第0次循环　(b) 第1次循环　(c) 第3次循环　(d) 第5次循环

图 3-25　掺合比为 60%的混合土干湿循环试样表面情况

通过纯千枚岩土与红黏土掺量为 60%的对比可知，在千枚岩土中掺入红黏土后，红黏土表现出了收缩特性，而千枚岩土表现出了膨胀特性，两者混合后膨胀性与收缩性均得到了一定的抑制。千枚岩土要表现出膨胀特性，一般需要经过 3 个干湿循环以上，原因可能是在没有明显裂隙或孔洞发生时，水侵入试样较难，因此膨胀性表现并不明显，一旦有孔洞产生，试样内部就可以充分吸水，表现出整体的膨胀性。上述现象同时说明，掺入 60%的红黏土对控制孔洞大小及减小孔洞面积率是非常有利的。

③ 红黏土干湿循环变形分析。图 3-26 为红黏土环刀试样在制样含水率 18%、压实系数为 91%情况下经过干湿循环后试样表面变形图。由图 3-26 分析可得，经过 0 次干湿循环的红黏土试样表面没有任何裂隙，符合制样的表面规则[图 3-26(a)]。经过第 1 次干湿循环后红黏土试样表面出现微裂隙，如图 3-26(b)所示。红黏土体积有一定的收缩，但没有产生明显的试样表面裂隙，裂隙主要存在试样与环刀的接触处，对比掺合比为 60%的混合土，红黏土收缩性要大得多。经过第 2 次干湿循环以后[图 3-26(c)]，试样有较明显的收缩，试样不但与环刀接触处有脱开，脱开裂隙约 0.3 mm，而且试样中央已经出现了微裂纹。第 5 次干湿循环后环刀试样出现明显裂隙，试样中间发育了数条小裂隙，而且出现了与环刀形状近似的环状裂隙。红黏土环刀试样在前 4 次干湿循环变化不明显，第 5 次出现较大裂隙，在将红黏土环刀试样浸入水的过程中发现有气泡产生，形成了如图 3-26(d)所示的黑洞。

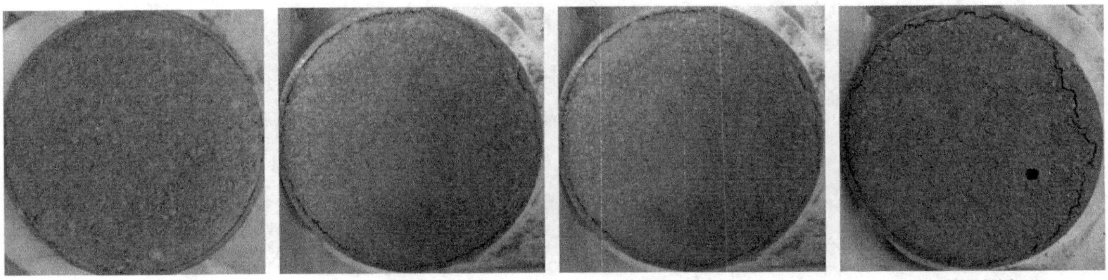

(a) 第0次循环　(b) 第1次循环　(c) 第3次循环　(d) 第5次循环

图 3-26　红黏土干湿循环试样表面情况

环刀试样表面裂隙发展对比表明，红黏土收缩裂隙是所有试样最明显的，即裂隙最发育的土，千枚岩土是膨胀孔洞最明显的土。把两种土进行掺和后，裂隙和孔洞都得到了一定程序的抑制，干湿循环特性得到了改善。

(2) 100 mm 直径试样干湿循环变形定性分析

100 mm 直径试样周围没有采用环刀的硬约束，采用透明胶带的软约束。对于千枚岩土不但可以竖向膨胀，也可以发生一定量的横向膨胀，因此千枚岩土并未出现像环刀一样的膨胀孔洞。而掺合比为 20%、40%、60%、80%时增多未出现明显的大裂隙，因此仅列举红黏土经过干湿循环后的试样表面变形，经过第 1、2 次干湿循环后，试样表面未出现肉眼可见的收缩裂隙。经过第 3、4、5 次的裂隙扩展情况如图 3-27 所示。

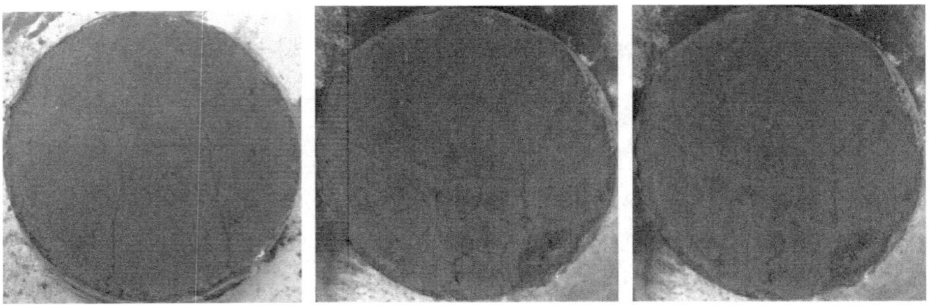

(a) 第3次循环　(b) 第4次循环　(c) 第5次循环

图 3-27　100 mm 试样红黏土干湿循环发育图

由图 3-27 分析可知，在第 3 次干湿循环后红黏土试样表面出现肉眼可见裂隙，第 4、5 次在第 3 次的基础上继续发育，裂隙宽度改变并不明显，主要是把原来的裂隙延长，并在中间生成新的收缩裂隙，裂隙的条数和密度都有较大的增长，第 5 次相较第 4 次变化并不大。

(3) 152 mm 直径试样干湿循环变形定性分析

152 mm 直径试样周围没有硬约束，采用了胶带约束。此处仅列举了三种典型掺合比的试样表面裂隙发育情况（其余情况在定量分析中列出），如图 3-28 所示。

(a) λ=40%　(b) λ=80%　(c) λ=100%

图 3-28　各掺合比下混合土裂隙发育情况

对图 3-28 进行定性分析，当掺合比为 20%、40%、60%时，试样表面经过 5 次干湿循环后均未出现肉眼可见的裂隙；当掺合比达到 80%以上时，红黏土的高收缩性得到较好的体现，如图 3-28(b)和图 3-28(c)所示。即混合土红黏土掺合比越大，出现裂隙的概率越大，裂隙的条数与面积都有较大的增长。定性分析也表明，当掺合比为 20%～60%时，未出现肉眼可见裂隙，因此混合土可以有效地抑制裂隙的发生。

对比不同直径试样，可以定性的认为影响试样表面裂隙发育程度的因素有：红黏土的掺合比、试样直径的大小和试样周围的约束情况，混合土的掺合比越大，试样直径越大，裂隙发育程度越高。

3.4.3 混合土裂隙宽度影响因素分析

由图 3-24 至图 3-28 的裂隙发育图可知，大部分裂隙的宽度均小于 1 mm，采用常规的游标卡尺和直尺测量都有可能产生较大的误差。为了准确测定裂隙的宽度，本次测量采用 ZBL-F800 型裂缝综合测试仪[图 3-29(a)]。

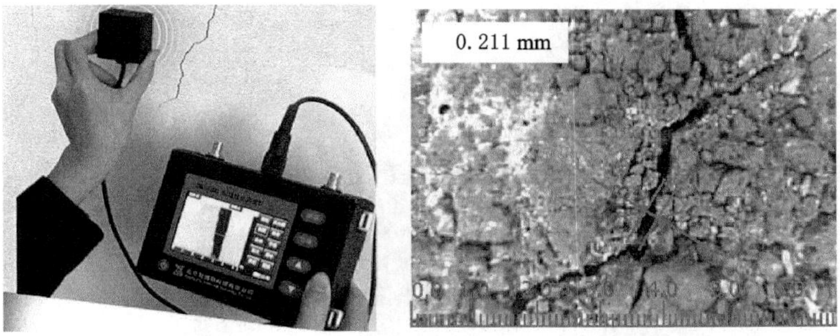

(a) 测试仪　　(b) 裂隙宽度测量

图 3-29　ZBL-F800 型裂缝综合测试仪

ZBL-F800 型裂缝综合测试仪可以同时测量裂缝的宽度和深度，被广泛用于路面、隧道、桥梁、墙体和金属表面等裂缝宽度和深度的定量测量，也可用于红黏土裂隙宽度的测量。仪器主要由主机、接收转换器和摄像探头构成。该仪器用于测量红黏土裂缝宽度时，主机显示裂缝图像，可以通过手动控制和自动控制截取裂缝图像，并测定裂隙宽度，如图 3-29(b)所示。

(1) 混合土裂隙最大宽度定量分析统计方法

由于混合土(特别是红黏土)发育的裂隙宽度大小不统一，每条裂隙一般是中间宽，两端渐渐变窄并消失，因此很难用一个宽度来描述一条裂隙。如果把试样的裂隙开展为最大的裂隙宽度作为评价指标，可以在一定程度上反映裂隙的发育程度和发育过程。

如图 3-30 所示，如果每次干湿循环完成后，把裂缝综合测试仪的光学探头从特定的裂隙处通过，然后记录裂隙的最大宽度的变化，即在一定程度上反映裂隙的发育情况。

(2) 各组合情况下混合土裂隙最大宽度随干湿循环次数变化规律

当掺合比为 0、20%、40%、60%时，混合土没有出现明显的收缩裂隙，所以无法取得裂隙宽度；当掺合比为 100%时，所有直径试样表面出现了明显裂隙；当掺合比为 80%时，仅直径为 d=152 mm 试样的表面出现了可见裂隙，d=61.8 mm 和 d=100 mm 的试样表面没有出现收缩裂隙。裂隙试样表面裂隙宽度随干湿循环的变化情况如图 3-31 所示。

由图 3-31 可知，直径为 d=152 mm、100 mm 和 61.8 mm 的试样，分别在第 1、3、4 次干湿循环时出现肉眼可见裂隙，说明室内试验的试样直径越大，出现收缩裂隙的起始循环次数

图 3-30 红黏土试样第 3 次和第 4 次最大宽度的发展情况

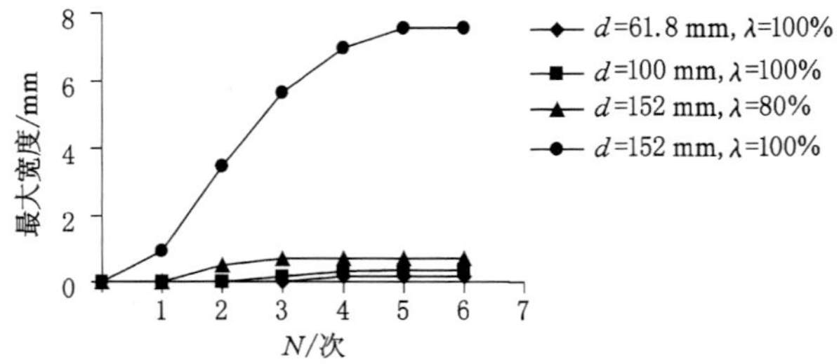

图 3-31 试样裂隙宽度随干湿循环次数的变化情况

越小。所有直径试样的裂隙宽度在第 5 次干湿循环后趋于稳定，直径为 $d=152$ mm、100 mm 和 61.8 mm 的红黏土试样最大开裂宽度分别为 7.55 mm、0.340 mm 和 0.168 mm。路基现场红黏土压实路基在干湿循环作用下最大宽度可以达到 20 mm 以上，说明室内试验的试样直径越大，越能模拟现场的实际情况。研究表明，掺合比 20%、40%、60%时最大开裂宽度为 0 mm，掺合比为 80%的最大开裂宽度仅是掺合比 100%时最大开裂宽度的 9.21%，掺合比越小，混合土中千枚岩土含量越大，说明千枚岩土在混合土中含量越多，越有利于降低红黏土的最大裂隙宽度。

3.4.4 混合土裂隙总长度测试方法与影响因素

裂隙扩展总长度是反映压实土在干湿循环作用下发生裂隙变形的指标。裂隙土干湿循环后裂隙呈现不规则形状，如果采用常规的测量方法，则无法测得其长度。如图 3-32(a)所示，红黏土试样裂隙呈不规则曲线状，裂隙长度采用常规的测量方法难以测量。例如，采用柔性棉线的曲直法，即使用棉线跟踪裂隙，再把棉线拉直测定长度。此方法针对少量的裂隙是可以使用的，但针对不规则的大量裂隙，则容易遗漏测量或重复测量；另外，采用此法棉线还是有一定的弹性，经常会出现棉线无法紧贴裂隙的情况。再如，采用轮替尺法，该方法适应于长而弯的曲线的测量，其基本原理是借助圆轮沿曲线滚动，记录轮子滚过的转数，然后根据轮的周长与转数就可以得到曲线长。轮替尺法应用于不规则曲线时，不容易紧贴裂隙，甚至小轮会压塌裂隙边缘而造成测量错误。此方法针对较多裂隙时，同样可能造成遗漏测量或重复测量；另外，还会造成裂隙边缘的损伤，不利于后续干湿循环试验及裂隙的测量。

(1) CAD 测量长度方法

本研究目的在于针对现有技术的不足，提出一种针对裂隙土试样不规则裂隙长度和密度计算方法，其操作简单，不需要非常复杂的步骤和贵重仪器，就可以分析裂隙的总长度。该方法基本步骤如下：

① 利用数码相机对裂隙试样进行拍照，要求拍照中心对准试样的中心，光线充足，能够得到清晰的裂隙图像。

② 在 AutoCAD 或其他 CAD 软件(如中望 CAD)中导入上述拍摄的裂隙图像，测量试样在 AutoCAD 软件中的直径 d_1，并锁定该图层为图层 1，如图 3-32 (b)所示。

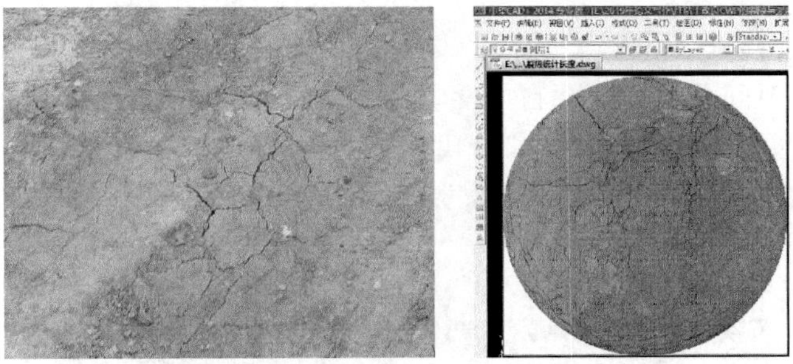

(a) 路基面不规则裂隙　　(b) CAD法

图 3-32　路基面不规则裂隙与 CAD 测定试样裂隙长度

③ 建立一个新图层，设定图层颜色为白色(或与试样颜色反差较大的颜色)，利用 AutoCAD 中的多段线命令，即PLINE 命令，画多段线跟踪一条裂隙，如图 3-33 左图中的 L_i。

④ 在命令行中输入LIST 命令，则显示该裂隙的长度为 L_1，并根据 CAD 弹出的对话框取得该裂隙的长度，如图 3-33 右图所示。

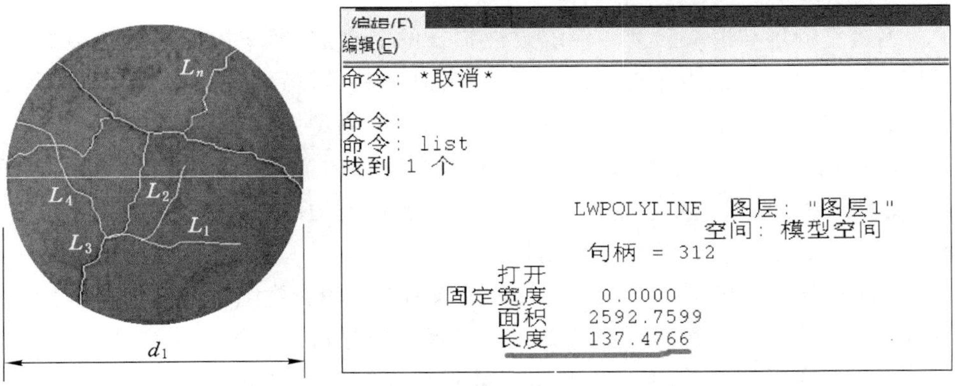

图 3-33　CAD 法测定裂隙长度

⑤ 重复上述步骤，利用PLINE 命令和LIST 命令，跟踪所有的裂隙并测定裂隙的 CAD 长度。

⑥ 裂隙总长度计算。设第 i 条裂隙并记录其长度值为 L_i，裂隙的实际测量总长度为：

$$L = \sum_{i=1}^{n} L_i \frac{d_1}{d_0} \tag{3-15}$$

式中　L_i——第 i 条裂隙的 CAD 长度；

d_1——试样 CAD 测量的长度；

d_0——用游标卡尺测量的试样实际直径，mm；

L——裂隙的实际总长度，mm。

（2）CAD 法测定裂隙总长度的优势

① 可以准确地测定裂隙土试样的总长度，且对试样本身没有扰动和损伤。首先，提出裂隙长度 CAD 测量与计算方法，该法在拍摄了高清裂隙土试样后，导入 AutoCAD 软件，采用PLINE 命令画多段线跟踪每一条不规则裂隙，并可通过放大查看跟踪情况；当出现偏离时，可以通过移动多段线上的节点来调整位置，通过在 AutoCAD 放大图像使节点微调到裂隙宽度的中间位置，使绘制的多段线可以紧密贴合裂隙，保证长度测量的准确性（图 3-34）。其次，采用LIST 命令可以快速测定一条裂隙的 CAD 长度。本方法提出了 AutoCAD 测量总长度与实际总长度的换算计算方法，可以得到裂隙土试样实际的裂隙总长度。

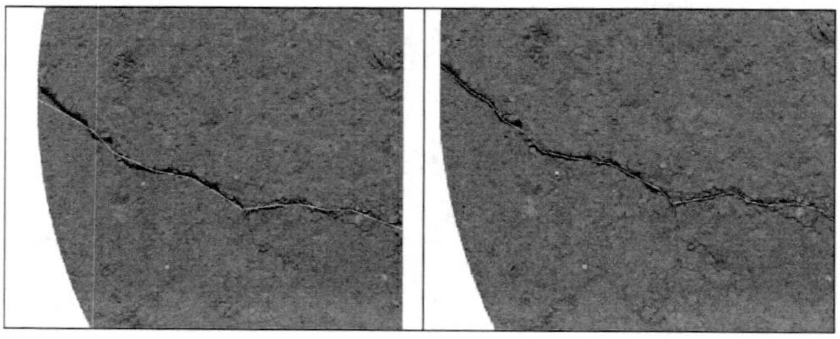

（a）粗略跟踪　　（b）精细跟踪

图 3-34　CAD 法的粗跟踪与细跟踪

② 杜绝重复测量与遗漏测量。传统柔性棉线的曲直法，即使用棉线跟踪裂隙，再把棉线拉直测定长度，这种方法由于棉线略有弹性，有时不易紧密跟踪裂隙，而且已经测量过的裂隙和未测量过的裂隙没有标记，容易造成漏测或重复测量。相对于柔性棉线跟踪试样裂隙法，本方法使用 CAD 中的多段线可以通过调整多段线的节点来紧密贴合裂隙，还可以通过任意放大来查看多段线的贴合情况，使裂隙长度测量更为准确。另外，每条裂隙测量后，多段线就保留在裂隙上，可以防止重复测量。

③ 减小对试样表面的干扰与损伤。轮替尺法需要小轮在裂隙上滚动，容易对裂隙试样的裂隙造成扰动，影响后一次干湿循环裂隙扩展规律的分析。采用小轮滚动法也容易与裂隙贴合不紧，不便于后期查看的特点，也有可能造成漏测和重复测量。相对于轮替尺法，本方法对裂隙试样没有任何扰动，且可以保证多段线与裂隙的贴合性，而且可以对多次干湿循环的试样在 AutoCAD 中进行对比分析。

（3）裂隙总长度发育规律

试样裂隙总长度发育规律与宽度相似，当掺合比为 0、20%、40%、60%时，试样表面没有连续的裂隙，因此不再统计其裂隙总长度。当掺合比为 80%和 100%时，试样经过干湿循环后表面出现了连续裂隙，裂隙总长度随干湿循环的变化规律如图 3-35 所示。

试验结果表明，当掺合比为 100%或者掺合比为 80%（d＝152 mm）时，其裂隙的总长度随着干湿循环次数的增加而增加，在第 5 次干湿循环后裂隙总长度随干湿循环次数不再增

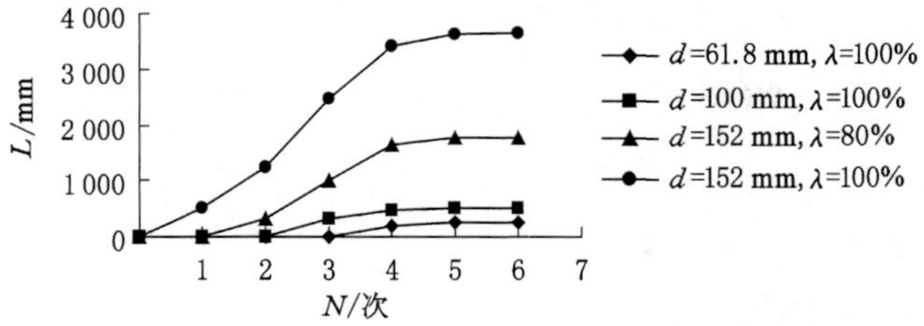

图 3-35　裂隙总长度随干湿循环次数变化规律

长而趋于稳定。以第6次干湿循环后裂隙总长度作为稳定值，则掺合比为100%时，直径为61.8 mm、100.0 mm和152.0 mm的试样裂隙总长度分别为250.3 mm、383.2 mm和3 655.7 mm。由此可见，试样的直径越大，越有利于裂隙长度的扩展与发育。考虑到现场红黏土在干湿循环后出现纵横交错的裂隙的实际情况，试样的直径越大，越能模拟现场的实际情况。

当掺合比为20%～60%时，所有试样均未出现可见裂隙，说明混合土有利于改善红黏土的收缩裂隙性质。

3.4.5　混合土裂隙率计算方法与影响因素

天然情况下，裂隙土裂隙分布大多呈纵横交错的裂隙网络，对裂隙的长度、延伸、宽度及面积的量测较为繁杂。为了综合反映裂隙的分布特征和影响，通常采用裂隙率作为裂隙度量分析指标。裂隙率可以定义为单位面积上的裂隙面积或单位面积上的裂隙长度。此定义的裂隙率都能通过一定方式来反映裂隙的发育程度，但如果仅基于人工量测或统计分析，一些微小裂隙往往被忽略，导致裂隙率的计算不够精确。

在研究裂隙发育规律时，主要依靠现场素描或拍照。随着影像技术的发展，光学显微镜与CT(computed tomography)扫描技术相继出现，使裂隙观测技术向微观与无损探测迈进一大步。目前，裂隙成像技术虽然已经比较成熟，但在室内小裂隙试样裂隙度计算上仍然存在困难，CT拍照统计虽然有许多优点，其仪器造价过高，不适合一般土工实验室裂隙率的计算。

除了直接测量法，目前还有间接测量法，间接测量法有电阻率法和超声波法。电阻率法利用测试电流通过土体时所呈现的电阻大小来间接反映土体的内部结构，应用该方法的前提是裂隙发育程度不一致的岩土体具有电阻率差。超声波法采用超声波脉冲透射法量测岩土体内的超声波声速，利用不同的超声波声速反映岩土体内部裂纹的发展状况。由于这两种方法是间接方法，需要结合直接量测方法进行标定和校核，目前通过单一的指标(如电阻率或者超声波声速等的变化)无法对裂隙进行准确的描述。

裂隙率是反映裂隙土在干湿循环裂隙发展规律的重要参数，但不规则的裂隙面积难以计算，面积率也无法计算。虽然目前有利用Matlab软件对裂隙进行灰度处理、再进行二值处理、在此基础上再进行裂隙率计算的，但每张裂隙图要能正确反映裂隙的长和宽，而且必须设置不同阈值来控制二值的显示范围，然后再次调用软件进行分析，无法做到边处理、边查看处理效果，只能通过对比原图与处理图来查看处理效果。

(1) 裂隙率分析的基本原理

裂隙密度(面积裂隙率)常用来评价红黏土在干湿循环后收生裂隙的演变规律[80]，裂隙密度越大说明红黏土在相同的情况裂隙越多，降雨后强度降幅越大，越不利于路基及边坡的稳定。所谓裂隙密度是指试样表面裂隙的面积比试样的总面积，其计算方法为：

$$\delta_{eA}=\frac{\sum_{i=1}^{n}A_i}{A}\times 100\% \tag{3-16}$$

式中 δ_{eA}——面积裂隙率或裂隙密度；

A_i——第 i 条裂隙的面积；

A——试样的总面积。

试样干湿循环后的裂隙往往是不规则的形状，采用常规的计算方法无法测量和计算。目前常采用的方法为二值法计算，其基本原理是裂隙区不能反射光线而显示深色，而无裂隙区反射光线则显示土原来的颜色，因而裂隙区的亮度明显会低于无裂隙区的。如果在图片处理中把裂隙显示成黑色，无裂隙区显示成白色，然后根据黑区面积和总面积就可以计算裂隙密度。陈开圣教授采用了 Matalab 软件对裂隙图进行处理，其基本原理首先对拍摄图像进行灰度转化、边缘提取及中值滤波，最终转化形成仅有黑白双色的二值图像。

本方法采用 Visual Basic 语言编程对原始彩色图像进行黑白图像处理。其基本原理是：所有的彩色图像均可以分解成红、蓝、绿三种基本颜色，每种颜色值的范围为 0～256。根据红蓝绿三种颜色合成亮度值，再根据亮度大小来确定将来像素点显示成白或黑色。

(2) 裂隙图像二值法数据处理方法

采用 Visual Basic 编程方法来测定裂隙试样的裂隙面积，具体步骤如下：

① 在 Visual Basic 编程软件新建窗体上增加 2 个图片框，分别为 Picture1 和 Picture2，其中 Picture1 用来加载原始的彩色图片，Picture2 用来显示处理后的黑白图片，两个图片框放置在同一界面上方便二者对比，如图 3-36 所示。

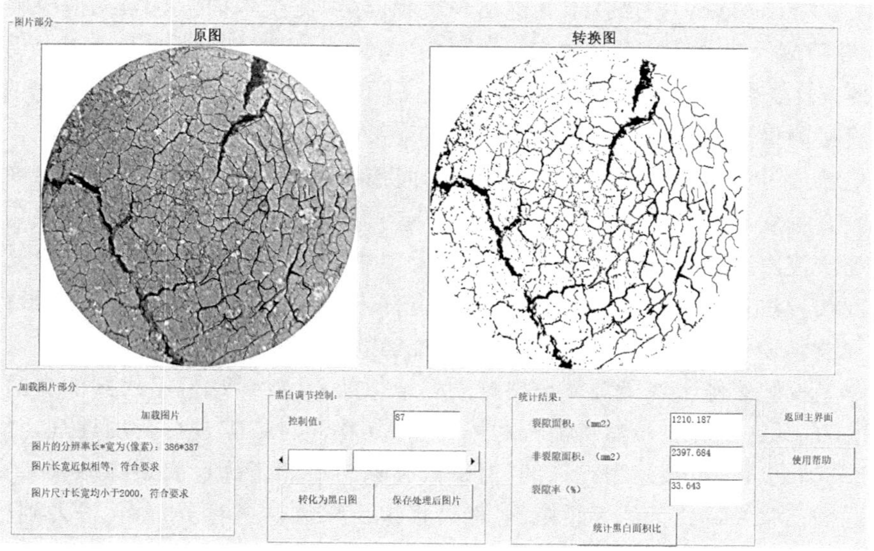

图 3-36 Visual Basic 裂隙统计软件设计界面

② 在图片框 1(Picture1)加载原始的彩色裂隙图，采用的方法为：Picture1. Picture＝

LoadPicture(Strname),其中的 Strname 是图片文件所在的路径。

③ 把彩色图片转成黑白图片。其计算方法与实现方法为：

a. 定义长整型变量 P,利用 Point 方法获得图片框中第 i 个像素的颜色数值,其计算方法为:P=Point(I,J),其中(I,J)为第 i 个像素点的坐标。

b. 把第 i 个像素的颜色数值 P 分解成三基色,即红色、绿色、蓝色,其计算方式为:R=PMOD256 ;G=P\256MOD256;B=P\65536。其中,R 为整型变量,接收红色的色值大小,它是 P 除以 256 的余数;G 为整型变量,接收绿色的色值大小,它是 P 除以 256 得数取整,然后再除以 256 的余数;B 为整型变量,接收蓝色的色值大小,它是 P 除以 65 536 得数取整。

c. 合成亮度。根据像素点的三基色值,按照各色值的大小及亮度合成比例,可以求出上述像素点的亮度值,其中红色占比为 29.9%,绿色为 58.7%,蓝色为 11.4%。其合成办法按 $Y=R\times0.299+G\times0.587+B\times0.114$ 进行计算,其中 Y 为双精度变量。

d. 彩色图转成黑白图。每一个像素点根据亮度的大小来决定彩色像素是变成黑色像素还是白色像素,设置阈值变量 T,T 可以程序设计时赋值。当 Y 小于 T 时,显示成黑色,否则为白色,生成的黑白像素点显示在 Picture2 中(图 3-36)。计算实现方法为:Picture2. PSet (I,J), iif(Y<T,vbBlack,vbWhite)。对图片框 1 中所有的像素点均按上述计算方法进行转换,则彩色图片转换成黑白图片,其中 vbBlack 和 vbWhite 是 Visual Basic 语言中的常量值。

e. 阈值变量 T 可变性的实现。如图 3-36 所示,水平滚动条值的范围设计成 0～256,并把滚动条数值进行显示并赋值给变量 T,当滚动条调整时,阈值变量 T 也跟着改变,彩色图转变成黑白图的黑白比例也跟着变动。对比左右图片框,当黑色较为能真正反映裂隙分布时,固定 T 值,把黑白图片保存到相应的文件夹中。

f. 杂点和断续裂隙修正。由于经过干湿循环后试样表面可能不平整,则在 e. 步骤处理时可能在没有裂隙的地方出现一些黑点,部分较大的裂隙中存在突出的颗粒,而显示成白点,这些可以通过图片软件进行二次处理,可以用白色抹去杂点,用黑色连通断续裂隙。

g. 再次转换。在图片框中加载 f. 步骤的二次处理的黑白图片,再次转换,此时 T 可以固定为 150～200。

h. 统计像素点。对图片框 2 中所有的像素点进行累计,其中黑的累加成 N_1,白色累加成 N_2。

i. 裂隙率计算。试样的实际直径是可能通过游标卡尺进行测定的,由于图片框与试样相切,则总像素点的 $N_1+N_2=d_0^2$。其中,d_0 为试样的实际直径,即游标卡尺测定的试样直径。所以,裂隙率为：

$$\delta_{eA}=\frac{N_1}{\frac{\pi}{4}(N_1+N_2)}\times 100\ \% \tag{3-17}$$

j. 裂隙实际面积计算。由于试样为圆形,圆形周边的非试样面积应该减去,则裂隙的实际面积为：

$$A_{实}=\frac{N_1 d_0^2}{N_1+N_2} \tag{3-18}$$

式中 δ_{eA}——裂隙率,%;

$A_{实}$——裂隙的实际面积,mm^2。

（3）二值法处理图片的核心代码

① 图片转成黑白图的核心代码：

```
Private Sub Command3_Click()
Dim I As Integer
Dim J As Integer
Dim P As Double
Picture1.Picture=LoadPicture(Filenamezxs)'注:Filenamezxs是要处理的裂
                                              隙图片名称,可以通过选择
                                              文件打开。
With Picture1
.AutoRedraw=True
.ScaleMode=3
For I=0 To.ScaleWidth-1
For J=0 To.ScaleHeight-1
P=.Point(I,J)
R=P Mod 256
G=P256 Mod 256
B=P65536
Y=R*0.299+G*0.587+B*0.114
Picture1.PSet(I,J),IIf(Y<Val(Text1.Text),vbBlack,vbWhite) ' 127.5
Next J
DoEvents
Next I
End With
End Sub
```

② 统计像素点的核心代码：

```
Private Sub Co mmand5_Click()
Dim pic As IPictureDisp
Dim Y As Long
Dim X As Long
Dim Picheight As Long
Dim Picwidth As Long
Dim Twhite As Double
Dim Tblack As Double
Set pic=Picture2.Picture
Picheight=ScaleY(pic.Height,vbHimetric,vbPixels) '统计像素
Picwidth=ScaleX(pic.Width,vbHimetric,vbPixels) '统计像素
Picture2.ScaleMode=vbPixels
'Picture2.PaintPicture Pic,0,0
```

```
For X=0 To Picwidth-1
For Y=0 To Picheight-1
If Picture2.Point(X,Y)=vbWhite Then
Twhite=Twhite+1
ElseIf Picture2.Point(X,Y)=vbBlack Then
Tblack=Tblack+1
End If
Next Y
Next X
Dim AXiangshu As Double,A As Double
Dim Bilv As Double
Dim AShijiao As Double,Ayuan As Double
AShijiao=0.2146*(Tblack+Twhite)
Ayuan=0.016808214*(Tblack+Twhite)
AXiangshu=Twhite+Tblack
Picture2.ScaleMode=6
A=Picture2.ScaleWidth* Picture2.ScaleHeight
Bilv=AXiangshu/A
Dim Zhenbai As Double
Zhenbai=AXiangshu*(1-3.141593/ 4)
Text2=Format(Tblack/Bilv,"0.000") '黑像素的面积
Text3=Format(Zhenbai/Bilv,"0.000") '白像素的面积
Text4=Format(Tblack/(Tblack+ Zhenbai)*100,"0.000") '面积裂隙率
MsgBox "统计完成"
End Sub
```

(4) Visual Basic 处理方法带来的益处

① 提出用 Visual Basic 处理裂隙面积及面积裂隙率的计算方法，该计算方法相对于 MatLab，不必进行灰度值转换，可以直接把彩色图转变成黑白图。软件设计了黑白色控制阈值变量 T，并配合 Visual Basic 中的滚动条来调节变量值，通过彩色图与黑白图的对比来调整适当的阈值变量 T，使黑色区域更能反映裂隙的面积分布实际情况。

② 提出了 Visual Basic 像素面积和实际裂隙面积转换计算方法，可以快速把像素转换为实际的裂隙面积，提出的裂隙实际面积计算方法[式(3-18)]解决了 Visual Basic 像素数量与试样面积、裂隙面积的转换问题。

③ 提出了试验圆形试样面积裂隙率与像素裂隙率的转换计算方法，可以实现裂隙面积的快速计算。

(5) 混合土裂隙率变化规律分析

应用该软件时，可以按照以下步骤进行。

① 用图片软件如 Photoshop 软件或 isee 软件对裂隙图进行提高对比度处理，得到高对

比度图片，原图与处理后图分别如图 3-37(a)和图 3-37(b)所示。

(a) 原始照片　　(b) 对比度加强处理　　(c) 黑白二值图

图 3-37　裂隙处理过程

② 用自编的 Visual Basic 软件对图进行二值转化，然后对黑白二值图[图 3-37(c)]进行黑白像素统计，并根据式(3-17)计算面积裂隙率。

混合土试样裂隙总长度发育规律与宽度相似，当掺合比为 0、20%、40%、60%时，试样表面没有连续的裂隙，因此不再统计其裂隙率。当掺合比为 80%和 100%时，试样经过干湿循环后表面出现了连续裂隙，裂隙率随干湿循环的变化规律如图 3-38 所示。

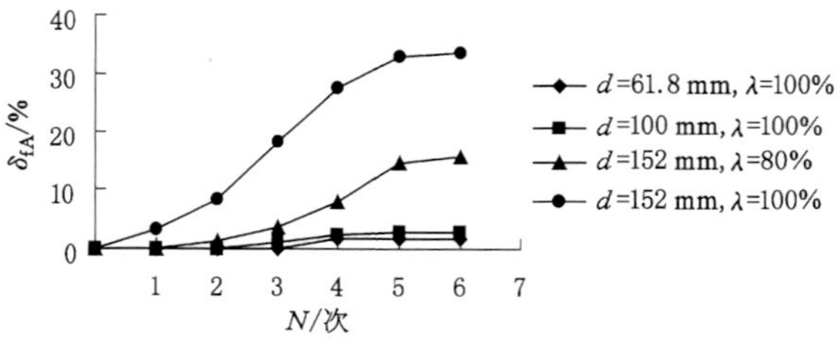

图 3-38　混合土试样裂隙率随干湿循环次数的变化规律

由图 3-38 可得，在掺合比为 100%时，裂隙率随干湿循环次数的增加而增加，并在第 5 次干湿循环后趋于稳定，因此可以把第 6 次干湿循环后的裂隙密度作为最终的裂隙密度。0～6 次干湿循环后裂隙密度分别为 0、3.2%、8.3%、18.1%、27.6%、32.97%、33.64%，增速呈现先慢后快再慢的趋势。

直径为 61.8 mm、100 mm、152 mm 时，裂隙率最大值分别为 1.81%、2.75%、33.64%，即试样的直径越大，最终裂隙率越大。直径为 152 mm 时，掺合比为 80%的试样裂隙率仅为 14.61%，是掺合比为 100%时的 43.4%。当掺合比为 60%、40%、20%时，试样经过 6 次干湿循环后均未出现肉眼可见裂隙，因而裂隙密度为 0。以上研究表明，混合土中千枚岩土含量增加、红黏土含量降低时，裂隙率越低。因此，在红黏土中掺入千枚岩土可以降低红黏土的裂隙变形。

3.4.6　裂隙率随掺合比的变化规律

如前所述，试样的直径越大，其延展性越明显，更能反映裂隙的扩展情况。因此，本次试验选用了直径为 152 mm 的试样计算裂隙率。第 6 次干湿循环后不同掺合比下混合土试样裂隙扩展情况如图 3-39 所示。

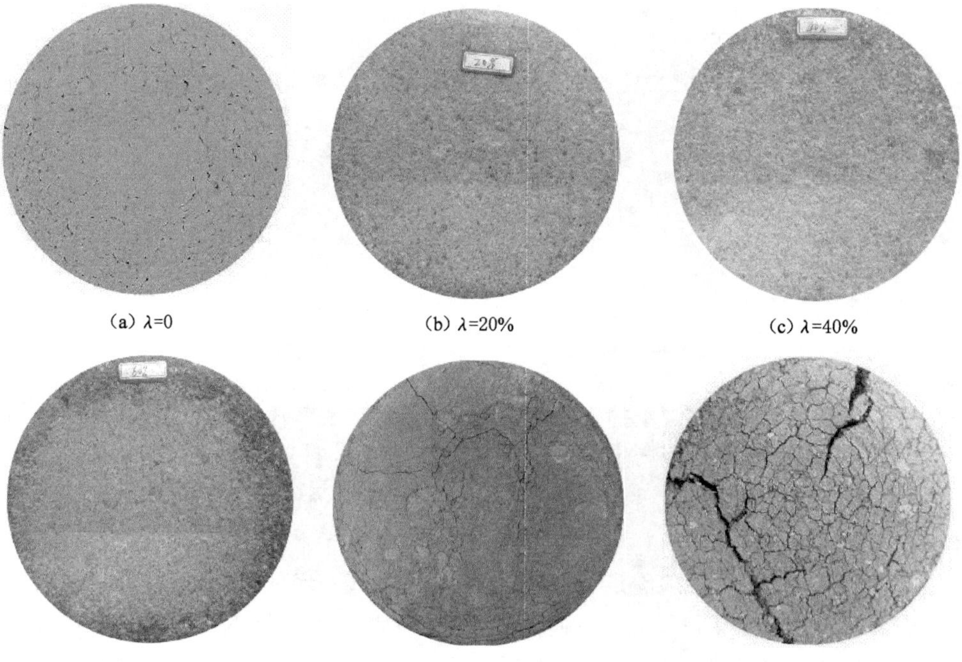

(a) λ=0　(b) λ=20%　(c) λ=40%

(d) λ=60%　(e) λ=80%　(f) λ=100%

图 3-39　不同掺合比下试样裂隙的扩展情况

由图 3-39 可知，裂隙发展情况可以分成以下三种类型：

① 圆形孔隙型。掺合比为 0(纯千枚岩土)时，试样经过 6 次干湿循环后，千枚岩土的膨胀率达到了 19.1%，表面上出现了许多鼓胀圆形孔隙，并未形成连续的裂隙，如图 3-39(a)所示。因此，这种情况下只能统计裂隙密度而不能统计长度。

② 无裂隙型。当掺合比为 20%、40%、60%时，试样表面无肉眼可见裂隙，裂隙密度可以认为是 0。

③ 连续裂隙型。当掺合比为 80%和 100%时，试样表面出现了明显的裂隙，特别是纯红黏土时，由于红黏土失水有很强的收缩性，经过 6 次干湿循环后，试样表面出现网状裂隙，并出现 2 条宽度达到了 7 mm 以上的大裂隙，如图 3-39(f)所示。

考虑到千枚岩土试样在干湿循环后仍残存着膨胀孔隙，这时可进行裂隙范围统计，如图 3-40 所示。

由于裂隙或孔隙是水浸入压实路基内部的通道，会大大增加水侵入土体内部的速度，造成土强度的大幅度降低(见 5.4 节)。采用掺合比为 0、80%、100%的经过干湿循环后会产生明显的孔隙或裂隙，不利于压实土体的整体性和抑制水分的浸入。红黏土在干湿循环中能够形成纵横贯通的裂隙，是水分侵入的良好通道，会大大降低强度，这也是红黏土被列为特殊土的重要原因之一。当掺合比为 20%、40%和 60%时，试样表面没有明显的裂隙，说明掺合比为 20%、40%、60%时能有效地减小改良后千枚岩土的膨胀性孔隙和红黏土的收缩性裂隙。

3.4.7　掺合比对裂隙率的影响与优选

(1) 优选考虑因素

在千枚岩土中掺入红黏土，通过无荷膨胀率与固结试验表明，在压实度相同的情况下可以

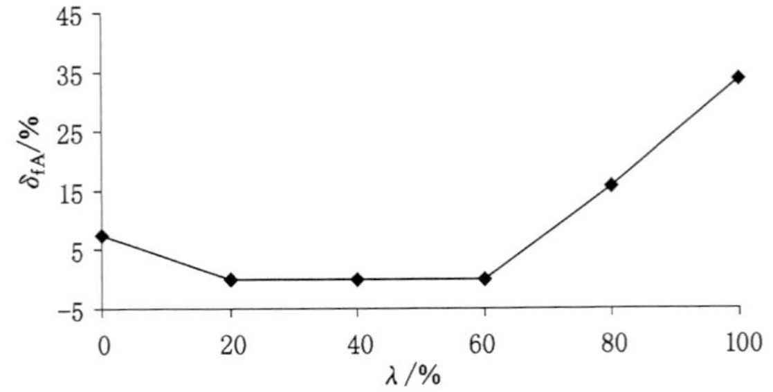

图 3-40　混合土裂隙密度随掺合比的变化规律

增加土的压缩模量，降低千枚岩土的膨胀性。理论上，红黏土掺入量越大，压缩模量越大，膨胀量越小，越有利于控制路基的工后沉降。但干湿循环试验表明，当掺合比达到 80%以上时，试样表面会产生明显的收缩裂隙。根据干湿循环试验的结果，为保证混合土不产生裂隙，则掺合比应不大于 60%。

混合土作为路基填料，必须满足《铁路路基设计规范》(TB 10001—2016)，根据混合土的液塑限试验结果，当掺合比为 13%～52%时，混合土的液限低于 40%为 C 组填料，可以用于Ⅱ级铁路基面以下深度大于 0.6 m 的层位填筑或Ⅰ级铁路深度大于 2.5 m 层位的填筑。而高液限土为 D 组填料，不能直接用于路基填料。综合考虑以上特点，推荐 52%为最优掺合比，工程应用时掺合比一般会取整十的数值而便于施工，因此推荐掺合比为 50%，即千枚岩土与红黏土的比例为 2∶1。

(2) 工程实践效果

在昌北铁路货场路基工程中，对三种典型情况进行了工程实践，千枚岩土难以压实，20 t 的压路机经过 2 遍静压＋2 遍振动碾压＋2 遍静压的情况下，压实系数 K 和地基系数 K_{30} 均不能满足要求，一般在 81～90 MPa/m，路基在载重运填料汽车下就发生了疏松[图 3-41(a)]，在九景衢铁路使用的千枚岩土也出现了相似的情况。红黏土在最优含水率下同样的压实可以满足要求，而且 K_{30} 大大超过相应层次的 K_{30} 控制要求，但在现场经过连续的 3 d 停工暴晒后，路基表面出现了大于 2 cm 的收缩裂隙[图 3-41(b)]。现场某段由于千枚岩土与红黏土互层分布，碾压效果介于千枚岩土与红黏土之间，K_{30} 检测低于红黏土，但远大于千枚岩土，且夏季施工后未出现明显的收缩裂隙[图 3-41(c)]。

(a) 千枚岩土　　(b) 红黏土(λ=100%)　　(c) 混合土(λ=50%)

图 3-41　三种典型情况下路基面干湿循环特征

工程实践表明，采用混合土后，既弥补了千枚岩土不易压实、强度方面的不足，也弥补了红黏土容易出现收缩裂隙的不足。混合土路基可以直接在上面行驶填料汽车，仅出现一定量的沉降，而不会出现千枚岩土路基面的直接破坏。

3.5 本章小结

本章通过对混合土进行的自由膨胀率试验、无荷膨胀率试验、固结试验及干湿循环试验，研究了混合土试样浸水和干湿循环变形特性，可以得出以下结论。

(1) 由自由膨胀率试验可知各种掺合比的混合土的自由膨胀率均小于 40%，所以由千枚岩土与红黏土形成混合土属于非膨胀土，具备了作为路基填料的潜质。

(2) 混合土膨胀率 δ_{ep} 随红黏土掺合比 λ 的增加呈二次多项式减小，随 w 的增加而线性减小，随 K 的增加线性减小。

(3) 混合土线膨胀量随 w、K 及 λ 的变化规律可以用综合数学模型描述：

$$\delta_{ep} = -0.4767w - 0.3200K - 0.0021\lambda^2 + 56.5195$$

采用此模型来预测膨胀率时，不包括纯红黏土的情况。

(4) 0～1 h 内混合土的线膨胀率急剧增大，占总膨胀率的 80%以上。掺合比为 0、20%和 40%的混合土的膨胀率在 1～5 h 内膨胀率增长速率递减，5 h 内混合土的膨胀基本已经完成。掺合比为 60%、80%的混合土和红黏土的膨胀在 1 h 内基本已经完成。

(5) 压缩模量可以反映有荷载下浸水后的变形，混合土压缩模量随掺合比的增加而增加。微观结构分析表明，压缩模量的增加与混合后形成的空架结构与致密结构相关。

(6) 提出了利用 AutoCAD 测定和计算不规则裂隙的总长度的方法。该法的核心是用“PLINE”线来跟踪不规则裂隙并测量长度，然后根据比例关系求实际裂隙的总长度。裂隙长度统计表明，裂隙总长度与试样的直径和干湿循环次数有关。试样直径越大，裂隙总长度越大；试样直径越大，相同条件下开裂的起始干湿循环次数越少；在特定条件下，干湿循环次数越多，裂隙总长度越大。

(7) 提出了基于 Visual Basic 语言裂隙密度的计算方法，核心思想是把彩色图变成黑白双色图，其中裂隙代表色为黑色，然后通过统计黑白像素点的个数来计算裂隙率。裂隙率统计表明，千枚岩土膨胀裂隙率达 7.51%，红黏土裂隙率可达 33.64%。当混合土的掺合比为 20%～60%时，试样没有肉眼可见裂隙，说明混合改良方法可以有效地减小两种土干湿循环后的裂隙率。

(8) 随着红黏土掺合比的提升，无荷膨胀率减小，压缩模量增加，有利于工程性质的提高。但掺合比超过 52%后混合土变为高液限土，且掺合比超过 80%后会出现干湿循环裂隙，考虑工程掺合比取整习惯，推荐最优的掺合比为 50%。

4 混合土强度特性试验研究

路基工程的强度是保证路基稳定性的基本条件。如果路基强度得不到保证，路基边坡会发生失稳，产生地质灾害。如果路基面强度不足，则道砟可能在荷载作用下陷入路基中，形成道砟囊、道砟槽等路基病害。当道砟囊病害严重时，可能引起边坡外鼓病害。目前，部分早期建设的路基，由于前期填料选择问题或者由于长久运行路基发生软化，路基病害时而发生，大大缩短了维修周期，造成了经济上的浪费和社会效益上的损失。因此，路基强度是保证路基稳定性的重要指标。

为了保障路基的稳定性，对于铁路工程，在路基施工中常采用控制压实系数 K 来保证路基的密实度，以地基系数 K_{30} 来保障路基的强度与刚度，此两项属于路基检测的必测指标。例如，《铁路路基设计规范》(TB 10001—2016)对各级别路基及各层位路基的 K 与 K_{30} 有明确规定，书中涉及的均为细粒土，因此摘抄的标准以细粒土为主，见表 4-1。

表 4-1 路基压实系数及地基系数

铁路等级	客货共线	客货共线	客货共线	Ⅰ级铁路	Ⅱ级铁路	Ⅱ级铁路
设计时速	120 km/h	120 km/h	120 km/h	—	—	—
层位	基床底层	基床底层	基床底层	基床底层	基床表层	基床底层
填料分组	A、B	C	—	A、B、C	—	A、B、C
具体类型	砾石类、碎石类	砂类土、细粒土	化学改良土	细粒土、砂类土、改良土	化学改良土	细粒土、砂类土、改良土
压实系数	0.93	0.93	0.93	0.93	0.93	0.91
$K_{30}/(\mathrm{MPa\cdot m^{-1}})$	≥130	≥100	—	100	100	90
$q_{u,7d}$/kPa	—	—	≥350	—	—	—
f_a/kPa	180 kPa	180 kPa	180 kPa	180 kPa	150 kPa	150 kPa
规范	TB 10001—2016			TB 10001—2005		

注：$q_{u,7\,d}$代表改良土 7 d 的无侧限抗压强度；f_a代表路堤的地基承载力要求。

由表 4-1 可知，路基填筑对地基承载力有明确要求，但对基床层没有承载力要求，而地基系数本身就是对力学方面的要求，所以抗剪强度对路基稳定性有重要作用。

4.1 击实试样微型贯入强度试验

4.1.1 微型贯入仪与加州承载比测试仪的对比

加州承载比(CBR)是美国加利福尼亚州提出的一种评定公路基层材料或路基土基承载能力的一种试验方法。承载能力以材料抵抗局部荷载(测试件铁圆柱体标准压头)压入变形的能力来表征,并采用标准碎石的承载能力为标准,以相对值的百分数表示 CBR 值。CBR 值是标准试件在贯入为 2.5 mm 时所施加的试验荷载与标准碎石材料在相同贯入量时所施加的荷载之比值,以百分率表示。加州承载比的测试仪如图 4-1(a)所示。

微型贯入阻力试验所用仪器为电子微型贯入仪,由测试仪表、探杆与探头组成[图 4-1(b)],可以测定贯入土中的贯入阻力,贯入阻力试验与公路工程中加州承载比有一定的相近性,均以测定贯入土体一定深度的阻力为主要测量结果,并根据贯入阻力的大小来研究土体的密实度和承载力等力学性质。但二者也有较大的不同:

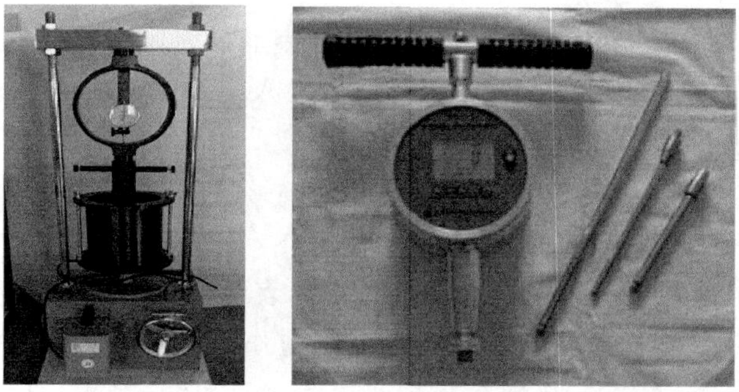

(a) CBR试验仪　　(b) 微型贯入试验仪

图 4-1　CBR 试验仪与微型贯入试验仪

① 贯入头不同:加州承载比贯入的是一个直径为 50 mm 的标准贯入头,而微型贯入仪为一直径为 8 mm 的探针。

② 测试结果数据不同:CBR 是贯入为 2.5 mm 时所施加的试验荷载与标准碎石材料在相同贯入量时所施加的荷载之比值,没有单位,而微型贯入仪测出的是贯入阻力,单位为牛(N)。

③ 测试环境不同。加州承载比需要在重型击实仪中进行,且试样需要在水中浸泡 4 昼夜;微型贯入仪一般是测试非浸水试样,也可测定浸水试样。

贯入阻力试验所用仪器也称为填土密实度检测仪或地基承载力检测仪,它具有价格低廉、体积小、易于携带、电子数显易于读数等优点,目前已广泛应用于公路工程、铁路工程、工业与民用建筑工程、堤防工程、大坝工程的地基密实度检测中,适合的土类包括碾压后的各种回填壤土、黏土、灰土、砂土、混合土、素土,是检测现场填土密实度和均匀性的一种常用的试验方法。本研究的目的是在不影响击实试验的情况下,初步探究不同掺合比下混合土在相同击实功、不同密实度和含水率下的贯入阻力强度。

通过以上对比不难发现,CBR 测试具有较标准的条件,所以加州承载比已经成为公路填料选取的一种标准试验。而微型贯入阻力受人为因素较大,但测试条件简单,测试时间短，因此课题采用微型贯入仪进行相关承载能力的测定。

本次试验采用 WG-Ⅵ型微型贯入仪，主要的参数与指标为：a. 被测土类，一般黏性土、红黏土、湿陷性黄土、填土、粉质壤土、混合膨胀土、灰土、风化土、淤泥土、沙土。b. 探测深度：0～1.5 m。c. 测试结果：贯入阻力，单位为 N，可以换算的指标为地基承载力、压缩模量 E_s 和液性指数 I_L 及地基系数 K_{30}。d. 精度：±0.25%。e. 外形尺寸：30 cm×50 cm。f. 仪器质量：3.5 kg。

4.1.2 试样制备与试验方法

(1) 试样制备

微型贯入试验测试试样为压密或击实土试样，因此须在击实试验的基础上进行贯入试验。击实采用重型击实试验，采用重型击实筒，分 3 层击实，每层击实次数为 94 击。根据前期的液塑限试样，制样含水率一般为 16%～24%，间隔 2%进行制样，试验完成后，再测定试样的实际含水量。

(2) 试验步骤与数据处理

微型贯入试验按以下步骤进行：

① 初始贯入 2～3 cm。在现场，为了防止路基表面被日晒形成硬壳和初始影响，一般先贯入 5～10 cm 作为初始贯入深度，此阶段不记录贯入阻力读数。在实验室中，一般不受日照的影响，而且重型击实试验容器的高度限制，试验采用初始贯入深度为 2～3 cm，不记录贯入阻力读数。贯入完成后，在仪器上分别按顺序选择"清零""随动"和"峰值"，进行正式测试程序。

② 正式测试。上述步骤准备好后，双手握住仪表两边的把手，将探头以均匀的速度贯入击实试样 10 cm，仪表会记录贯入土中的最大阻力作为贯入阻力，如图 4-2(a)所示。

③ 重复测试。值得注意的是，贯入阻力受人为因素较大，贯入速度对测试影响显著，因此一般采用多次测试来消除部分人为因素。本研究采用 6 次测试，其中 1 个测点布置在圆心的位置，其余 5 个测点近似均匀布置。如图 4-2(b)所示，除中心点外，其余 5 个测点的夹角均为 72°，位于半径的中间处。

(a) 贯入测试

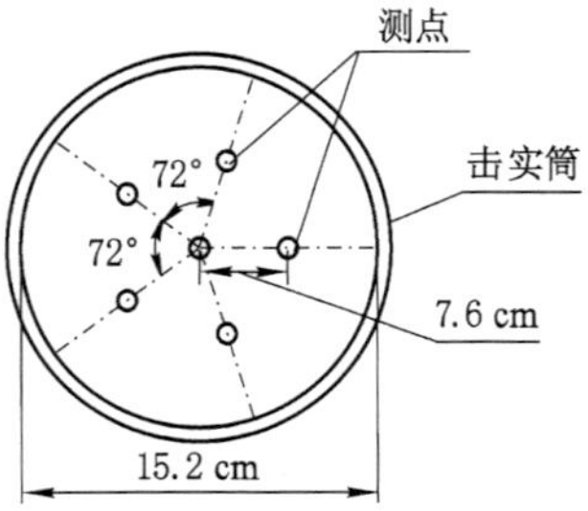

(b) 测试点布置

图 4-2 微型贯入仪测试方法

④ 数据采用。每个击实试样经过上述测试步骤会得出 6 组数据，去掉最大值和最小值，取剩余 4 次测试值的平均值作为试样的贯入阻力 F。

4.1.3 标准击实试样贯入阻力数据分析

(1) 贯入阻力随含水率的变化规律

在标准击实能下,即所有的击实试样的击实能是相等的,贯入阻力的主要影响因素为掺合比和土的含水率。为了显示贯入阻力与击实试验的关系,因此把相关击实试验的结果也放入图中。贯入阻力随含水率的变化规律统计如图 4-3 所示。

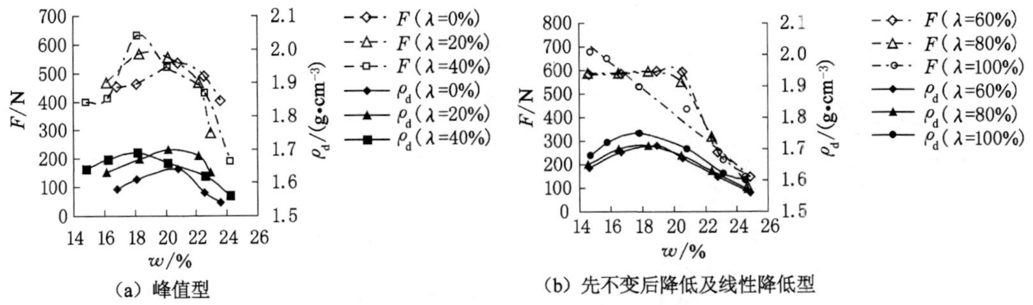

图 4-3 贯入阻力随含水率的变化规律

由图 4-3 可知,在标准击实能下,贯入阻力随含水率变化曲线可以分成三种类型。

① 峰值型。当掺合比分别为 0、20%、40%时,贯入阻力先增加后降低,曲线具有峰值且峰值对应的含水率与击实曲线最优含水率基本一致。这是由于在相同的击实能下,随着含水率的增加,颗粒之间逐渐出现弱结合水,降低了土颗粒之间的摩擦力,所以土更容易压实。土的干密度越大,则土的承载性能越高,贯入阻力越大。当土的干密度达到最大时,混合土的贯入主力也达到最大。在最优含水率时,λ=0、20%、40%的贯入阻力分别为 536N、567.3N 和632.5N。

② 先不变后降低型。此种类型对应的红黏土掺合比为 60%和 80%,这两种掺合比的混合土击实曲线非常相近,且干密度在含水率从 14%变到 18.5%时有所增长但增长不大。在含水率 14.5%时,干密度虽然较低,但贯入强度较高。

如图 4-3(b)所示,当含水率超过 20.5%时,贯入强度随着含水率增加急剧降低。产生这种现象的原因之一是 20.5%已经超过了最优含水率,击实土样的干密度已经低于最大干密度。另一个重要原因是红黏土本身具有水敏性[81-83],当含水量超过特定值(如本研究中的 20.5%)后,强度会迅速降低。

③ 线性降低型。当掺合比为 100%(纯红黏土)时,贯入阻力随含水量的增加而线性降低。在含水率从 14.5%增加至 18%时,干密度随含水率的增加而增加,但贯入阻力呈线性降低,其降低规律可以用式(4-1)来表达,$R^2=0.977\ 2$。

$$F=-55.186w+1521.4 \tag{4-1}$$

这是由于红黏土在击实的过程中,随着含水率的增加,黏土颗粒的弱结合水膜增厚,降低了土颗粒之间的铁质胶结和摩擦力,宏观表现为红黏土的水敏性[81-83]。

根据以上试验结果,对于高红黏土掺合比(60%～100%)的混合土,若要获得较大的承载力,则需要在较低的含水率下击实,工程上一般在 $w_{op}\pm 2\%$下压实,超过这个范围容易出现难以压实的情况。因此,从获得较高强度方面考虑,红黏土的压实含水率宜控制在

16%～18%。红黏土掺合比较低时(0～40%),应在最优含水率为 18%时进行压实。

(2) 贯入阻力随掺合比的变化规律

分别选取各掺合比混合土在最优含水率时的贯入阻力 F 和最大贯入阻力绘制贯入阻力 F 与掺合比 λ 关系曲线图,如图 4-4 所示。

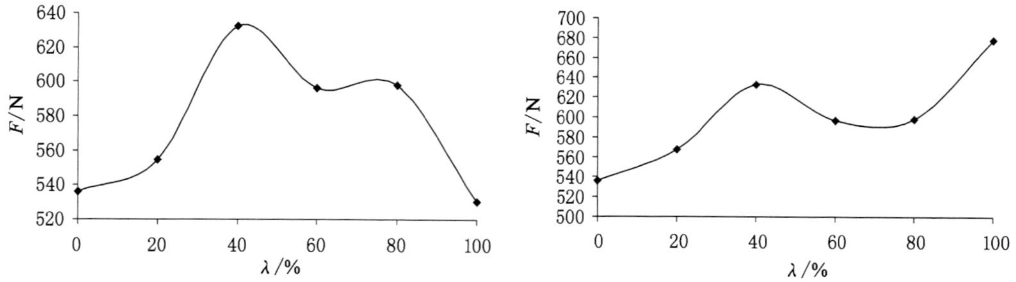

(a) 最优含水率时 F 随 λ 变化规律　　(b) 最大贯入阻力随 λ 变化规律

图 4-4　贯入阻力随掺合比变化规律

在最优含水率时(各种混合土的最优含水率略有不同),则贯入阻力主要受掺合比的影响。由图 4-4 可以得出,贯入阻力随掺合比的增大先增大后减小,呈倒扣锅型,当掺合比为 40%时,贯入阻力达到最大为 632.5 N。当掺合比为 0～40%时,贯入阻力由 536.75 N 增大到 632.5 N,增加了 17.8%;当掺合比为 100%时,贯入阻力减小到 530.5 N,减小了 16.1%。从图中也可得出,掺合比为 60%和 80%时,在最优含水率时其贯入阻力近似相等。

由图 4-4(a)和图 4-4(b)对比可知,混合土的最大贯入阻力并不一定是在最优含水率处取得,红黏土最为明显,其最大贯入阻力在含水率较低时取得,在最优含水率时贯入阻力反而降低,说明红黏土的水敏性要高于其他混合土。对于不同的掺合比的混合土,千枚岩土的最大贯入阻力最小为 536 N,红黏土的最大贯入阻力最大可达 678 N,红黏土最大贯入阻力是千枚岩土的 1.26 倍。这种现象印证了在实际工程应用中千枚岩土的强度相对红黏土要小,属于强度较低的路基填料。在实际工程中,千枚岩土颗粒碾压的压实效果低于室内击实试验,其贯入阻力更低,多数仅 300 N 左右。因此,千枚岩土是一种强度较低的填料,碾压后的路基面地基系数 K_{30} 很难达到设计要求。在实际工程中,只要红黏土含水率在最优含水率附近或低于最优含水率,就不会结成团块,都可以得到较好的碾压效果。由于其碾压后强度较高,因此其强度(刚度)检测指标一般可以超过规范要求。

在千枚岩土中掺入红黏土可以提高千枚岩土的贯入阻力,但加入红黏土过多,即红黏土含量多过千枚岩土的含量时,贯入阻力在最优含水率不再增加反而降低。这是由于此时混合土因红黏土含量过多,而显现出红黏土不良的"吸水软化"的水敏性特征;同时也说明在红黏土中掺入千枚岩土可以降低红黏土"吸水软化"这一不良特性。

通过以上试验得出,将千枚岩土与红黏土混合后作为路基填料,可在一定程度上"取长补短":取红黏土贯入阻力高的"长"补千枚岩土贯入阻力低的"短",取千枚岩土贯入阻力受含水率影响较小的"长"补红黏土吸水软化的"短",达到相互改良的目的。但本课题并没有针对同一种掺合比下压实系数对贯入阻力的影响展开研究。

对微型贯入仪试验数据综合分析可知,当掺合比 λ=40%时,混合土的贯入阻力最高,可以认为掺合比为$\lambda=40\%$时相互改良的效果最好。

4.2 混合土抗剪强度试验研究

土的抗剪强度是土的重要力学指标，路基边坡的破坏实际是下滑力已经超过了土体的抗剪强度。在工程建设中，边坡稳定性、地基承载力等问题都与土的抗剪强度密切相关。目前，土体的破坏标准主要采用莫尔-库仑强度准则，即$\tau=\sigma\tan\varphi+c$。其中，黏聚力c与内摩擦角φ是反映抗剪强度的重要指标，是边坡稳定系数、地基承载力、挡土墙土压力等问题计算的重要参数。

测定土的抗剪强度有三轴试验法、直接剪切试验法、单轴试验法、现场十字板剪试验法等。其中，十字板剪切试验法仅适用于软土，单轴试验法一般情况下很难同时测得土的两个抗剪强度指标。因而对于混合土，能够使用的方法为三轴试验法和直剪试验法。

三轴试验法原理严密，但测试时需要试样饱和和固结，对于黏性土饱和时间和固结时间均需要较长的时间，故三轴试验常用于较为重要的工程。直接剪切试验因设备操作简便，快剪测试时间短，结果便于整理，是室内测定土体抗剪强度的一种常用方法。书中混合土组合方案较多，采用三轴试验在研究期限内难以完成，因此采用了直剪试验。

4.2.1 直剪试验制样方法与试验方法

(1) 试样制备方法

抗剪强度试样的制备方法采用击样法，即用专用环刀击实工具，把准备好的特定含水率、特定质量的土击到环刀内部，具体方向与固结试验的试验方案和试样的制备方法相同，可以参照固结试验部分的介绍。

(2) 试验方法

直接剪切试验有快剪、固结快剪、慢剪三种试验方法。在三种抗剪强度中，快剪得到的抗剪强度最小，可以代表边坡等工程遇到的最不利的情况(即工程上快速施工，且排水条件不能得到保证的情况)，故本研究选用快剪试验。

正压力的选取，根据规范一般选取的正压力为50 kPa、100 kPa、200 kPa和400 kPa。但在试验过程中发现，红黏土的抗剪强度很大，剪切过程中应力环和剪力盒发生了上拱现象，即土体已经脱离了剪切面，可能会对试验结果造成重大影响，因此最终选取的正压力分别为50 kPa、100 kPa、150 kPa和200 kPa。

试验仪器采用ZJ型应变控制式数显直剪仪(四联剪)，如图4-5所示。直剪仪的剪切速度调节可以依赖数显仪表，而剪应力还是必须依靠应力环中的百分表读数，然后换算成剪应力。

(3) 试验步骤

① 试验参数调整。通过调整仪表盘上剪切速度的向上和向下按钮，直到显示剪切速度为0.8 mm/min为止。调整应力环与剪力盒的位置，使二者刚好接触为止。

② 安装试样。在剪力盒底部的透水石上放入滤纸，制备好的环刀试样倒放在剪力盒上，然后用专用的推土器把环刀土推入剪力盒中，再放一层滤纸，上面放入剪力盒的压盖。

③ 施加正压力。分别施加50 kPa、100 kPa、150 kPa、200 kPa的法向应力，把应力环的读数清零，或者记录初读数，拔去剪力盒上的插销。

图 4-5　ZJ 型应变控制式数显直剪仪

④ 剪切读数。打开仪器剪切挡，土样以 0.8 mm/min 发生剪切，百分表的读数渐增，每隔 5 秒读取一次数据。当出现下列情形之一时，应关掉剪切仪开关并停止读数：a. 当上下剪力盒错开的位移超过了 5 mm；b. 连续 40 s 的读数没有增加；c. 百分表读数开始降低，然后延续 20 s 继续计数。

4.2.2　混合土抗剪强度指标计算方法讨论

（1）混合土直剪试验的求解方法

对于混合土的四联直剪试验，每种掺合比的土都可以得到正压力为 50 kPa、100 kPa、150 kPa、200 kPa 的 4 组抗剪强度。为了求解抗剪强度指标，传统的方法是手工作图法。手工作图法时，理论上直剪试验的 4 个试样的剪切数据描点应该在一条直线上，该直线在纵坐标的截距就是黏聚力 c，与横坐标的夹角就是土的内摩擦角 φ。但由于土样不均匀，试验读数误差等原因，往往绘制的直线不能通过所有的测点，总是存在一些误差，所以确定的破坏包线是一条近似的直线。近似的直线会因人而易，如图 4-6 所示，直线 1 和直线 2 都可以说是拟合了直线，直线两边的点数也相等，但通过目测无法评价哪条直线对 4 组直剪数据拟合得更好。

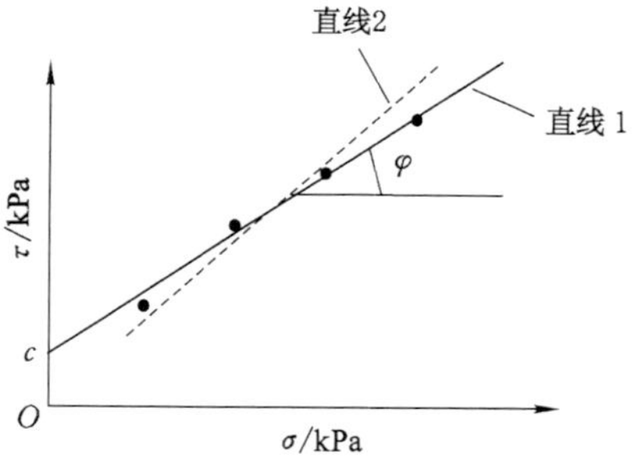

图 4-6　手工作图法求解抗剪强度指标

（2）最小二乘法确定最优拟合方法

设直剪试验中每组 n 个（一般为 4 个，但也可以为 3 个）土样的实验数据为（σ_i、τ_i），利用 $\tau=\sigma\tan\varphi+c$ 进行拟合，其中抗剪强度指标 c、φ 视为待定系数。以偏差 $M=\sum_{i=1}^{n}[\tau_i-(\sigma_i\tan\varphi+c)]^2$ 最小为条件从而确定 c、φ 值[84]。运用高等数学的多元函数求极值的方法（求偏导数为 0 时为极值），即可得到当 M 为最小时的 c、φ 值。现分别对 c、φ 值进

行求一阶偏导并令其等于零,得:

$$\frac{\partial M}{\partial c}=-2c\sum_{i=1}^{n}[\tau_i-(\sigma_i\tan\varphi+c)]=0 \tag{4-2}$$

$$\frac{\partial M}{\partial \varphi}=-2\sum_{i=1}^{n}[\tau_i-(\sigma_i\tan\varphi+c)]\times\sigma_i\sec^2\varphi=0 \tag{4-3}$$

根据式(4-2)和式(4-3)求解:

$$c=\frac{\sum_{i=1}^{n}\sigma_i\sum_{i=1}^{n}(\tau_i\sigma_i)-\sum_{i=1}^{n}\sigma_i^2\sum_{i=1}^{n}\tau_i}{\left(\sum_{i=1}^{n}\sigma_i\right)^2-n\sum_{i=1}^{n}\sigma_i^2} \tag{4-4}$$

$$\varphi=\arctan\left[\frac{\sum_{i=1}^{n}\sigma_i\sum_{i=1}^{n}\tau_i-n\sum_{i=1}^{n}\sigma_i\tau_i}{\left(\sum_{i=1}^{n}\sigma_i\right)^2-n\sum_{i=1}^{n}\sigma_i^2}\right] \tag{4-5}$$

如果用上述数学法求解以上方程,加上本研究的数据组数繁多,计算工作量相当大且易出错,因此不推荐这种办法。

(3) 直剪试验的 Excel 求解法

① 函数法。Excel 软件中有丰富的分析函数和规划求解方法,只要挖掘其功能,就可以有效地完成最小二乘法的运算,此处仅列举截距函数与斜率函数求解法。

将一组试验的原始数据填入 Excel 表中,Excel 输入数据截图如图 4-7 所示。在图 4-7 中,A、B、C、D、E 称为列号,1、2、3、4、5 称为行号,一组列与行的组合例如 A1 称为单元格。

序号	A	B	C	D	E
1	正应力 /kPa	剪应力 /kPa	黏聚力 c/kPa	内摩擦角 φ/(°)	相关系数 R^2
2	50	23	3.260 9	23.297 1	0.999 5
3	100	48			
4	200	90			
5	400	175			

图 4-7 Excel 求解抗剪强度指标截图

设数据在 Excel 排列如图 4-7 所示,则在 C2、D2 和 E2 单元格中分别输入:"=INTERCEPT (B2:B5,A2:A5)""=ATAN(SLOPE (B2:B5,A2:A5)) * 180/PI()"和"=(CORREL(B2:B5,A2:A5))^2"。

其中,INTERCEPT()称为截距函数,就是直线在纵坐标的截距,因此求解结果就是土的黏聚力 c。SLOPE()为斜率函数,其求解结果为直线的斜率,因此还要通过反正切函数ATAN()来求出内摩擦角,采用ATAN()求出的是内摩擦角的弧度值,因此还要把它转成角度值。PI()函数就是圆周率。CORREL()函数是相关系数函数,相关系数可正可负,为了表达拟合效果的好坏,一般采用 R^2 的平方来评价拟合是否显著。

求解结果：$c=3.260\ 9$ kPa，$\varphi=23.297\ 1°$，$R^2=0.999\ 5$。

② Excel 图解法。采用函数法虽然求解很方便，但无法直观反映拟合程度，也无法查看试验数据是否存在偏差很大的数据点，图解法可以直观地查看数据点，而且可以通过添加趋势线和显示公式的方式来求解抗剪强度指标。

仍以图 4-7 中的数据为准，其 Excel 图解法结果如图 4-8 所示。

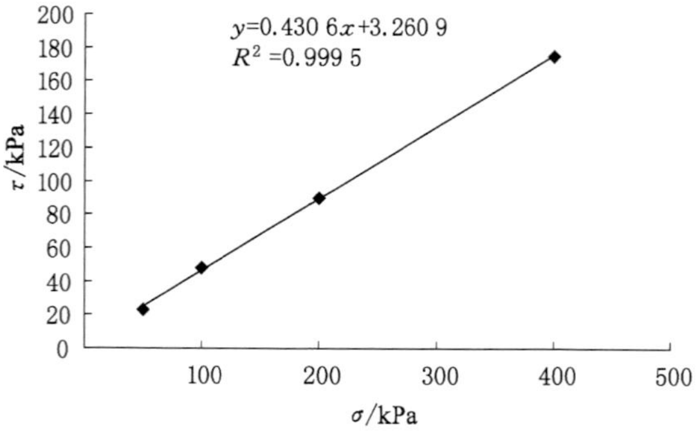

图 4-8　Excel 图解法求解

图 4-8 的求解方法既直观又可求解抗剪强度指标。

4.3　混合土抗剪强度指标计算

由前文叙述可知，Excel 图解法既直观又可求解抗剪强度指标，但如果同时求解多组数据时，公式在图中显示就会凌乱，因此采用 Excel 图解法显示拟合程度及是否出现了偏离数据点，同时以函数形式求解抗剪强度指标，并以表格显示。

(1) $\lambda=0$ 混合土抗剪强度指标求解

千枚岩土直剪试验共进行了含水率为 16%、18%、20% 三种情况和压实系数 K 为 89%、91%、93% 三种情况的直剪试验，其试验结果见表 4-2。表中第 2～10 列为剪应力数据，单位为 kPa，后面其他组合下抗剪强度指标求解表也采用这种数据输入形式。

表 4-2　$\lambda=0$ 千枚岩土直剪数据与抗剪强度指标求解

		τ/kPa								
		$w=16\%$ $K=89\%$	$w=16\%$ $K=91\%$	$w=16\%$ $K=93\%$	$w=18\%$ $K=89\%$	$w=18\%$ $K=91\%$	$w=18\%$ $K=93\%$	$w=20\%$ $K=89\%$	$w=20\%$ $K=91\%$	$w=20\%$ $K=93\%$
σ/kPa	50	30.580	32.109	34.188	29.051	31.080	33.109	27.522	29.051	30.580
	100	58.719	63.480	69.608	53.371	53.958	55.545	47.610	50.784	52.371
	150	78.150	81.276	85.965	76.461	78.587	84.402	70.335	71.898	76.587
	200	114.756	116.328	119.472	106.468	108.612	112.756	98.084	102.180	105.324
c/kPa		2.56	5.68	9.26	2.50	3.75	4.50	2.29	3.35	4.10
φ/(°)		28.54	28.41	28.56	27.05	27.22	28.17	25.12	25.69	26.42
R^2		0.986 3	0.986 3	0.982 4	0.996 5	0.996 0	0.996 9	0.994 6	0.992 1	0.996 0

把相关数据绘制到直角坐标系中，则千枚岩土的抗剪强度破坏包线如图 4-9 所示。

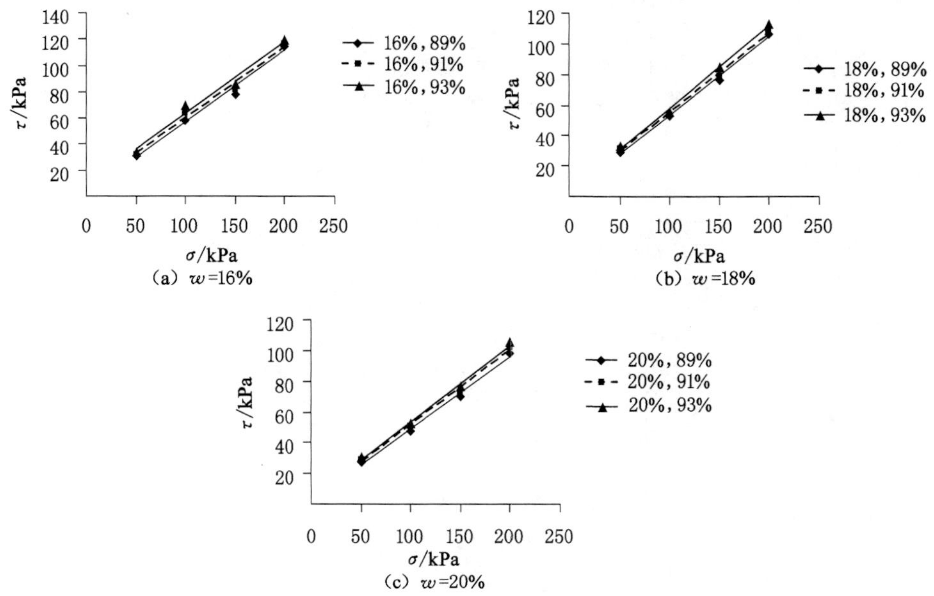

图 4-9 千枚岩土抗剪强度破坏包线图

由图 4-9 分析可知，千枚岩土破坏包线近似一条直线，压实系数大的破坏包线一般位于压实系数小的包线之上，说明压实系数越大，千枚岩土的抗剪强度越大。在含水率相同时，压实系数为 89%、91%、93%的破坏包线基本重合在一起，说明增加压实系数虽然对增加抗剪强度有利，但抗剪强度增加效果不佳。

(2) $\lambda=20\%$混合土抗剪强度指标求解

红黏土掺合比为 20%的实测数据见表 4-3。拟合的直线相关系数均大于 0.98，说明混合土抗剪强度包线与单种土一样，并未出现过度的离散情况。

表 4-3 $\lambda=20\%$混合土直剪数据与抗剪强度指标求解

		τ/kPa								
		$w=16\%$ $K=89\%$	$w=16\%$ $K=91\%$	$w=16\%$ $K=93\%$	$w=18\%$ $K=89\%$	$w=18\%$ $K=91\%$	$w=18\%$ $K=93\%$	$w=20\%$ $K=89\%$	$w=20\%$ $K=91\%$	$w=20\%$ $K=93\%$
σ/kPa	50	43.512	46.728	52.836	38.872	40.160	46.304	35.404	36.512	40.066
	100	65.067	68.026	72.772	61.035	69.359	72.585	56.132	61.480	65.654
	150	101.920	106.328	112.032	93.264	99.981	108.184	83.965	95.920	100.056
	200	121.044	129.760	139.641	116.328	122.240	132.720	111.184	115.900	125.332
c/kPa		15.52	15.86	19.40	11.23	13.72	16.24	7.88	9.30	10.23
φ/(°)		28.32	29.89	30.94	27.89	28.97	30.53	27.04	28.60	30.13
R^2		0.984 8	0.987 6	0.986 2	0.994 7	0.995 6	0.995 1	0.995 9	0.990 7	0.996 2

把相关数据绘制到直角坐标系中，则 λ＝20％混合土的抗剪强度破坏包线如图 4-10 所示。

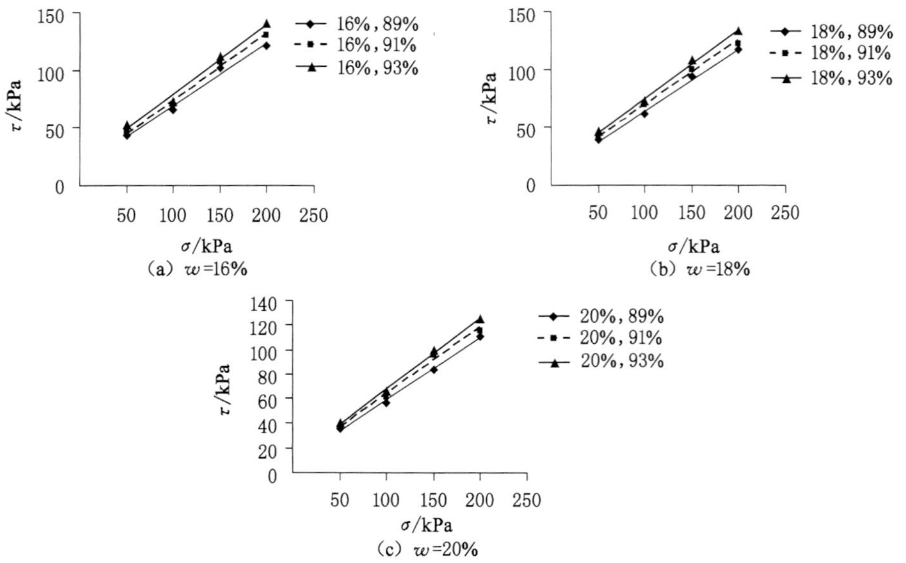

图 4-10　λ＝20％混合土抗剪强度破坏包线图

由图 4-10 分析可得，与千枚岩土类似，压实系数大的破坏包线一般位于压实系数小的包线之上，说明压实系数越大，混合土的抗剪强度越大。在含水率相同时，压实系数为 89％、91％、93％的破坏包线之间的距离相差比千枚岩土大得多，说明提高压实系数可以较大幅度的提高混合土的抗剪强度。

(3) λ＝40％混合土抗剪强度指标求解

红黏土掺合比为 40％的实测数据见表 4-4。拟合的直线相关系数均大于 0.97，说明混合土抗剪强度包线与单种土一样，并未出现过度的离散情况。

表 4-4　λ＝40％混合土直剪数据与抗剪强度指标求解

		τ/kPa								
		w＝16％ K＝89％	w＝16％ K＝91％	w＝16％ K＝93％	w＝18％ K＝89％	w＝18％ K＝91％	w＝18％ K＝93％	w＝20％ K＝89％	w＝20％ K＝91％	w＝20％ K＝93％
σ/kPa	50	45.588	50.304	55.020	39.686	44.160	50.876	38.156	43.728	45.300
	100	67.746	70.972	77.763	76.415	77.763	80.459	64.490	66.104	69.623
	150	108.468	113.184	119.472	103.328	110.904	116.777	93.892	103.752	104.612
	200	127.980	133.620	141.480	125.908	130.152	138.946	117.500	126.296	130.934
c/kPa		15.47	18.98	23.16	14.94	17.97	21.63	11.65	13.63	14.64
φ/(°)		29.93	30.30	31.06	29.73	30.21	31.01	28.14	29.71	30.28
R^2		0.980 9	0.978 5	0.983 7	0.987 5	0.985 9	0.992 2	0.998 4	0.988 8	0.995 4

把相关数据绘制到直角坐标系中，则 $\lambda=40\%$ 混合土的抗剪强度破坏包线如图 4-11 所示。

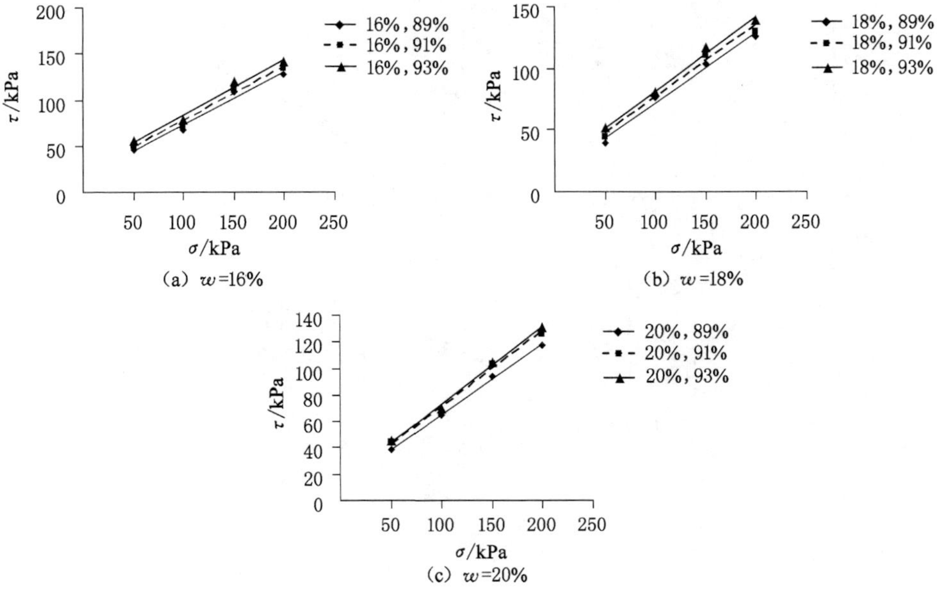

图 4-11　$\lambda=40\%$ 混合土抗剪强度破坏包线图

由图 4-11 分析可得，与千枚岩土类似，压实系数大的破坏包线一般位于压实系数小的包线之上，说明压实系数越大，混合土的抗剪强度越大。在含水率相同时，压实系数为 89%、91%、93%的破坏包线之间的距离相差比千枚岩土大得多，说明提高压实系数可以较大幅度的提高混合土的抗剪强度。

(4) $\lambda=60\%$ 混合土抗剪强度指标求解

红黏土掺合比为 60%的实测数据见表 4-5。

表 4-5　$\lambda=60\%$ 混合土直剪数据与抗剪强度指标求解

		τ/kPa								
		$w=16\%$ $K=89\%$	$w=16\%$ $K=91\%$	$w=16\%$ $K=93\%$	$w=18\%$ $K=89\%$	$w=18\%$ $K=91\%$	$w=18\%$ $K=93\%$	$w=20\%$ $K=89\%$	$w=20\%$ $K=91\%$	$w=20\%$ $K=93\%$
σ/kPa	50	52.160	57.460	62.736	48.732	47.592	54.026	43.632	46.452	52.024
	100	77.752	75.038	85.008	76.224	86.832	85.696	73.752	78.792	84.440
	150	114.612	119.328	125.616	107.188	115.416	124.392	107.896	113.756	119.304
	200	136.620	141.336	153.912	137.600	139.712	145.715	127.880	134.124	143.368
c/kPa		22.726	24.311 2	28.284	18.044	21.152	24.016 5	16.568	18.786	22.56
φ/(°)		30.134 31	30.618 54	32.14	30.758 4	31.378 51	32.109 34	29.846 17	30.793 25	31.707 44
R^2		0.991 2	0.972 3	0.988 8	0.999 3	0.987 7	0.988 6	0.989 8	0.988 7	0.994 5

把相关数据绘制到直角坐标系中，则 $\lambda=60\%$ 混合土的抗剪强度破坏包线如图 4-12 所示。

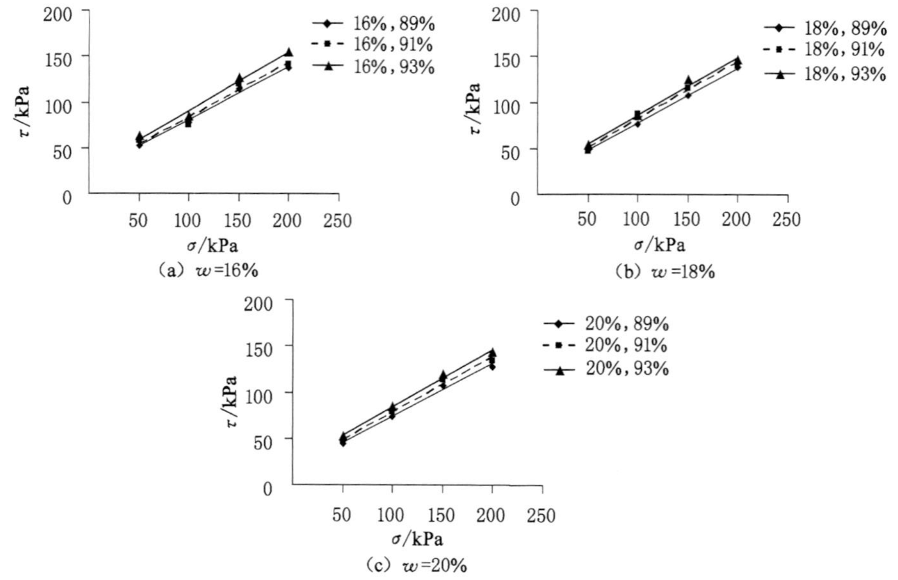

图 4-12 $\lambda=60\%$ 混合土抗剪强度破坏包线图

(5) $\lambda=80\%$ 混合土抗剪强度指标求解

红黏土掺合比为 80% 的实测数据见表 4-6。

表 4-6 $\lambda=60\%$ 混合土直剪数据与抗剪强度指标求解

		τ/kPa								
		w=16% K=89%	w=16% K=91%	w=16% K=93%	w=18% K=89%	w=18% K=91%	w=18% K=93%	w=20% K=89%	w=20% K=91%	w=20% K=93%
σ/kPa	50	66.024	69.936	74.936	60.880	66.740	70.772	51.020	59.024	61.026
	100	97.952	111.068	114.254	95.224	99.696	106.359	81.264	87.872	98.138
	150	128.096	136.920	144.720	121.392	130.960	138.480	112.280	122.552	124.528
	200	160.496	169.040	175.102	156.050	160.270	164.913	140.056	149.040	156.400
c/kPa		34.75	40.95	44.51	30.47	36.45	41.50	21.62	28.44	31.90
φ/(°)		32.09	32.88	33.50	31.94	31.95	32.17	30.81	31.36	32.01
R^2		0.999 8	0.991 7	0.995 7	0.997 1	0.999 3	0.995 7	0.999 5	0.997 6	0.995 9

把相关数据绘制到直角坐标系中，则 $\lambda=60\%$ 混合土的抗剪强度破坏包线如图 4-13 所示。

(6) 红黏土抗剪强度指标求解

红黏土的实测数据见表 4-7。

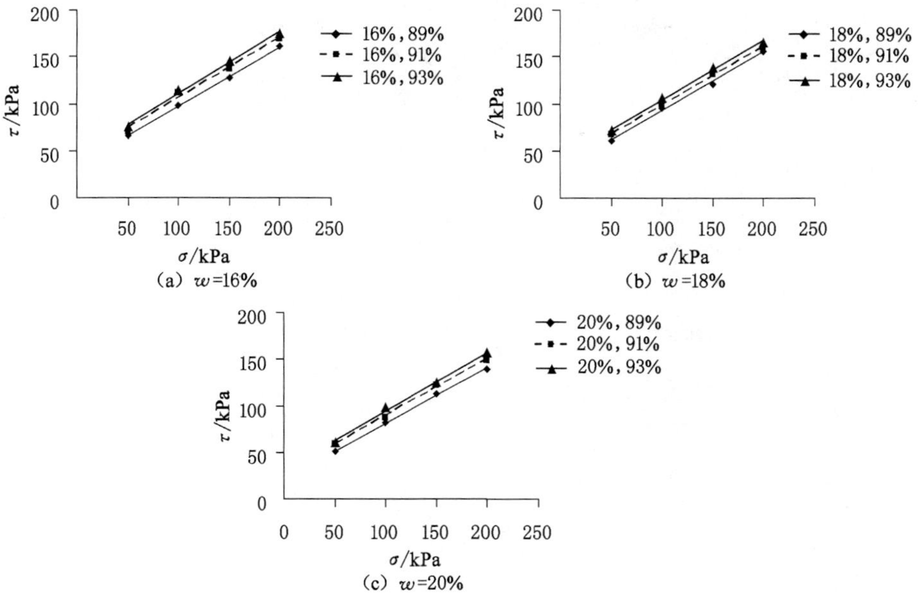

图 4-13　λ=80%混合土抗剪强度破坏包线图

表 4-7　红黏土直剪数据与抗剪强度指标求解

		τ/kPa								
		w=16% K=89%	w=16% K=91%	w=16% K=93%	w=18% K=89%	w=18% K=91%	w=18% K=93%	w=20% K=89%	w=20% K=91%	w=20% K=93%
σ/kPa	50	109.986	112.303	124.893	69.563	91.738	101.400	62.016	67.728	71.994
	100	141.542	145.827	162.376	101.311	119.176	138.680	93.512	98.016	106.129
	150	172.098	177.350	194.458	131.060	154.614	169.960	124.009	127.304	137.263
	200	202.654	206.873	226.341	160.808	185.052	199.240	152.505	152.592	162.397
c/kPa		79.43	81.78	92.91	39.81	58.80	71.12	32.52	40.44	43.86
φ/(°)		31.68	32.23	33.93	31.26	32.24	33.01	31.13	29.59	31.16
R^2		0.999 9	0.999 2	0.998 4	0.999 7	0.997 9	0.996 8	0.999 5	0.998 3	0.995 5

把相关数据绘制到直角坐标系中，则红黏土的抗剪强度破坏包线如图 4-14 所示。

由图 4-9 至图 4-14 分析可知，混合土破坏包线特征与单一土类似，都是一条近似的直线。压实系数大的直线均位于压实系数小的直线之上，说明提高压实系数可以增加土的抗剪强度。但对于千枚岩土，其抗剪强度包线近似重合，说明简单的提高压实系数对提高抗剪强度的效果不明显。

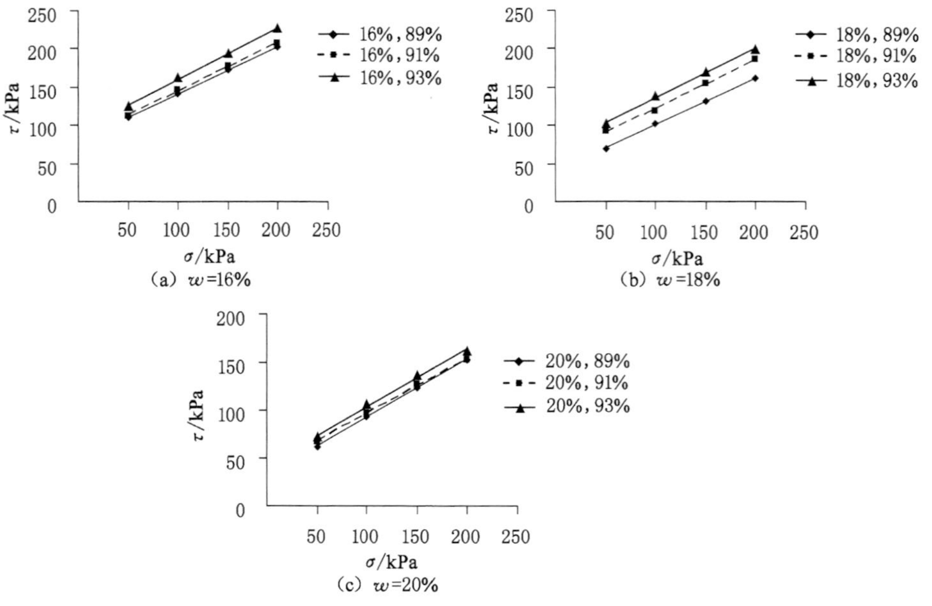

图 4-14 红黏土抗剪强度破坏包线图

4.4 混合土抗剪强度指标随掺合比的变化规律

4.4.1 黏聚力随掺合比变化规律分析

由混合土的抗剪强度指标可知，红黏土的掺合比对混合土的抗剪强度有影响。为了更好地分析掺合比对混合土抗剪强度的影响，决定对混合土抗剪强度指标进行分类整理。整理的项目是含水率选定为16%、18%、20%，压实系数选定为89%、91%、93%，仅分析在 w 和 K 组合情况下混合土随掺合比的变化规律。由于含水率16%和18%的黏聚力变化规律与含水率20%的变化规律不同，因此按两种数据模型进行归纳，如图 4-15 和图 4-16 所示。

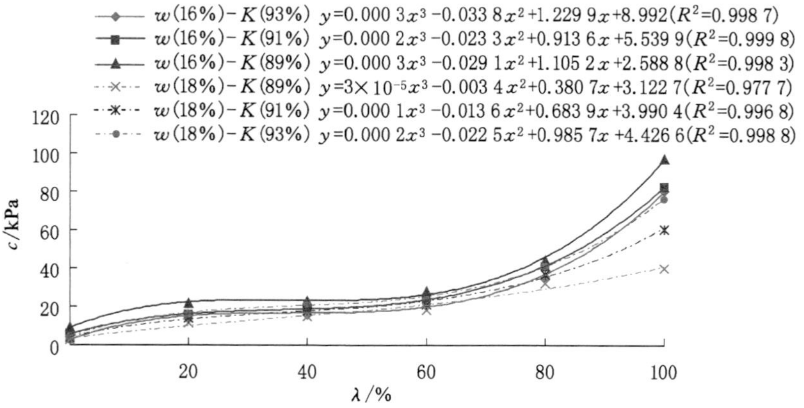

图 4-15 w=16%和 w=18%情况下混合土黏聚力随掺合比变化规律

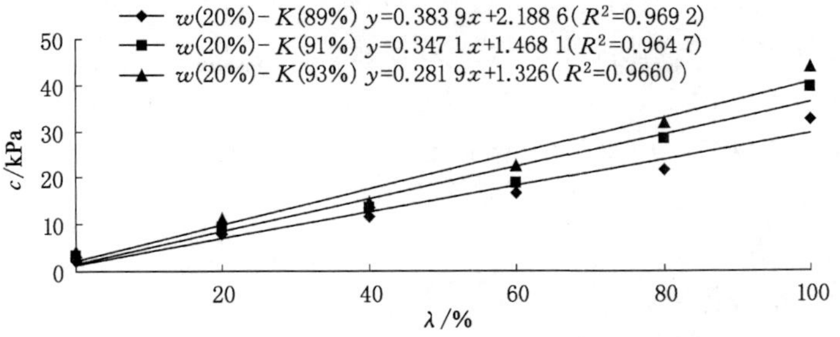

图 4-16　$w=20\%$情况下混合土黏聚力随掺合比变化规律

由图 4-15 分析可知，混合土的抗剪强度黏聚力随掺合比的增长而增长，其变化规律可以分为三次函数数学模型和线性数学模型。

当含水率不高于最优含水率 18%时，黏聚力随掺合比的增长而增长，其变化规律有明显的三阶段划分，分别是 0～20%，20%～60%，60%～100%对应的三个阶段。

第一阶段：黏聚力快速增长段。以含水率为 16%，压实系数为 93%为例，此段掺合比从 0 增长到 20%，黏聚力从9.3 kPa 增长到 21.9 kPa，黏聚力 c 增长值为 12.6 kPa。此阶段黏聚力增长较快的原因是土干密度提高。加入红黏土改变混合土的级配，黏粒含量增加了混合土的可塑性，压实度为 93%时，干密度从 1.53 g/cm³ 提高至 1.58 g/cm³。全风化千枚岩在击实成型过程中，部分颗粒并没有完全破碎，绝大部分颗粒为细砂粒或粉粒状态(图 4-17)。风化千枚岩黏聚力和内摩擦角均较低，根据扫描电镜的结果，全风化千枚岩在击实后大部分颗粒直径处在 0.02～0.04 mm 的范围内，属于粉土颗粒的粒径。根据粉土的一般特点为黏聚力小，抗剪强度低，不宜压实[85]。而红黏土的粒径一般为 1 μm，部分小颗粒结成团粒状，如果把红黏土掺入千枚岩土中，红黏土颗粒可以嵌入千枚岩土颗粒，从而可以改变混合土的级配，在同样压实功下得到较高的干密度，而且红黏土的加入增加了千枚岩土之间的连接，因此本阶段可以快速地提高黏聚力。

(a) 千枚岩土

(b) 红黏土

图 4-17　千枚岩土与红黏土扫描电镜图(2 000x)

第二阶段：黏聚力缓慢增长阶段。此阶段掺合比为 20%～60%时，掺合比增长了 40%，黏聚力仅增长了 6.4 kPa。红黏土掺量为 20%～60%时，千枚岩颗粒占主导地位，千枚岩颗粒影响了红黏土的铁质胶结，因此红黏土掺量增长黏聚力并未显著增加。在此阶段，掺合比为 20%、40%、60%时，其最大干密度在 1.69～1.71 g/cm³ 波动，即在压实系数相同的情况下，其干密度并未有显著的变化，这也是其黏聚力没有显著增加的原因。

第三阶段：黏聚力随掺合比陡增阶段。当掺合比大于60%时，黏聚力随掺合比的增长较大，说明在低含水率情况下，红黏土对混合土黏聚力增长起到了重要作用。此阶段黏聚力增长了69.1 kPa，其中掺合比从60%增加至80%时，黏聚力增长了16.2 kPa；掺合比从80%增至100%时，黏聚力增长了52.9 kPa。

(1) 三次函数模型

对图4-15的数据进行回归分析可得，当含水率为16%和18%时，黏聚力随红黏土掺合比的变化规律可以用三次函数来表达：

$$c = a_1\lambda^3 + a_2\lambda 2 + a_3\lambda + a_4 \tag{4-9}$$

式中　a_1, a_2, a_3, a_4——拟合系数。

拟合系数数学预测模型见表4-8。

表4-8　黏聚力随掺合比变化的数学预测模型

w/%	K/%	数学预测模型	R^2
16	89	$c=0.000\,3\lambda^3-0.029\,1\lambda^2+1.105\,2\lambda+2.588\,8$	0.998 3
16	91	$c=0.000\,2\lambda^3-0.023\,3\lambda^2+0.913\,6\lambda+5.539\,9$	0.999 8
16	93	$c=0.000\,3\lambda^3-0.033\,8\lambda^2+1.229\,9\lambda+8.992$	0.998 7
18	89	$c=3E-05\lambda^3-0.003\,4\lambda^2+0.380\,7\lambda+3.122\,7$	0.977 7
18	91	$c=0.000\,1\lambda^3-0.013\,6\lambda^2+0.683\,9\lambda+3.990\,4$	0.996 8
18	93	$c=0.000\,2\lambda^3-0.022\,5\lambda^2+0.985\,7\lambda+4.426\,6$	0.998 8
20	89	$c=0.383\,9\lambda+2.188\,6$	0.969 2
20	91	$c=0.347\,1\lambda+1.468\,1$	0.964 7
20	93	$c=0.281\,9\lambda+1.326$	0.966 0

(2) 线性数学模型

当制样含水率为20%时，即高于最优含水率2%，黏聚力在掺合比大于60%时的增长不如含水率为16%和18%时显著，其变化的规律呈近似线性变化，如图4-16所示。

当含水率为20%时，黏聚力随掺合比可以用线性函数来表达。

$$c = a_5\lambda + a_6 \tag{4-10}$$

式中　a_5, a_6——拟合系数。

拟合系数数学预测模型见表4-8。

当含水率为20%时，增加红黏土掺量可以增加混合土的黏聚力，红黏土每增加20%后，土的黏聚力增加幅度近似相同。相对于含水率较低时，红黏土掺合比从60%增至100%，黏聚力并未显著增加。这是因为当含水率处于20%时，红黏土颗粒吸收了较多的水分，形成了较厚的弱结合水膜，无法形成在含水率较低的情况下形成有效的铁质胶结。由于红黏土强度对水分特别敏感，因此增加红黏土掺合比对黏聚力强度的增长幅度不像含水率为16%和18%时那么显著。

4.4.2　混合土黏聚力增长机理

由图4-15分析可得，当压实系数$K=93\%$，$w=16\%$时，全风化千枚岩的黏聚力仅为

9.3 kPa，红黏土的黏聚力达 97.41 kPa，产生这种现象可以用其化学成分来解释。

图 4-18 是全风化千枚岩和红黏土扫描电子显微镜图像及能谱分析。利用能谱分析，O、Si、Al 都出现了较大波峰，而 Fe、Mg、K、波峰较小，说明两种土最主要化学成分是 SiO_2、Al_2O_3，碱金属含量较低。氧化铁在红黏土击实中能形成铁质胶结，对红黏土黏聚力强度贡献较大。红黏土中铁元素含量为 16.06%，而千枚岩土铁元素含量仅为 3.08%，即红黏土中含有较多的 Fe_2O_3，所以红黏土相对于千枚岩土有较高的强度。对于混合土，铁元素含量随掺合比近似呈线性增长(图 2-25)，根据前面强度测试的结果，红黏土掺合比达到 60%，即铁元素含量达到 10.6%时，铁质胶结在混合土中才有明显作用。

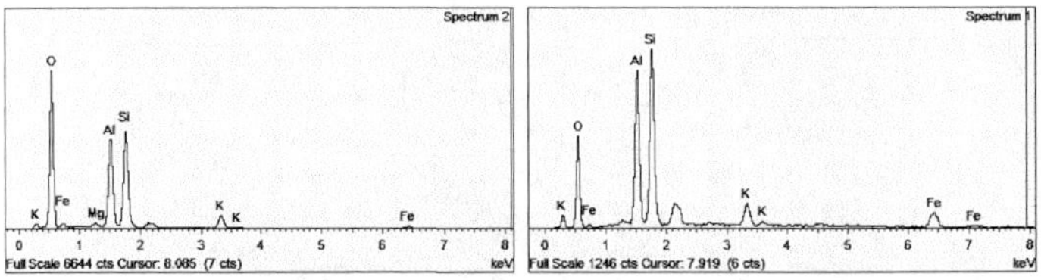

(a) 千枚岩土铁元素分析　　(b) 红黏土铁元素分析

图 4-18　全风化千枚岩和黏土扫描电子显微镜图像及能谱分析

如前所述，在掺合比从 0 增长至 20%时为黏聚力快速增长的第一阶段。加入红黏土改变混合土的级配，黏粒含量增加了混合土的可塑性。以压实度为 93%时，干密度从 1.53 g/cm^3 提高至 1.58 g/cm^3($\lambda=20\%$)，因此本阶段黏聚力增长较快的原因是混合土干密度提高。

第三阶段是黏聚力随掺合比陡增段。当掺合比大于 60%和 $w=16\%$时，混合土黏聚力随掺合比的增长较大，红黏土在混合土黏聚力增长中起到了重要作用。当红黏土掺量从 60%增长至 100%时，红黏土颗粒数量增多，红黏土的铁质胶结更容易形成，铁质胶结是一种较强的胶结力，因此可以较大幅度地提高混合土的黏聚力[86-87]。图 4-15 显示，当掺合比从 80%增长至 100%时，混合土的黏聚力增长比掺合比从 60%增长至 80%时更加迅速。这是因为掺合比从 80%增长到 100%时，混合土的干密度从 1.58 g/m^3 增长到 1.63 g/cm^3($K=93\%$)，而掺合比从 60%增长至 80%时，干密度并没有增长。因此，该阶段黏聚力的增长原因既有铁质胶结的因素，也有干密度增长的因素。

第二阶段是黏聚力缓慢增长阶段。在此阶段，掺合比从 20%增长至 60%，千枚岩土颗粒在混合土中的数量占统治地位，其影响了铁质胶结，黏粒改变级配的效应对提高最大干密度也不显著，因此该阶段黏聚力增长缓慢。

抗剪强度试验表明，含水率从 16%增长至 20%时，所有混合土的黏聚力都有不同程度的减小，以压实系数为 93%为例，红黏土的黏聚力从 97.41 kPa 降至 43.86 kPa，这是由于红黏土的铁质胶结对水敏感，另一原因是含水率的增加降低了土颗粒的连接力。

根据扫描电镜的结果，此次试样中的铁元素含量达到 16.06%，在压实作用下容易形成铁质胶结，从而达到了较高的强度。铁质胶结往往在含水率略低于最优含水率时容易形成，当含水率高于最优含水率，随着含水率的升高，黏土颗粒结合水膜增厚，就降低了土的黏聚力强度。在研究中发现，在压实度同为 93%的情况下，含水率为 20%的红黏土黏聚力约是含水率为 16%红黏土的黏聚力的 1/2。

4.4.3 内摩擦角随掺合比变化规律

提取相同含水率的混合土内摩擦角的相关数据，并把内摩擦角随掺合比的变化规律汇总整理，如图 4-19 所示。

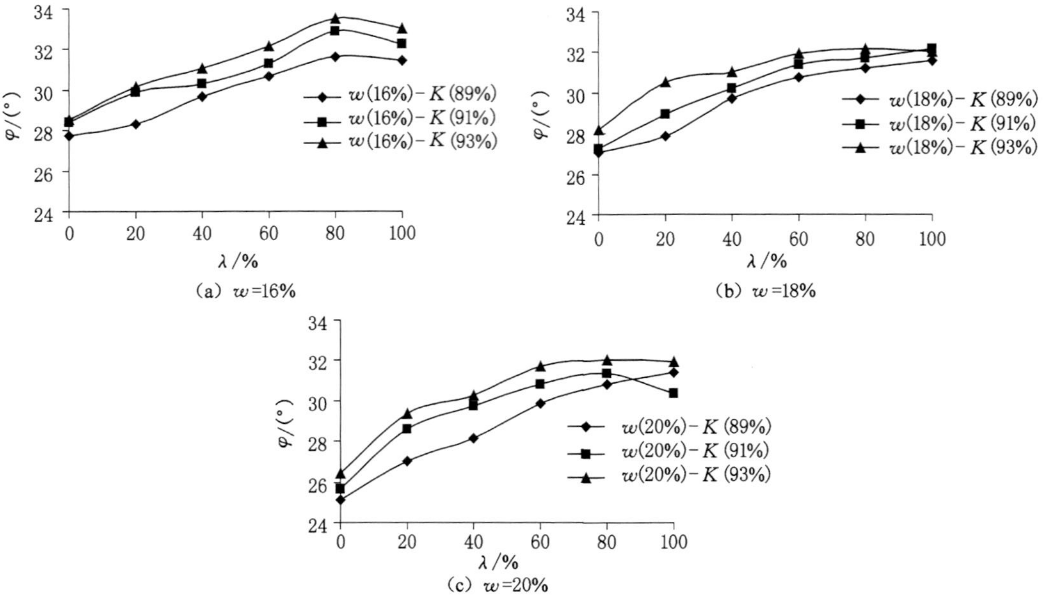

图 4-19 混合土内摩擦角随掺合比的变化规律

由图 4-19 可知，千枚岩土的内摩擦角最小，在掺合比从 0 增加至 80％时，混合土内摩擦角随着掺合比的增加而增加，在 $w=16\%$，$K=89\%$时，内摩擦角随掺合比呈近似线性增长，其他情况内摩擦角也随着掺合比的增加而增加。当掺合比超过 80％时，在多数情况组合下，内摩擦角均有一定程度的减小。推测产生这种现象的原因，在混合土内，即使掺合比为 80％，千枚岩土和红黏土的质量比为 5∶4，即千枚岩土仍占优势，红黏土仍可以改变级配的形式来增加抗剪强度。但掺合比为 100％(纯红黏土)时，纯红黏土大部分由黏粒组成，缺乏了大颗粒成分，因此摩擦角减小；另外，红黏土的黏聚力很高，强度是由黏聚力和内摩擦角共同组成的，当强度保持不变时，黏聚力提高就会导致内摩擦角减小。千枚岩土虽然大颗粒较多，但其连接较差，所以其内摩擦角也较小。只有在千枚岩土中掺入了红黏土，加强其中的黏结力，才能显著地增加混合土的内摩擦角。

4.5 混合土抗剪强度指标随含水率的变化规律

由 4.2 节可知，混合土的抗剪强度受制样含水率影响显著。为了更好地分析抗剪强度随含水率的变化规律，把不同压实系数的混合土抗剪强度指标汇总整理，如图 4-20 至图 4-22 所示。

(1) $K=89\%$时，混合土抗剪强度指标随含水率的变化规律

由图 4-20 可知，无论是混合土的黏聚力还是土的内摩擦角均随着含水率的增长呈近似

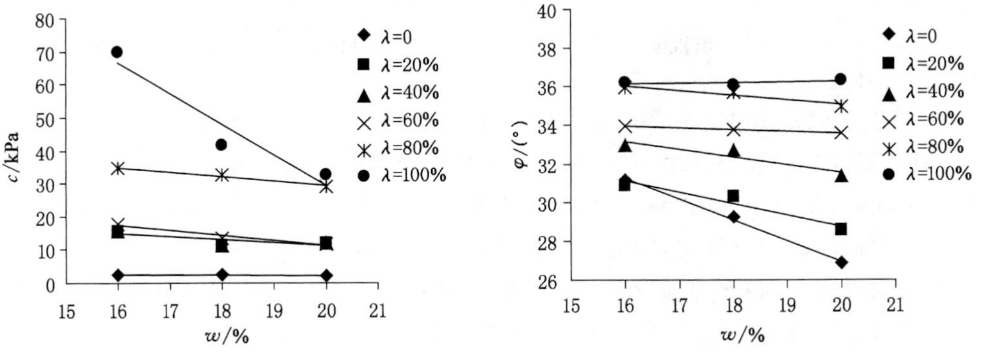

(a) c随w变化规律　　(b) φ随w变化规律

图 4-20　K=89%时,混合土抗剪强度指标随制样含水率的变化规律

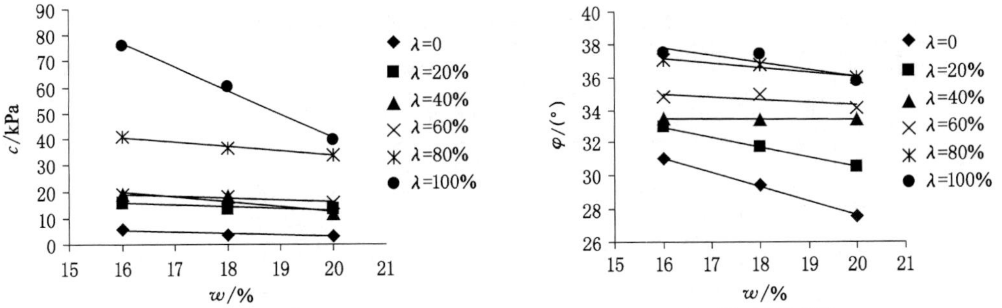

(a) c随w变化规律　　(b) φ随w变化规律

图 4-21　K=91%时,混合土抗剪强度指标随制样含水率的变化规律

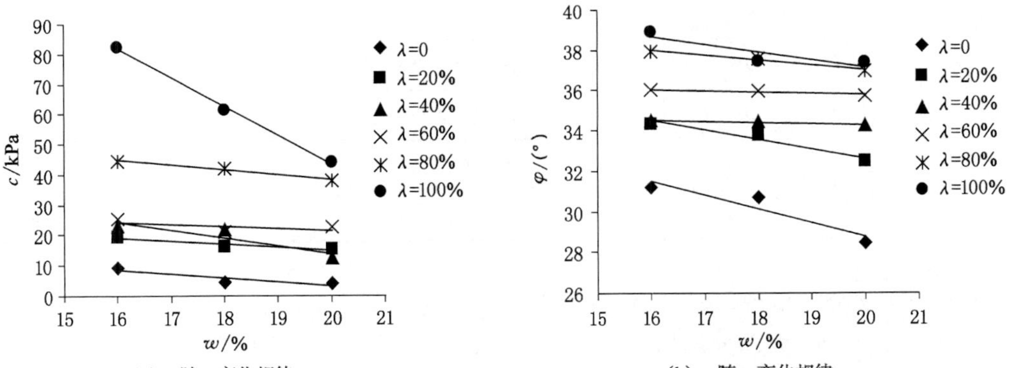

(a) c随w变化规律　　(b) φ随w变化规律

图 4-22　K=93%时,混合土抗剪强度指标随制样含水率的变化规律

线性减小,但混合土的掺合比不同,对抗剪强度指标的衰减程度影响也不同。

① 红黏土情况分析。由图 4-20(a)可知,掺合比为 100%(红黏土)的黏聚力随掺合比的增长降低幅度最大,说明红黏土的黏聚力受含水率影响最严重,即对水最敏感,特别是含水率从 16%增长到 18%时,黏聚力降低了 28.4 kPa,含水率从 18%增长到 20%时,黏聚力降

幅为 9.0 kPa。由图 4-20(b)可知,制样含水率对红黏土内摩擦角影响低于黏聚力,但也有明显的降低。以上说明红黏土是一种水敏感性材料,在同样压实系数下,含水率越高则压实后土的强度越低。

② 千枚岩土情况分析。由图 4-20(a)可知,千枚岩土本身的黏聚力很小,随着含水率的增加,黏聚力降低幅度较小。由图 4-20(b)可知,其内摩擦角减小幅度最为显著,说明当制样含水率增加时,原土中大的颗粒在水作用下更容易破损,降低了颗粒之间的摩擦力,或者千枚岩土颗粒在水作用下软化,因此内摩擦角减小幅度显著。

对于其他混合土,黏聚力随着含水率的增加而减小,但变化的斜率即降低幅度均低于红黏土,内摩擦角变化幅度处于二者之间(其中掺合比为 40%和 60%时最小),说明混合土的水敏感性低于红黏土。

为了更好地说明抗剪强度随含水率的变化规律,把分析抗剪强度指标随含水率变化的数学预测模型列于表 4-9 中。

表 4-9　$K=89\%$时,混合土抗剪强度指标随含水率变化规律数学模型

强度指标	λ/%	数学模型	R^2
c	0	$c=-0.069w+3.694$	0.901 3
	20	$c=-0.911w+29.280$	0.619 3
	40	$c=-1.205w+35.377$	0.831 6
	60	$c=-1.539w+41.990$	0.959 0
	80	$c=-1.407w+57.440$	0.988 4
	100	$c=-9.343w+216.154$	0.918 1
φ	0	$\varphi=-1.076w+48.457$	0.995 6
	20	$\varphi=-0.581w+40.372$	0.916 9
	40	$\varphi=-0.414w+39.808$	0.866 7
	60	$\varphi=-0.096w+35.483$	1.000 0
	80	$\varphi=-0.242w+39.887$	0.907 2
	100	$\varphi=0.029w+35.695$	0.188 2

根据表 4-9 分析可得,采用线性数学模型来描述黏聚力 c 和内摩擦角 φ 随含水率的变化规律,相关系数 R^2 大部分都超过 0.86,仅有 $\lambda=100\%$时的相关系数仅有0.188 2(可能是制样含水率控制不严格造成的,也有可能是红黏土的黏聚力特别大,影响了摩擦力的发挥)。当掺合比为 40%、60%、80%时,黏聚力数学模型的斜率分别为 −1.205、−1.539 和 −1.407,其斜率比较接近,说明其由含水率升高引起的降低幅度相似。掺合比为 100%时,斜率达到 −9.343,说明红黏土的黏聚力受含水率影响最为显著。

(2) $K=91\%$时,混合土抗剪强度指标随含水率的变化规律

为了更好地说明抗剪强度随压实系数的变化规律,列出抗剪强度指标随含水率变化的数学预测模型,见表 4-10。

表 4-10 $K=91\%$时，混合土抗剪强度指标随含水率变化规律数学模型

强度指标	$\lambda/\%$	数学模型	R^2
c	0	$c=-0.583w+14.758$	0.874 2
	20	$c=-0.640w+25.810$	0.868 6
	40	$c=-1.837w+49.258$	0.851 3
	60	$c=-0.735w+30.790$	0.890 0
	80	$c=-1.753w+68.659$	0.974 0
	100	$c=-9.156w+223.410$	0.993 6
φ	0	$\varphi=-0.858w+44.787$	0.995 5
	20	$\varphi=-0.596w+42.459$	0.999 9
	40	$\varphi=-0.023w+33.825$	0.546 2
	60	$\varphi=-0.163w+37.563$	0.588 6
	80	$\varphi=-0.270w+41.449$	0.920 1
	100	$\varphi=-0.426w+44.582$	0.773 7

根据表 4-10 分析可知，采用线性数学模型来描述黏聚力 c 随含水率的变化规律，相关系数 R^2 大部分都超过 0.8，说明黏聚力随含水率的变化可以用线性模型来描述，即黏聚力随含水率线性减小。内摩擦角随含水率变化较压实系数为 91%时显著性弱一些，但在掺合比为 0、20%、80%、100%时相关系数大于 0.75，说明内摩擦角随含水率呈近似线性减小；在掺合比为 40%、60%时，由于相关系数较低，因此不宜使用线性模型来描述。红黏土的黏聚力和千枚岩土的内摩擦角斜率的绝对值最大，说明红黏土的黏聚力和千枚岩土内摩擦角受制样含水率影响最为显著。

(3) $K=93\%$时，混合土抗剪强度指标随含水率的变化规律

由图 4-21 和图 4-22 可知，当压实系数为 91%和 93%时，混合土抗剪强度指标均随着含水率的增加呈近似线性降低，红黏土的黏聚力随含水率降低幅度在所有掺合比混合土中最为显著，千枚岩土和掺合比为 20%的混合土的内摩擦角随含水率减小幅度在所有掺合的混合土中最为显著。掺合比为 40%、60%时相对的减小幅度较小，说明其强度的水敏感性较红黏土和千枚岩土有所改善。

为了更好地说明抗剪强度随压实系数的变化规律，列出抗剪强度指标随含水率变化的数学预测模型，见表 4-11。

表 4-11 $K=93\%$时，混合土抗剪强度指标随含水率变化规律数学模型

强度指标	$\lambda/\%$	数学模型	R^2
c	0	$c=-1.288w+29.141$	0.807 8
	20	$c=-1.044w+35.740$	0.918 4
	40	$c=-2.629w+66.473$	0.856 4
	60	$c=-0.681w+35.212$	0.397 3
	80	$c=-1.654w+71.244$	0.981 3

表 4-11(续)

强度指标	λ/%	数学模型	R^2
c	100	$c=-9.638w+236.007$	0.997 0
φ	0	$\varphi=-0.681w+42.369$	0.883 6
	20	$\varphi=-0.472w+42.022$	0.946 0
	40	$\varphi=-0.063w+35.530$	0.925 7
	60	$\varphi=-0.064w+37.053$	0.870 9
	80	$\varphi=-0.242w+41.831$	0.988 0
	100	$\varphi=-0.385w+44.838$	0.782 8

由表 4-11 可得，采用线性数学模型来描述黏聚力 c 随含水率的变化规律，相关系数 R^2 除 $\lambda=60\%$外都超过 0.85，说明黏聚力整体随含水率的变化可以用线性模型来描述，即黏聚力随含水率线性减小。内摩擦角随含水率呈近似线性变化，相关系数均大于 0.75，说明在压实系数为 93%时，内摩擦角随含水率的增长而线性减小。

通过以上分析可知，随着制样含水率的增加，黏聚力和内摩擦角整体上呈线性减小。产生这种现象的原因是制样含水率由 16%增加至 20%，颗粒表面的弱结合水膜变厚，一方面水分子加入降低了颗粒之间的引力，另一方面降低了颗粒之间的摩擦力，因此黏聚力和内摩擦角均有一定的减少。

4.6 混合土抗剪强度指标随压实系数的变化规律

通过 4.2 节混合土抗剪强度计算可知，混合土的抗剪强度是受制样压实系数影响的。为了更好地分析抗剪强度随压实系数的变化规律，把不同含水率的混合土抗剪强度指标进行汇总整理，如图 4-23 至图 4-25 所示。

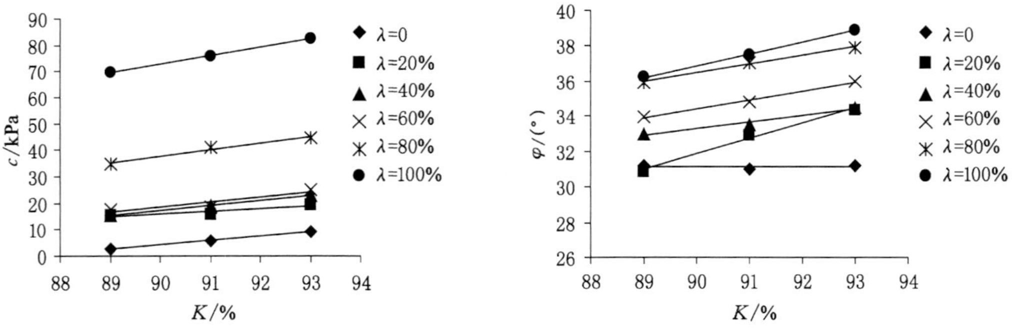

(a) c随K变化规律　　(b) φ随K变化规律

图 4-23　$w=16\%$时，混合土抗剪强度指标随压实系数变化规律

(1) $w=16\%$时，混合土抗剪强度指标随压实系数的变化规律

由图 4-23 分析可知，混合土抗剪强度指标随压实系数的增长呈近似线性增长。为了更好地说明其相关性是否显著，将数学模型及相关系数汇总，见表 4-12。

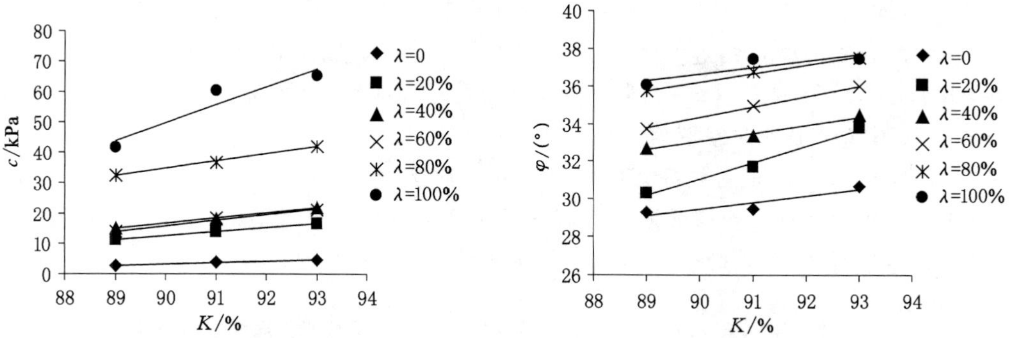

(a) c随K变化规律　　(b) φ随K变化规律

图 4-24　w＝18%时，混合土抗剪强度指标随压实系数变化规律

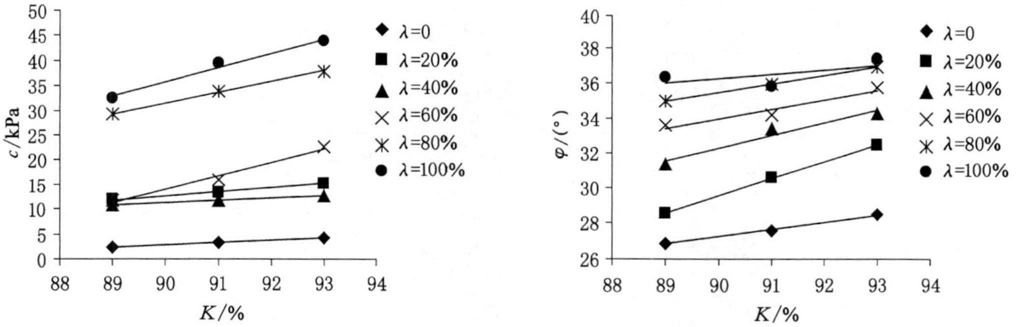

(a) c随K变化规律　　(b) φ随K变化规律

图 4-25　w＝20%时，混合土抗剪强度指标随压实系数变化规律

表 4-12　w＝16%时，混合土抗剪强度指标随压实系数变化规律数学模型

强度指标	λ/%	数学模型	R^2
c	0	$c=1.674K-146.466$	0.998 5
	20	$c=0.970K-71.296$	0.814 7
	40	$c=1.923K-155.755$	0.997 5
	60	$c=1.890K-151.365$	0.847 4
	80	$c=2.440K-181.969$	0.976 3
	100	$c=3.130K-208.700$	0.999 9
φ	0	$\varphi=0.007K+30.464$	0.017 3
	20	$\varphi=0.866K-46.081$	0.988 4
	40	$\varphi=0.378K-0.731$	0.959 9
	60	$\varphi=0.513K-11.740$	0.990 5
	80	$\varphi=0.499K-8.409$	0.996 4
	100	$\varphi=0.671K-23.546$	0.999 2

由表 4-12 可得，在含水率为 16%时，混合土黏聚力随压实系数变化规律的线性规律显

著，相关系数均大于 0.8。混合土内摩擦角除了千枚岩土外，其余相关系数均大于 0.95，因此可以认为混合土内摩擦角近似随压实系数呈线性增长。如微观结构观察的结果，千枚岩土颗粒压密后容易形成架空结构，颗粒接触以角-面接触或面-面接触为主，在含水率增长时，压实系数可能对提升内摩擦角效果不明显。

(2) $w=18\%$时，混合土抗剪强度指标随压实系数的变化规律

由图 4-24 可知，混合土抗剪强度指标随压实系数的增长呈近似线性增长。为了更好地说明其相关性是否显著，将数学模型及相关系数汇总，见表 4-13。

表 4-13　$w=18\%$时，混合土抗剪强度指标随压实系数变化规律数学模型

强度指标	λ/%	数学模型	相关系数 R^2
c	0	$c=0.500K-41.936$	0.979 6
	20	$c=1.253K-100.273$	1.000 0
	40	$c=1.673K-134.082$	0.996 9
	60	$c=1.868K-152.429$	0.982 2
	80	$c=2.382K-179.790$	0.991 2
	100	$c=5.943K-485.134$	0.899 5
φ	0	$\varphi=0.357K-2.667$	0.860 5
	20	$\varphi=0.867K-46.916$	0.988 2
	40	$\varphi=0.428K-5.467$	0.978 1
	60	$\varphi=0.550K-15.156$	0.997 8
	80	$\varphi=0.455K-4.690$	0.991 9
	100	$\varphi=0.340K+6.045$	0.744 6

由表 4-13 分析可得，在含水率为 18%时，混合土黏聚力随压实系数变化规律的线性相关显著，相关系数均大于 0.89。除了红黏土外，其余混合土的相关系数均大于 0.95，因此可以认为混合土内摩擦角近似随压实系数呈线性增长。红黏土内摩擦角随压实系数线性变化的相关系数为 0.744 6，略低于 0.75，但也可说明压实系数增长，红黏土的内摩擦角也在增大。

(3) $w=20\%$时，混合土抗剪强度指标随压实系数的变化规律

由图 4-25 可知，混合土抗剪强度指标随压实系数的增长呈近似线性增长。为了更好地说明其相关性是否显著，将数学模型及相关系数汇总见表 4-14。

表 4-14　$w=20\%$时，混合土抗剪强度指标随压实系数变化规律数学模型

强度指标	λ/%	数学模型	R^2
c	0	$c=0.455K-38.124$	0.989 9
	20	$c=0.837K-62.721$	0.992 6
	40	$c=0.498K-33.707$	0.999 9
	60	$c=2.748K-233.430$	0.982 3
	80	$c=2.193K-165.887$	0.996 8
	100	$c=2.835K-219.375$	0.983 9

表 4-14(续)

强度指标	λ/%	数学模型	R^2
φ	0	$\varphi=0.402K-8.964$	0.994 2
	20	$\varphi=0.975K-58.188$	0.999 8
	40	$\varphi=0.729K-33.378$	0.947 5
	60	$\varphi=0.545K-15.070$	0.933 0
	80	$\varphi=0.498K-9.372$	1.000 0
	100	$\varphi=0.257K+13.086$	0.414 6

由表 4-14 可得，在含水率为 20%时，混合土黏聚力随压实系数变化规律的线性相关显著，相关系数均大于 0.95。混合土内摩擦角除了红黏土外，其余相关系数均大于 0.90，因此可以认为混合土内摩擦角随压实系数呈近似线性增长。红黏土内摩擦角随压实系数线性变化的相关系数为 0.414 6，红黏土内摩擦角出现了“先降低、后增长”的趋势，这是因为制样含水率控制不太严格造成的。

4.7　饱和与非饱和对混合土抗剪强度指标的影响

前人研究表明，红黏土强度有较高的水敏性。李利峰等[88]通过剪切试验认为，毕节红黏土物理力学性质随含水量的变化很大，红黏土的峰值黏聚力和残余黏聚力均呈一阶负指数衰减，最后具有稳定趋势，峰值内摩擦角和残余内摩擦角均呈线性关系下降。赵颖文等[89]通过室内试验对广西原状红黏土的力学指标、胀缩特性与孔径分布随脱湿过程的演化规律进行了较为系统的室内试验研究，结果表明：广西原状红黏土为裂隙发育的硬塑性黏土，不同脱湿阶段的力学指标与胀缩性能在较高含水量范围内受基质吸力控制。王中文等[90]通过试验分析得到红黏土高含水率和低含水率的抗剪强度相差较大，抗剪强度随着含水率的增加而减小，其中黏聚力随含水率的增加，呈一阶指数衰减，内摩擦角随含水率的增加呈分段函数的特征。

根据前人的研究，红黏土对含水量有很高的敏感性，为了得到制样含水率对江西红黏土及混合土抗剪强度的影响规律，开展了混合土的直剪试验。根据前节的研究，混合土中红黏土掺合比较高时，往往具有较高的强度，根据这些强度计算的路堤边坡具有较高的稳定系数，有可能给人以误导，认为边坡稳定性较高，可以提高路堤边坡的填筑高度。混合土在饱和后，强度会进一步降低，从而影响边坡的稳定系数。由于混合土中有红黏土掺入，为了得到连续长时间降雨对抗剪强度的影响，开展了在相同情况下，土样饱和与非饱和抗剪强度的试验对比研究。

4.7.1　试验方案与试验方法

(1) 试验方案

试验材料来自昌北地区，与前述的千枚岩土与红黏土取样地点较近，因此其最大干密度和最优含水率采用第 2 章的击实试验。为了对比相同干密度下各种混合土抗剪强度的表现，本次试验的最大干密度统一取为 1.7 g/cm^3，与上一节的混合土的抗剪强度试验有所区别。为了应对高铁与重载铁路的应用，本次试验提高了压实系数，压实系数取 $K_1=93\%$、$K_2=95\%$、$K_3=97\%$三种情况。制样含水率为 14%、18%和 22%（主要考虑更广范围内含水率对抗剪强度的影响），共有 6×3×3=54 组，其组合情况请参照表 4-15。

表 4-15　水敏性直剪试验组合方案

K	w	$\lambda_1=0$	$\lambda_2=20\%$	$\lambda_3=40\%$	$\lambda_4=60\%$	$\lambda_5=80\%$	$\lambda_6=100\%$
$K_1=93\%$	$w_1=14\%$	$\lambda_1 w_1 K_1$	$\lambda_2 w_1 K_1$	$\lambda_3 w_1 K_1$	$\lambda_4 w_1 K_1$	$\lambda_5 w_1 K_1$	$\lambda_6 w_1 K_1$
	$w_2=18\%$	$\lambda_1 w_2 K_1$	$\lambda_2 w_2 K_1$	$\lambda_3 w_2 K_1$	$\lambda_4 w_2 K_1$	$\lambda_5 w_2 K_1$	$\lambda_6 w_2 K_1$
	$w_3=22\%$	$\lambda_1 w_3 K_1$	$\lambda_2 w_3 K_1$	$\lambda_3 w_3 K_1$	$\lambda_4 w_3 K_1$	$\lambda_5 w_3 K_1$	$\lambda_6 w_3 K_1$
$K_2=95\%$	$w_1=14\%$	$\lambda_2 w_1 K_1$	$\lambda_2 w_1 K_2$	$\lambda_3 w_1 K_2$	$\lambda_4 w_1 K_2$	$\lambda_5 w_1 K_2$	$\lambda_6 w_1 K_2$
	$w_2=18\%$	$\lambda_2 w_2 K_1$	$\lambda_2 w_2 K_2$	$\lambda_3 w_2 K_2$	$\lambda_4 w_2 K_2$	$\lambda_5 w_2 K_2$	$\lambda_6 w_2 K_2$
	$w_3=22\%$	$\lambda_2 w_3 K_1$	$\lambda_2 w_3 K_2$	$\lambda_3 w_3 K_2$	$\lambda_4 w_3 K_2$	$\lambda_5 w_3 K_2$	$\lambda_6 w_3 K_2$
$K_3=97\%$	$w_1=14\%$	$\lambda_3 w_1 K_1$	$\lambda_2 w_1 K_3$	$\lambda_3 w_1 K_3$	$\lambda_4 w_1 K_3$	$\lambda_5 w_1 K_3$	$\lambda_6 w_1 K_3$
	$w_2=18\%$	$\lambda_3 w_2 K_1$	$\lambda_2 w_2 K_3$	$\lambda_3 w_2 K_3$	$\lambda_4 w_2 K_3$	$\lambda_5 w_2 K_3$	$\lambda_6 w_2 K_3$
	$w_3=22\%$	$\lambda_3 w_3 K_1$	$\lambda_2 w_3 K_3$	$\lambda_3 w_3 K_3$	$\lambda_4 w_3 K_3$	$\lambda_5 w_3 K_3$	$\lambda_6 w_3 K_3$

（2）试验方法

试验仪器采用 ZJ 型应变控制式四联直剪仪，剪切采用快剪试验，剪切速率为 0.8 mm/min，每 4 个相同试样为一组，施加的正压力分别为 50 kPa、100 kPa、150 kPa、200 kPa。对于相同的组合均进行一次非饱和一次饱和试验。非饱和试验时，把试样直接放入剪力盒中，施加正压力，然后施加剪应力至试样破坏为止。饱和试样时，首先把试样用推土器推入至剪力盒中，然后在剪力盒旁边的水槽中注满水，待试样吸水饱和后，再施加正应力和剪应力进行剪切试验。由于试样制取时饱和度较高，黏性土的渗透系数较低，可能后期饱和需要很长的时间，为了缩短试验时间，本次试验统一采用土样浸水 1 h 后开始直剪试验。

4.7.2　饱和与非饱和对黏聚力的影响分析

（1）黏聚力随掺合比的变化规律

非饱和与饱和情况下混合土黏聚力随掺合比的变化规律如图 4-26 所示。

由图 4-26 所知，无论是非饱和情况与饱和情况下，当制样含水率为 14%时，混合土的黏聚力整体随着红黏土掺合比的增加而增加，但对于不同的含水率，其变化规律有一定的区别。

① 非饱和情况黏聚力随掺合比变化规律。在非饱和情况下，在掺合比小于 40%时，黏聚力随掺合比的变化曲线近似重合，说明制样含水率对混合土的黏聚力强度指标影响较小。当掺合比大于 40%时，曲线出现了较大的分离，其中含水率为 14%的混合强度增长最快，最大黏聚力可达 96.67 kPa；而含水率为 18%和 22%时，掺合比从 60%增长至 80%和 100%时，黏聚力近似没有增长，甚至出现下降。例如，当含水率为 22%，压实系数为 97%，其黏聚力强度在掺合比为 80%时为 55.06 kPa，掺合比 100%时为 47.33 kPa，即掺合比为 100%的纯红黏土的黏聚力强度低于掺合比为 80%的混合土。以上现象说明，掺合比对黏聚力有重要影响，但制样时含水率为 22%（超过最优含水率为 4%）时，掺合比超过 60%时对黏聚力提高作用有限，甚至出现负增长。

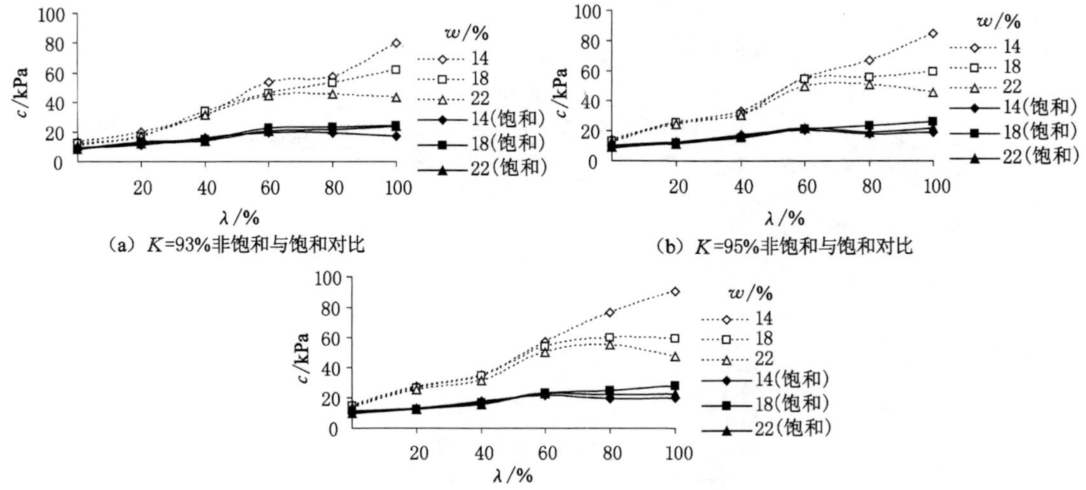

(a) K=93%非饱和与饱和对比　　(b) K=95%非饱和与饱和对比

(c) K=97%非饱和与饱和对比

图 4-26　非饱和与饱和情况下混合土黏聚力随掺合比的变化规律

② 饱和情况下黏聚力随掺合比的变化规律。在饱和情况下，黏聚力整体上随着掺合比的增长而增长，其变化规律与非饱和情况类似。但饱和后黏聚力强度远低于非饱和情况。以压实系数为 95%，制样时含水率 18%为例，非饱和情况掺合比为 80%时黏聚力强度为 55.76 kPa，饱和后黏聚力为 23.38 kPa，即饱和后黏聚力强度近似降为非饱和的 50%。

由图 4-26 中饱和与非饱和对比分析可知，饱和后黏聚力强度降低较多，还有另外一个重要特征为，非饱和情况下，含水率为 14%时黏聚力强度最大，22%最小，含水率为 18%时位于中间。试样饱和后，含水率为 18%时的黏聚力强度最大，14%时的黏聚力最小，22%的黏聚力处于二者中间。试验结果表明，当制样含水率等于最优含水率时，在饱和情况下具有最高的黏聚力强度；而含水率较低时，在非饱和情况下具有最大强度，但饱和后下降幅度最大，饱和后黏聚力强度最低，甚至低于制样含水率为 22%的试样。以上结果对工程的指导意义为，压实时采用最优含水率在饱和后强度最大，含水率略高于最优含水率时压实方案优于含水率低于最优含水率压实方案。

(2) 压实系数相同时饱和与非饱和对抗剪强度的影响分析

除了制样中含水率对混合土强度有重要影响外，对黏聚力也会造成影响。在相同压实系数下，饱和与非饱和对黏聚力的影响规律如图 4-27 所示。

由图 4-27 分析可知，在压实系数相同的情况下，随着掺合比的增加，虚线与实线之间的差值越来越大，说明掺合比越大，饱和后黏聚力强度降低越多。在压实系数为 93%、95%和 97%时，在非饱和情况除了掺合比为 40%外，其他掺合比情况下压实系数越高，黏聚力越高；当不同压实系数的混合土浸水饱和后，其变化曲线在图 4-27 中近似重合，说明掺合比相同时，不同压实系数的混合土在饱和后黏聚力趋于相同。饱和后土的黏聚力要远低于非饱和时的黏聚力，如果按最不利情况下设计路堤，建议使用饱和后的黏聚力强度。

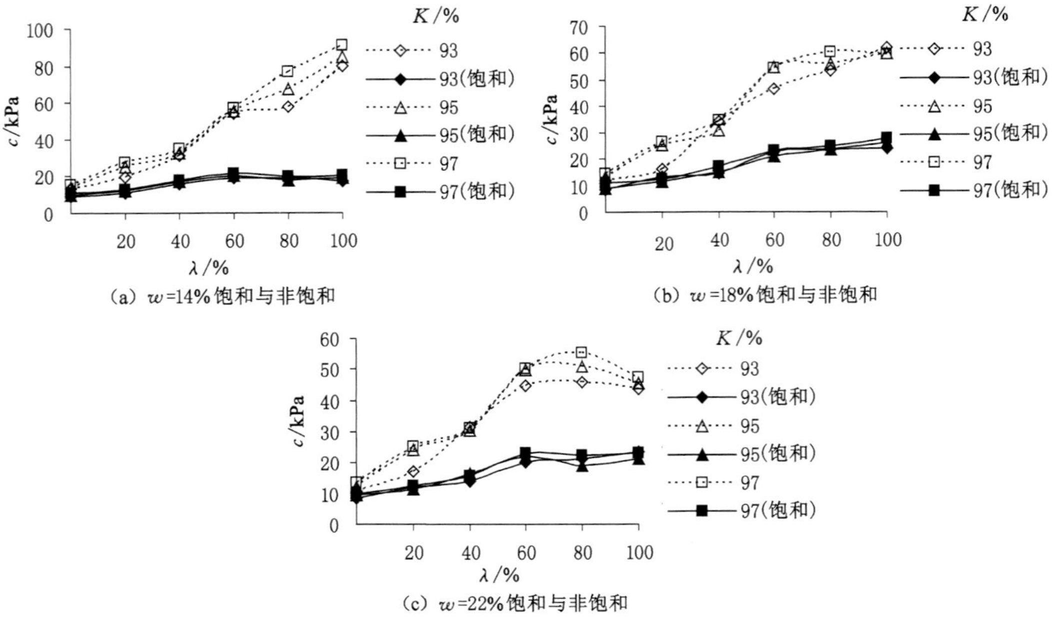

图 4-27　压实系数相同情况下饱和与非饱和黏聚力对比

(3) 制样含水率对饱和与非饱和混合土黏聚力的影响

一般情况下，由于红黏土强度对含水率敏感，制样含水率越高，则强度越低，制样含水率在饱和与非饱和有不同的表现，混合土黏聚力随含水率的变化规律如图 4-28 所示。

在非饱和情况下，如图 4-28(a)、(c)、(e)所示，黏聚力均随着制样含水率增加而降低，在含水率低于 18%时，掺合比越高，黏聚力越高；当含水率为 22%时，掺合比为 100%时(纯红黏土)的黏聚力低于掺合比为 80%混合土的黏聚力，甚至低于掺合比为 60%混合土的黏聚力。从图 4-28(a)、(c)、(e)还可以得出掺合比为 80%和 100%的曲线斜率最大，而其他掺合比的曲线斜率较小，说明在非饱和情况下，红黏土的黏聚力对制样含水率最为敏感，80%的混合土次之，其他掺合比的混合土的黏聚力强度随制样含水率的增加虽然也有减小，但减小不明显，这从侧面说明红黏土的黏聚力强度较千枚岩土随含水率增长更为敏感。

在饱和情况下，如图 4-28(b)、(d)、(f)所示，在掺合比为 0、20%、40%、60%的变化规律不明显，但总体情况为黏聚力随着制样含水率的增长而降低。对于掺合比为 80%和 100%的两种情况，黏聚力在制样含水率为 18%时最高，而含水率为 14%和 22%时较低，说明当红黏土掺合比较高时，制样含水率为 18%时可以保持较高的黏聚力，而含水率为 22%和 14%混合土饱和后黏聚力较低，这也是工程上常以最优含水率进行压实的原因。

(4) 压实系数对饱和与非饱和混合土黏聚力的影响

一般情况下，压实系数增加，土的黏聚力也会增加。由图 4-29 分析可知，在非饱和情况下，混合土的黏聚力均随着压实系数的增加而增加。在饱和情况下，当 $w=14\%$时，黏聚力随压实系数的增加而增加；当含水率为 18%和 22%时，绝大部分情况下，黏聚力随压实系数的增加而增加。试验结果表明，无论混合土饱和与否，黏聚力均会随着压实系数增长而增长，工程上提高压实系数对提高抗剪强度有利。

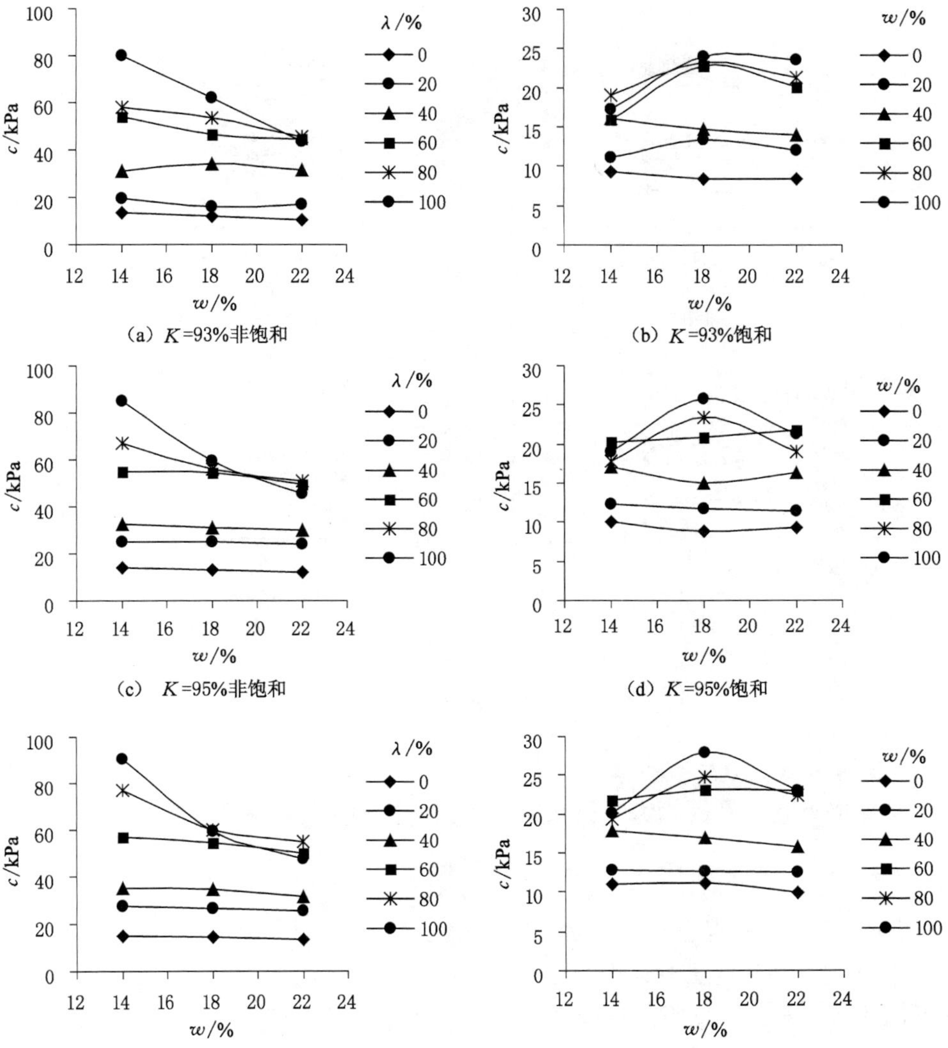

(a) K=93%非饱和　(b) K=93%饱和

(c) K=95%非饱和　(d) K=95%饱和

(e) K=97%非饱和　(f) K=97%饱和

图 4-28　饱和与非饱和黏聚力随含水率的变化规律

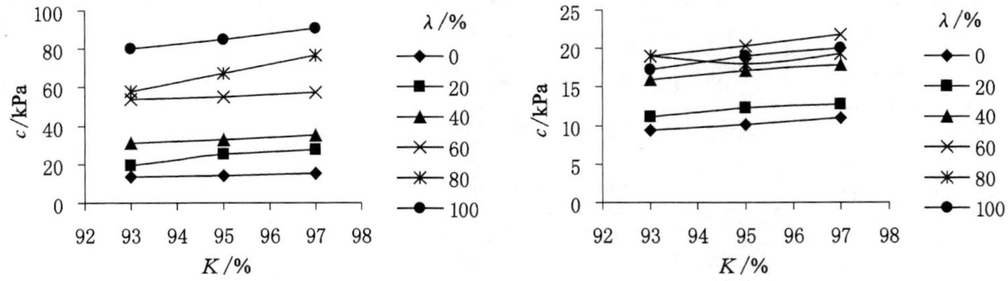

(a) w=14%非饱和　(b) w=14%饱和

图 4-29　饱和与非饱黏聚力随压实系数的变化规律

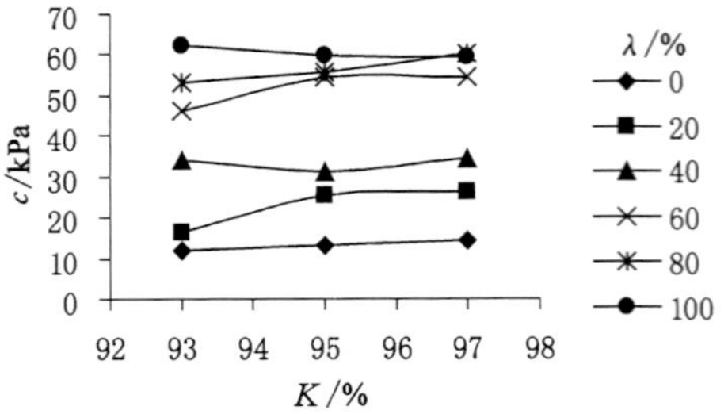

(c) w=18%非饱和

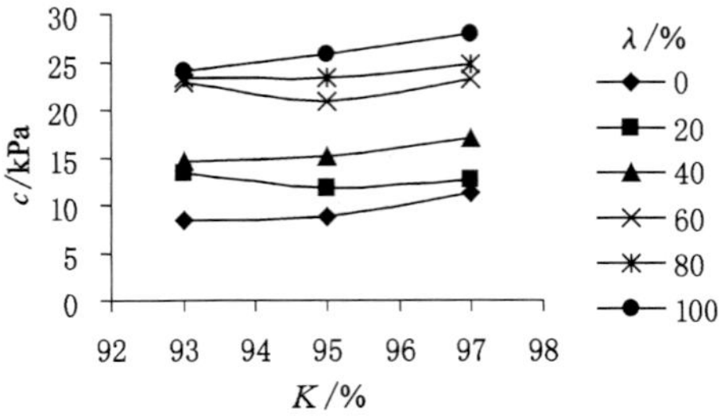

(d) w=18%饱和

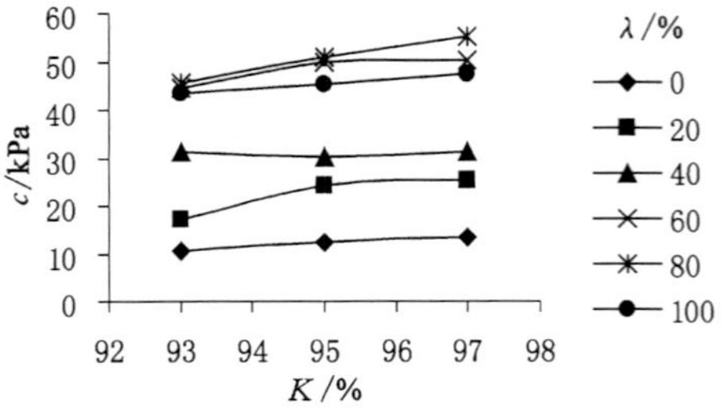

(e) w=22%非饱和

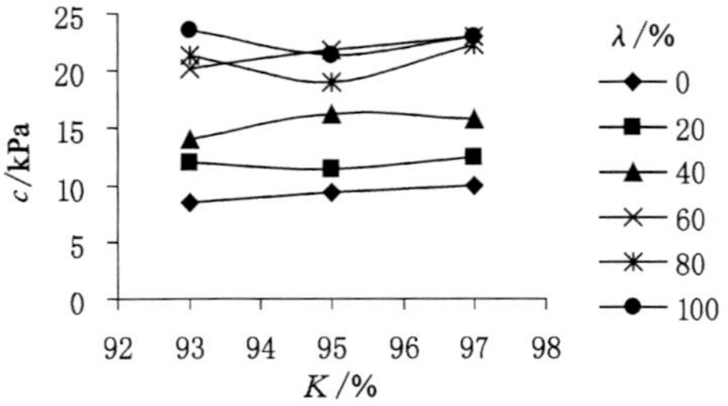

(f) w=22%饱和

图 4-29(续)

(5) 黏聚力衰减系数变化规律

可定义黏聚力衰减系数 δ_c 为非饱和黏聚力比上饱和后的黏聚力，即：

$$\delta_c = \frac{c_{usat}}{c_{sat}} \tag{4-11}$$

式中 c_{usat}——非饱和时混合土的黏聚力；

c_{sat}——饱和时混合土的黏聚力。

则不同含水率和掺合比下的黏聚力衰减系数统计见表 4-16。

表 4-16 不同含水率和掺合比下黏聚力衰减系数统计表

w/%	λ/%	K=93%			K=95%			K=97%		
		c_{usat}/kPa	c_{sat}/kPa	δ_c	c_{usat}/kPa	c_{sat}/kPa	δ_c	c_{usat}/kPa	c_{sat}/kPa	δ_c
14	0	13.41	9.37	1.43	13.91	10.04	1.39	15.20	10.97	1.38
	20	19.54	11.13	1.76	25.19	12.33	2.04	27.47	12.74	2.16
	40	31.05	16.00	1.94	32.71	17.05	1.92	35.09	17.82	1.97
	60	53.83	18.98	2.84	55.02	20.30	2.71	57.12	21.72	2.63
	80	57.84	18.98	3.05	67.25	17.92	3.75	76.89	19.34	3.98
	100	80.03	17.29	4.63	84.87	19.03	4.46	90.67	20.06	4.52

表 4-16(续)

$w/\%$	$\lambda/\%$	$K=93\%$			$K=95\%$			$K=97\%$		
		c_{usat}/kPa	c_{sat}/kPa	δ_c	c_{usat}/kPa	c_{sat}/kPa	δ_c	c_{usat}/kPa	c_{sat}/kPa	δ_c
18	0	11.99	8.36	1.43	13.07	8.85	1.48	14.39	11.17	1.29
	20	16.22	13.30	1.22	25.24	11.72	2.15	26.37	12.55	2.10
	40	34.09	14.63	2.33	30.95	15.01	2.06	34.37	17.01	2.02
	60	46.37	22.75	2.04	54.57	20.85	2.62	54.29	23.10	2.35
	80	53.34	23.27	2.29	55.76	23.38	2.38	60.06	24.68	2.43
	100	62.08	24.05	2.58	59.68	25.86	2.31	59.45	27.90	2.13
22	0	10.65	8.42	1.26	12.21	9.37	1.30	13.47	9.92	1.36
	20	17.19	11.98	1.43	24.17	11.44	2.11	25.36	12.43	2.04
	40	31.40	14.00	2.24	30.20	16.29	1.85	31.26	15.73	1.99
	60	44.55	20.14	2.21	49.66	21.82	2.28	50.13	22.91	2.19
	80	45.62	21.30	2.14	50.77	19.03	2.67	55.06	22.29	2.47
	100	43.45	23.54	1.85	45.37	21.37	2.12	47.33	22.95	2.06

由表 4-16 可知,从整体上分析,当含水率为 14%时,黏聚力衰减系数 δ_c 随掺合比的增加而增加,即红黏土掺合比越大,在饱和后混合土黏聚力强度衰减越多,说明红黏土对水敏感性要高于千枚岩土与其他掺合比的混合土[图 4-30 (a)]。当含水率为 18%和 22%时,除千枚岩土衰减系数较小外,其余情况下的衰减系数近似相同,其近似值约为 2.2[图 4-30(b)]。从表中也可得出,制样含水率越高,黏聚力衰减系数越小,因为制样含水率越高越接近于浸水的饱和状态,则衰减越小。

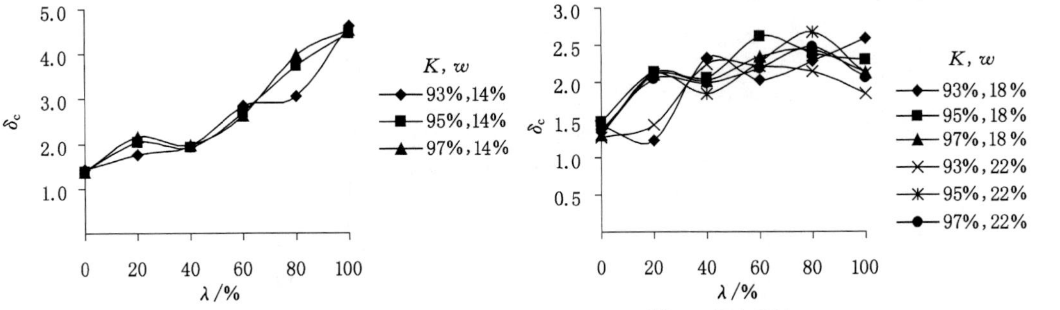

(a) w=14%　　(b) w=18%, 22%

图 4-30　黏聚力饱和与非饱和衰减系数随掺合比的变化规律

(6) 黏聚力变化规律总结

对 w、K 和 λ 的影响进行综合分析,可以总结如下:

① 在非饱和情况下,当制样含水率低于最优含水率时,黏聚力整体上随着 K 和 λ 的增长而增长,随着 w 的增加而减小,规律性很强。当制样含水率大于或等于最优含水率时,黏聚力随着 K 的增长而增长,λ 的增长变化规律可分成两个阶段:在 0～60%时,黏聚力随着 λ 的增长而增长,增长较为显著;在 60%～100%时,黏聚力随着 λ 增长不显著,甚至产生负增长。

② 在饱和情况下，压实系数和制样含水率对饱和后的黏聚力影响较小，出现归一化的趋势。饱和后黏聚力随掺合比的变化呈现先增长后降低的趋势。

③ 在非饱和情况下，黏聚力随着制样含水率的增长而降低，当含水率为 14％和 18％时，掺合比高的混合土黏聚力一般大于掺合比小的混合土；当含水率为 22％时，掺合比为 100％的低于 80％的，甚至低于 60％的混合土；在饱和情况下，制样含水率为 18％的黏聚力最高，制样含水率为 14％和 18％的黏聚力较低，说明混合土在最优含水率压实饱和后具有最高的黏聚力。

④ 黏聚力衰减系数变化规律。当含水率为 14％时，黏聚力衰减系数随掺合比的增加而增加，其中红黏土的衰减系数最大可达 4. 63，即黏聚力饱和后黏聚力可以达到原来的 1/4. 63。当含水率为 18％和 22％时，除掺合比为 0 时黏聚力衰减系数低于 2 外，其余情况大多处于 2～2. 5，平均衰减系数为 2. 2。

4. 7. 3　饱和与非饱和对内摩擦角的影响分析

内摩擦角是土抗剪强度的另一重要指标。一般情况下，混合土饱和后土颗粒吸收了更多的水分，降低了土颗粒之间的摩擦，因此摩擦角会降低。为了掌握混合土内摩擦角降低程度，给工程运用进行指导，因此有必要对内摩擦角变化规律进行总结。

(1) 内摩擦角随掺合比的变化规律

在压实系数相同的情况下，内摩擦角随掺合比的变化规律如图 4-31 所示。

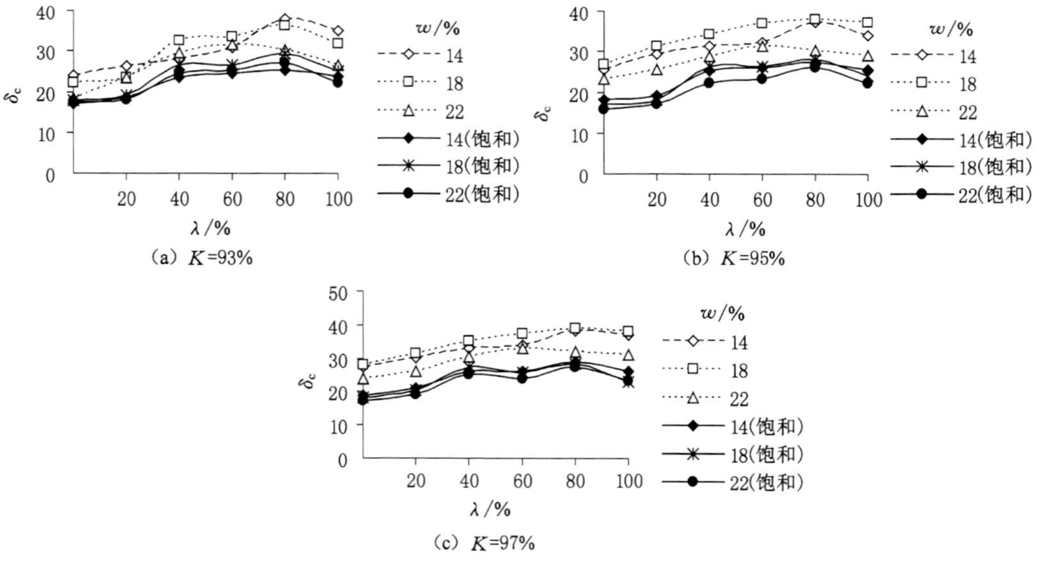

图 4-31　饱和与非饱和内摩擦角随掺合比的变化规律(相同制样含水率)

由图 4-31 分析可知，在非饱和与相同压实系数下，内摩擦角呈现先增加后减小的趋势。当红黏土掺合比小于 80％时，内摩擦角整体随着红黏土的掺合比的增加而增加；当红黏土掺合比从 80％增加至 100％时，内摩擦角变小。也就是说，掺合比为 80％时内摩擦角最大，与压实系数在 89％、91％和 93％测试的规律相似。

当混合土样饱和时，内摩擦角的变化可以分为三个阶段：当掺合比小于 40％时，内摩擦角随掺合比增加而增加；当掺合比从 40％增长至 80％时，内摩擦角基本没有增长；当掺合比从 80％增长至 100％时，内摩擦角随掺合比增长而减小。

总体分析表明，当混合土饱和后，混合土内摩擦角显著降低，但其降低的幅度较黏聚力小的多。

(2) 内摩擦角随制样含水率的变化规律

在掺合比相同情况下，制样含水率对饱和与非饱和情况下混合土内摩擦角有显著影响，其变化规律随制样含水率变化规律如图 4-32 所示。

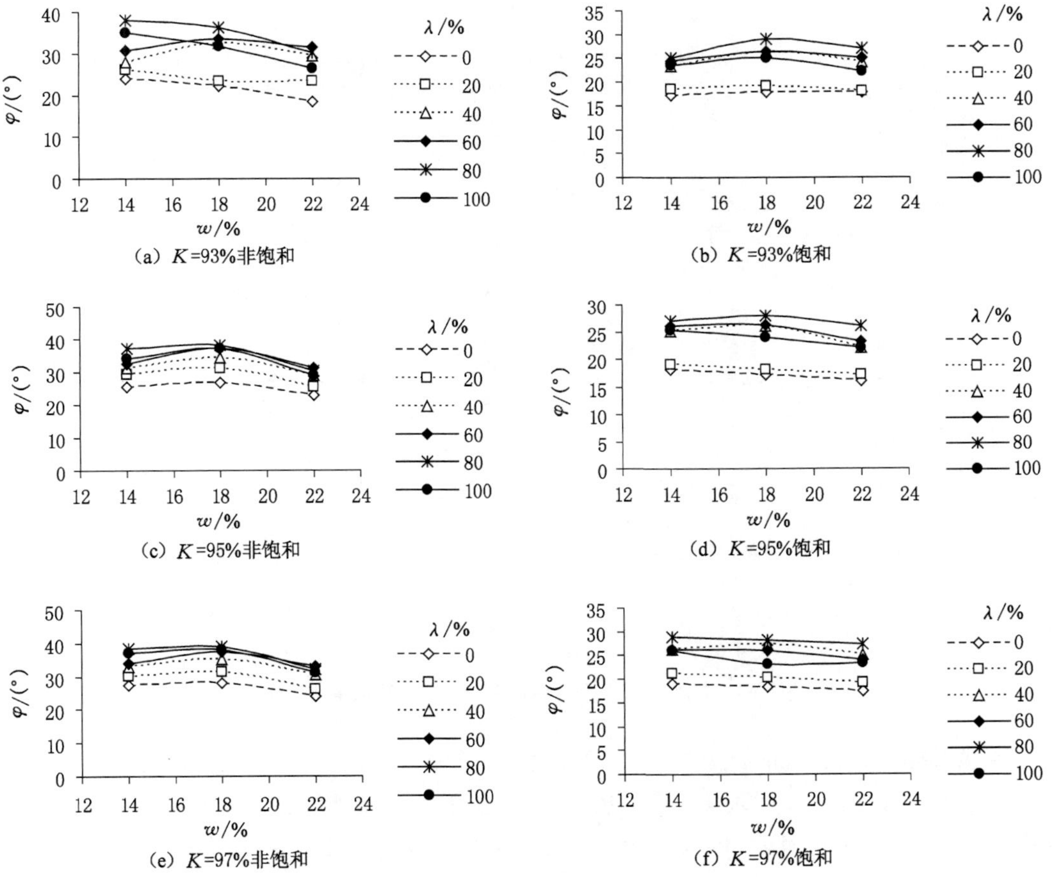

(a) K=93%非饱和　(b) K=93%饱和

(c) K=95%非饱和　(d) K=95%饱和

(e) K=97%非饱和　(f) K=97%饱和

图 4-32　饱和与非饱和内摩擦角随含水率的变化规律

由图 4-32 可知，在压实系数为 93％和非饱和情况下，内摩擦角随制样含水率的增长而减小；其他大部分情况下，内摩擦角在含水率为 18％时内摩擦角达到最大，因此混合土在最优含水率压实最为有利。

(3) 内摩擦角随压实系数的变化规律

制样时的压实系数即干密度对内摩擦角也有较显著的影响，饱和与非饱和内摩擦角随压实系数的变化规律如图 4-33 所示。

由图 4-33 可知，无论制样是饱和与非饱和，内摩擦角的变化规律显然不如黏聚力明

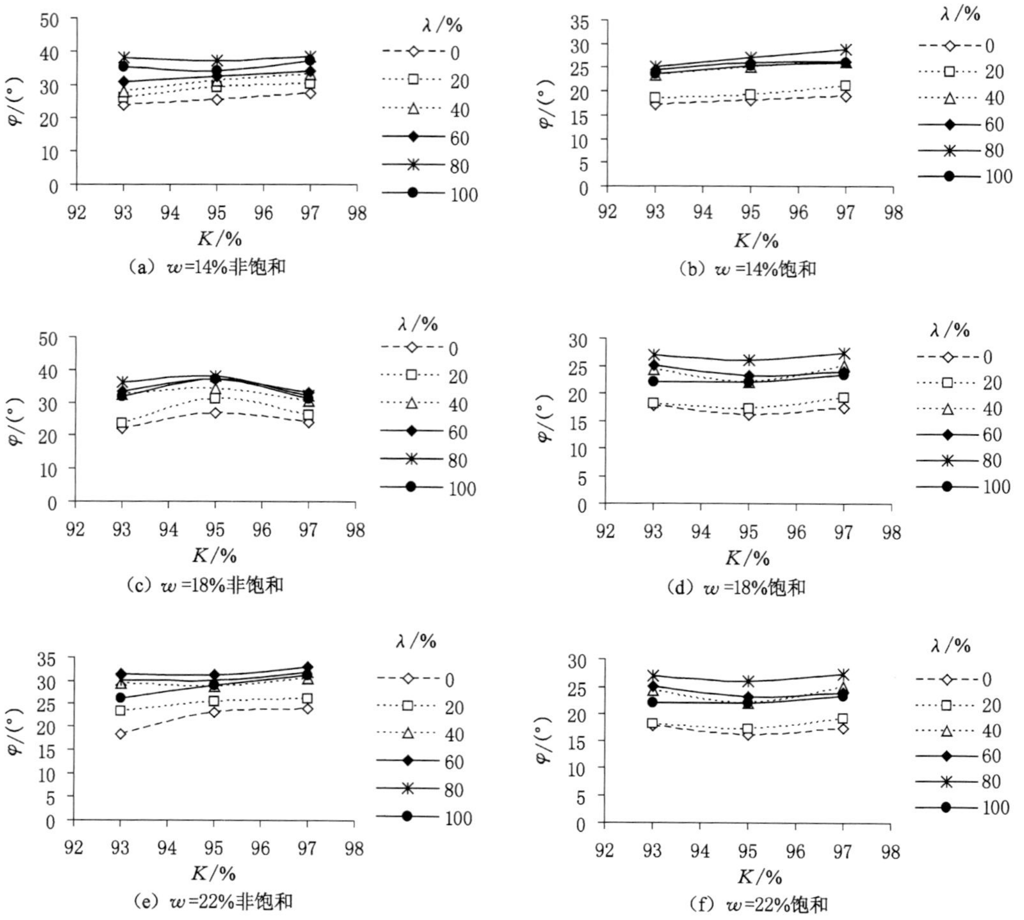

图 4-33　饱和与非饱和内摩擦角随压实系数的变化规律

显。在非饱和情况下，除了含水率为 18%时“先增加、后减小”外，其余情况内摩擦角均随制样时压实系数的增加而增大，其中从 93%增长至 95%的增长幅度较 95%增长至 97%时更为显著。制样饱和后，含水率为 14%时内摩擦角随着压实系数的增加而增大，含水率为 18%和 22%时内摩擦角随着压实系数的增加而增大，但变化幅度较小。

(4) 内摩擦角衰减系数变化规律

定义内摩擦角衰减系数 δ_φ 为非饱和内摩擦角与饱和后的内摩擦角之比，即：

$$\delta_\varphi = \frac{\varphi_{usat}}{\varphi_{sat}} \tag{4-12}$$

式中　φ_{usat}——非饱和混合土的内摩擦角；

φ_{sat}——饱和混合土的内摩擦角。

不同含水率和掺合比下的内摩擦角衰减系数统计见表 4-17。

表 4-17　不同含水率和掺合比下的内摩擦角衰减系数统计表

K/%-w/%	λ/%					
	0	20	40	60	80	100
93-14	1.40	1.41	1.20	1.25	1.51	1.48
93-18	1.24	1.22	1.23	1.26	1.24	1.27
93-22	1.04	1.29	1.21	1.26	1.12	1.19
95-14	1.41	1.53	1.24	1.24	1.37	1.35
95-18	1.55	1.72	1.32	1.42	1.36	1.55
95-22	1.44	1.49	1.31	1.35	1.16	1.32
97-14	1.43	1.42	1.27	1.30	1.32	1.42
97-18	1.54	1.55	1.29	1.44	1.38	1.65
97-22	1.39	1.36	1.22	1.38	1.17	1.34

内摩擦角衰减系数随掺合比变化规律不如黏聚力有显著的增长性，其变化规律呈波浪形如图 4-34 所示。

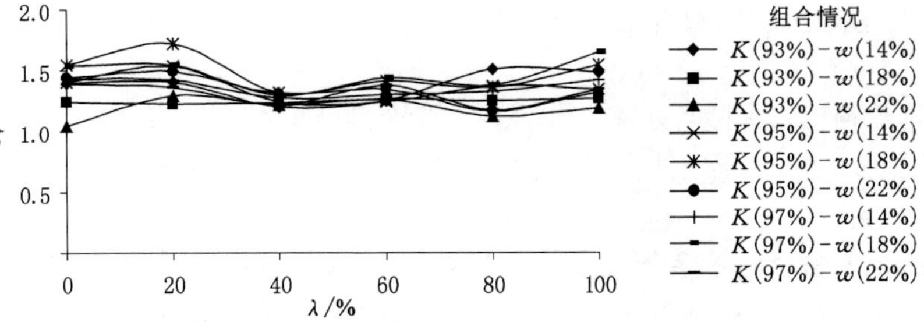

图 4-34　内摩擦角衰减系数随掺合比的变化规律

由图 4-34 可得，掺合比为 40%和 60%时较为稳定，均在 1.35 左右。内摩擦角衰减系数变化范围小于黏聚力衰减系数变化范围，平均值为 1.35。因此，如果没有特别的试验数据，则饱和后内摩擦角衰减为原来的 1/1.35。

(5) 内摩擦角增长规律总结

① 随掺合比变化规律。在非饱和情况下，内摩擦角呈现"先增后降"的趋势。当掺合比从 0 增长至 80%时，内摩擦角随着掺合比的增加而增加；当掺合比从 80%增长至 100%时，内摩擦角减小，即内摩擦角在掺合比为 80%时达到最大。在饱和情况下，变化规律可以分为三个阶段：掺合比从 0 增长至 40%时，内摩擦角随掺合比增长而增大；当掺合比从 40%增长至 80%时，内摩擦角变化很小；当掺合比从 80%增长至 100%时，内摩擦角随掺合比增长而减小。

② 随制样含水率变化规律。在非饱和情况下，内摩擦角随制样含水率的增加而减小；在饱和情况下，内摩擦角随制样含水率的增长"先增加、后降低"，在最优含水率为 18%时最大，因此工程上提倡在最优含水率时压实。

③ 内摩擦角衰减系数变化规律。内摩擦角衰减系数在掺合比为 40%和 60%时受制样含水率和压实系数影响较小。由于内摩擦角饱和前后变化较小，在没有试验数据时，可以近

似取 1.35 作为内摩擦角衰减系数。内摩擦角衰减系数变化幅度较黏聚力衰减系数要小，说明混合土饱和对黏聚力影响较内摩擦角大。

4.8 本章小结

本章节对压实系数为 $K_1=89\%$、$K_2=91\%$、$K_3=93\%$三种情况，含水率为 $w_1=16\%$、$w_2=18\%$、$w_3=20\%$三种情况，掺合比为 $\lambda_1=0$、$\lambda_2=20\%$、$\lambda_3=40\%$、$\lambda_4=60\%$、$\lambda_5=80\%$、$\lambda_6=100\%$六种情况的组合混合土进行了直剪试验，直剪试验的正压力为 50 kPa、100 kPa、150 kPa 和 200 kPa，共进行了 54 组直剪试验的快剪试验，分析了压实度、含水率、掺合比对混合土的抗剪强度特性的影响规律。同时，本章节还开展了击实试样的微型贯入试验和饱和抗剪强度试验，可以得出以下结论：

(1) 微型贯入试验表明，当掺合比为 0、20%、40%时，贯入阻力变化规律与干密度变化规律相似；当掺合比为 60%、80%时，混合土贯入阻力呈现先保持不变后降低型；当掺合比为 100%时，微型贯入阻力呈线性降低型。产生这种结果的原因与干密度变化及红黏土水敏性紧密相关。

(2) 抗剪强度指标随压实系数变化规律。除个别特例组合外，黏聚力、内摩擦角随压实系数的增长呈线性增长，混合土抗剪强度指标随压实系数的数学模型可以表达为 $c=a_1K+a_2$，$\varphi=a_3K+a_4$。

(3) 抗剪强度指标随含水率变化规律。除个别特例组合外，黏聚力、内摩擦角随含水率的增长而线性减小，混合土抗剪强度指标随压实系数的数学模型可以表达为 $c=b_1w+b_2$，$\varphi=b_3w+b_4$。

(4) 混合土黏聚力随掺合比变化规律：当含水率不大于 18%时，黏聚力随红黏土掺合比的增长呈三次函数关系，其数学模型可以用 $c=a_5\lambda^3+a_6\lambda^2+a_7\lambda+a_8$ 表示；黏聚力增大可以分为三个阶段：0～20%快速增长阶段，20%～60%增长缓慢阶段，60%～100%陡增阶段。当含水率为 20%时，黏聚力随红黏土掺合比增长呈近似线性增大，其数学模型可以用 $c=a_9\lambda+a_{10}$ 来表示。

(5) 内摩擦角随掺合比变化规律。当掺合比小于 80%时，混合土内摩擦角随掺合比的增长而增大，当掺合比从 80%增长到 100%时，大部分组合情况下的内摩擦角减小，说明当掺合比为 80%时，混合土的内摩擦角达到最大值。

(6) 黏聚力随掺合比变化机理。微观分析表明，黏粒含量与铁质胶结对混合土黏聚力强度指标影响显著。当掺合比较低(0～20%)时，掺入红黏土增加了全风化千枚岩的干密度，黏聚力增加较为迅速。当红黏土掺入较高时(60%～100%时)，红黏土中的 Fe_2O_3 在击实的过程中形成铁质胶结($w=16\%\sim18\%$)，混合土的黏聚力增速非常快。当掺合比为 20%～60%时，全风化千枚岩颗粒占主导地位，隔断了铁质胶结，因此黏聚力增加并不明显。

(7) 混合土在饱和后，混合土抗剪强度有大幅度降低。黏聚力和内摩擦角都有一定程度的衰减，其中高掺合比的黏聚力衰减系数可超过 4，低掺合比的混合土黏聚力衰减系数较小，但也超过 1.5。内摩擦角饱和后减小幅度较少，随掺合比变化幅度也较底，平均衰减系数为 1.35。

5 抗剪强度试验在实际工程中的运用

如第 4 章所述，室内试验共测得 54 组混合土的抗剪强度指标，抗剪强度是计算地基承载力和评判路基边坡稳定性的重要指标。本章将提出计算基于载重运填料车路基面极限承载力计算公式，并在此基础上提出一种快速提高千枚岩土极限承载力的方法。该方法与石灰、水泥加固不同，石灰与水泥加固需要与土、水进行化学反应，生成硬凝性的物质来提高路基面的承载力，其加固需要对路基面进行养护一定时间才能达到设计强度。而本研究提出的研究方法是物理混合，压实完成后即可满足载重汽车行驶的要求，给施工造成极大的方便。另外，基于抗剪强度的指标，进一步分析坡率为 1∶1.5、坡高为 5 m 的路堤边坡稳定系数，以及稳定系数随掺合比的变化规律及饱和时的折减系数。

5.1 抗剪强度在路基面承载特性中的应用

在昌北铁路货场工程中，由于填方量大，货场及路基每一层的碾压路基面都会作为临时施工便道，载运填料的汽车或洒水汽车会把压实路面作为临时通道(图 5-1)。因此，路基面需要一定的承载力，否则就会发生破坏。

图 5-1 路基面作为临时通道情况

在昌北铁路货场、九景衢铁路中，由于周边填料分布情况特殊和其他情况限制，路基填料采用了千枚岩土作为路基填料，经过多遍碾压后，压实系数部分可以满足要求，但力学性能无法达到要求，其承载力无法满足载重车行驶的要求，路基发生了严重的破坏。又由于千枚岩土填料黏聚力较低，在日照和行车的反复作用下，路基填料发生粉化并形成松土层，运填料时灰尘飞扬，如图 5-2 所示。

千枚岩土路基表面形成松土难以清理，如果直接被填料覆盖碾压，则会在路基中形成松土夹层，严重影响路基质量。如果直接加水拌和碾压，则土颗粒来不及充分吸收水分，容易形成泥浆或结团，也会造成路基碾压质量问题。因此，路基面如果作为临时通道使用且反复被载重车碾压时，路基面的承载力必须达到载重汽车对承载力的要求，使路基面不发生破坏是保证路基压实质量的重要要求之一。

图 5-2　千枚岩土路基面承载力不足导致的后果

5.1.1　路基面承载力计算方法及计算参数确定

(1) 路基面极限承载力计算方法

由于全风化千枚岩黏聚力低，根据泰勒地基极限承载力公式计算[91-93]，则：

$$p_u = \frac{1}{2}\gamma b N_\gamma + \gamma_0 d N_q + c N_c \tag{5-1}$$

式中，p_u为路基表面的极限承载力；N_γ、N_q。

$$N_q = \exp(\pi \tan\varphi) \tan^2\left(\frac{\pi}{4} + \frac{\varphi}{2}\right) \tag{5-2}$$

$$N_c = (N_q - 1)\cot\varphi \tag{5-3}$$

$$N_\gamma = (N_q - 1)\tan\left(\frac{\pi}{4} + \frac{\varphi}{2}\right) \tag{5-4}$$

由于路基铺筑碾压平整后，装填料汽车在路基表面行走(图 5-3)。因此，基础没有埋深($d=0$ m)，超载出现 $q=\gamma_0 d=0$，则路基面极限承载力转化为：

$$p_u = 0.5\gamma b N_\gamma + c N_c \tag{5-5}$$

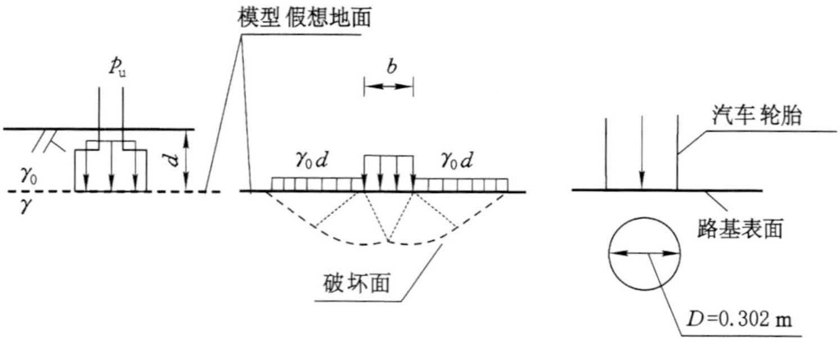

(a) 基础承载力模型　(b) 泰勒承载力模型　(c) 路基承载力模型

图 5-3　路基面极限承载力计算模型

根据研究可知，载重汽车与地面的接触形状可以等效成一个圆，因此式(5-5)需要对基础底面形状进行修正[89-91]。修正后的计算方法为：

$$p_u = 0.6 \times \frac{1}{2}\gamma b N_\gamma + (1 + N_q/N_c) c N_c \tag{5-6}$$

式中，γ 是压实路基的容重，kN/m^3，$\gamma = \rho_{dmax} K(1 + w/100)$；$w$ 为含水率；b 为基础的宽度，这里指的是载重汽车轮胎与地面接触等效圆的直径。

(2) 计算参数确定

在式(5-6)中,计算需要载重汽车轮胎与地面接触等效圆的直径 D。

载重汽车对路基面的作用可分为停驻和行驶两种状态下的作用。当汽车处于停驻状态时,对路基面的作用力为静态压力,主要是由轮胎传给路基面的垂直压力 P,它的大小受汽车轮胎的内压力 p_i,轮胎的刚度和轮胎与路面接触的形状及轮重大小相关。载重货车轮胎的标准静内压力一般在 0.4～0.7 MPa 范围。通常轮胎与路基面接触面的压力 p 略小于内压力 p_i,即(0.8～0.9)p_i。汽车在行驶过程中,轮胎内压力会因为摩擦、反复压缩等原因而升温,导致压力增大,则接触压力有所增加,即(0.9～1.1)p_i。

载重汽车轮胎的刚度随轮胎的新旧程度而有所不同,还会受到接触面的形状和轮胎花纹的影响。接触面上的压力实际并不是均匀分布的,受多种因素的影响,但这样计算轮底压力会导致计算较为复杂,因此一般对其进行简化计算,假定接触面上的压力是均匀分布的。

载重汽车轮胎的接触面为一近似的椭圆形,但其长轴与短轴相差不大,在实际工程设计中常以圆形接触面积来表示,也方便本研究的计算。将车轮荷载简化为当量的圆形均布荷载,并采用轮胎内压力作为接触压力 p,则当量圆半径 r 为:

$$r=\sqrt{\frac{P}{\pi p}} \tag{5-7}$$

施工单位的载重汽车后轮组一般为双轮组车轴,若每一侧的双轮用一个圆来表示,称为单圆荷载[图 5-4(a)]。单圆当量圆直径 D 和双圆当量直径 D_1 的计算方法为

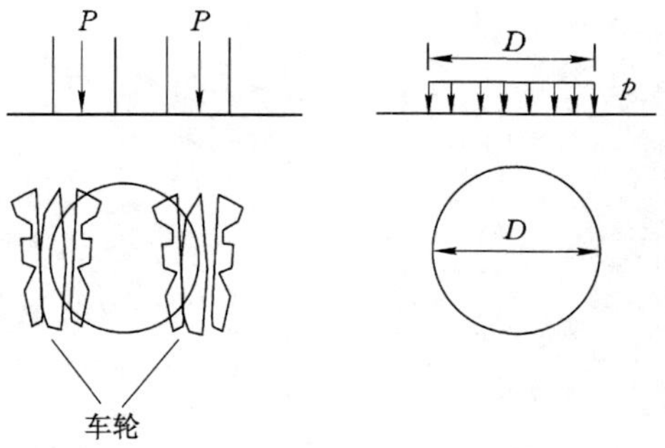

图 5-4　载重汽车后轴双轮单圆与双圆图

$$D=\sqrt{\frac{8P}{\pi p}} \tag{5-8}$$

我国路面设计规范中规定的标准轴载 BZZ-100 的 $P=25(100/4)$kN,$p=700$ kPa,则单圆和双圆的当量直径为:$D=0.302$ m,$D_1=0.213$ m。考虑到后轴双轮胎距离较近,为了方面计算,则按大圆计算,其 $D=0.302$ m,即式(5-6)中的 $b=D=0.302$ m。

5.1.2　千枚岩土路基面承载力计算及松土夹层原因解释

载重汽车与地面的接触形状按单圆计算,车轮有效作用宽度也取为 $b=0.302$ m,根据式(5-6)和室内抗剪强度的试验结果,千枚岩土路基面极限承载力计算见表 5-1。

表 5-1　根据汽车重载模型计算千枚岩土的极限承载力

w/%	16	16	16	18	18	18	20	20	20
K/%	89	91	93	89	91	93	89	91	93
γ/(kN·m^{-3})	16.59	16.97	17.34	16.88	17.26	17.64	17.16	17.55	17.94
p_u/kPa	145.91	276.01	433.13	124.03	174.20	222.68	96.38	137.88	174.96

载填料汽车荷载参照城市道路设计的相关规范，双轮组单轴荷载100 kN 作为标准轴载，则汽车轮胎对路基面的压力为 700 kPa。风化千枚岩土路基面的极限承载力远低于载重卡车轮胎对路基面的压力(700 kPa)，如果考虑动载作用，则千枚岩土路基面更难满足要求。因此，在现场重载汽车在路基面上临时运输填料时，会出现碾压后的路基面迅速破坏变松的现象，如图 5-2 所示。

另外，根据千枚岩土的特性与抗剪强度可知，千枚岩土属于极软岩风化而成的土，开挖初期成巨块状或块状，后经雨水作用或碾压作用会逐渐变成砾状、砂状、粉土状甚至黏土颗粒状，因此其颗粒组成十分复杂，即使为砾状，但在路基面浸水后也不是真正的硬颗粒砾，最终会转化成粉土颗粒。根据千枚岩土的抗剪强度可知，其黏聚力较低(<10 kPa)，与粉土或粉砂的情况有些类似，因此其形成的路基面本身难以稳定，压路机碾压后只要有轮胎碾压就非常容易发生表面破裂和松动[图 5-5(a)、(b)]，不像黏性土路基面那样形成一个光滑的路基面[图 5-5(c)、(d)]。

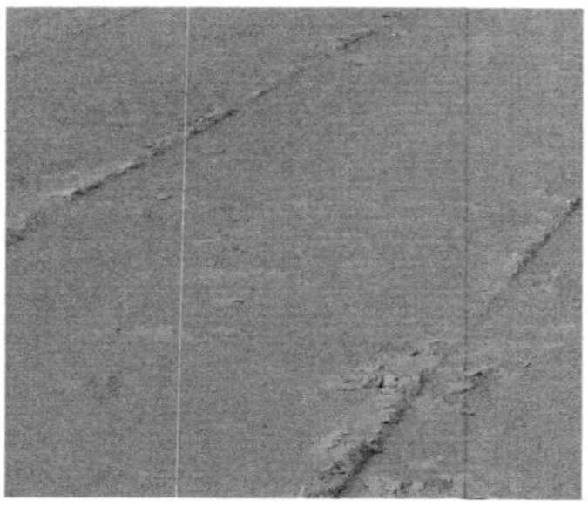

(a) 碾压平整千枚岩路基面

(b) 重车行驶后千枚岩路基面

(c) 江西八景镇红黏土路基面

(d) 红黏土路基面

图 5-5　千枚岩土与黏性土路基面对比

5.1.3　红黏土路基面承载力计算

江西红黏土是一种特殊土，在千枚岩土中加入红黏土是否会提高路基面的承载力，首先需要计算红黏土本身是否具有较高的承载力，如果红黏土路基面承载力也不能满足要求，则混合后作为路基填料也很难满足要求。

根据式(5-6)和室内抗剪强度的试验结果，红黏土路基面极限承载力计算见表5-2。

表 5-2　根据汽车重载模型计算红黏土的极限承载力

w/%	16	16	16	18	18	18	20	20	20
K/%	89	91	93	89	91	93	89	91	93
γ/(kN·m^{-3})	17.81	18.21	18.61	18.11	18.52	18.93	18.42	18.83	19.25
p_u/kPa	4 571.84	5 089.63	6 452.14	2 351.73	3 710.72	4 595.89	1 899.41	2 069.59	2 665.30

由表 5-2 计算结果可知，红黏土虽然在有些报道中承载力较低，但根据文献分析表明一般发生在红黏土的含水率较高的情况下。如果红黏土在最优含水率附近压实，其抗剪强度指标，特别是黏聚力可以达到很高的值(近 100 kPa)，对提高红黏土路基面承载力是非常有帮助的。表 5-2 计算结果也表明，红黏土在含水率为 16%、压实系数为 93%时理论上可以达到 6 452.14 kPa，远高于载重汽车对路基面承载力的需求。即使压实系数降为 89%，含水率增大至 20%，极限承载力也可达到 1 899.41 kPa，也高于 700 kPa 的要求，也可以满足载重汽车动载要求。

根据计算可知，红黏土路基具有较高的承载力，因此采用红黏土作为千枚岩土的加固剂是可能的。

值得注意的是，表 5-2 的极限承载力值非常大，根据抗剪强度计算的结果，其允许承载力可以按极限承载力除以 3 来计算。另外这些计算值都是在未浸水的情况下，而实际路基面经常受雨水的作用，由于红黏土对水的敏感性，浸水后红黏土的抗剪强度会大大降低，则极限承载力也大大降低。

5.1.4　混合土路基面极限承载力随压实系数的变化规律

为了得到混合土路基面极限承载力随压实系数的变化规律，可以提取含水率分别为16%、18%和 20%的极限承载力数据，然后绘制极限承载力随压实系数的变化规律图，并采用数学模型对相关数据进行拟合就可得到变化规律。

(1) w=16%时，p_u随压实系数的变化规律

根据不同掺合比混合土的抗剪强度，设压实系数和含水率相同的路基面的抗剪强度和室内试验混合土具有相同的抗剪强度(实际有可能不同，因为实际工程的拌和不可能达到实验室的均匀程度)，则可以根据式(5-6)计算不同掺合比混合土路基面的极限承载力。当含水率为 16%时，混合土路基面极限承载力随压实系数的变化规律如图 5-6 所示。

(2) w=18%时，p_u随压实系数的变化规律

含水率为 18%时，混合土路基面极限承载力随压实系数的变化规律如图 5-7 所示。

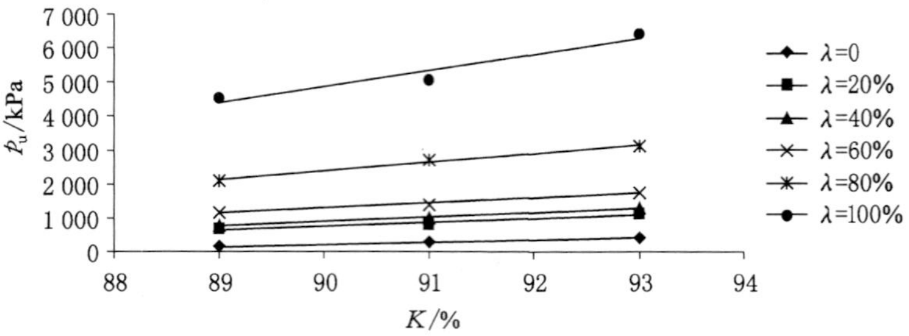

图 5-6　$w=16\%$时，混合土路基面极限承载力随 K 的变化规律

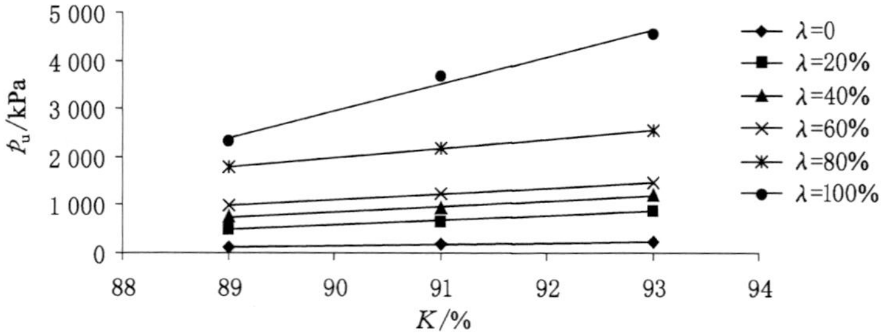

图 5-7　$w=18\%$时，混合土路基面极限承载力随 K 的变化规律

(3) $w=20\%$时，p_u随压实系数的变化规律

含水率为 20%时，混合土路基面极限承载力随压实系数的变化规律如图 5-8 所示。

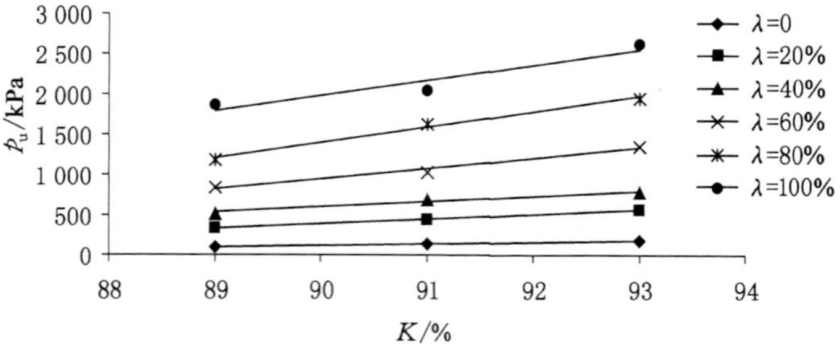

图 5-8　$w=20\%$时，混合土路基面极限承载力随 K 的变化规律

根据图 5-6、图 5-7 和图 5-8 可知，混合土路基面极限承载力随压实系数的增长呈近似线性增长，其变化规律可以用线性的数学模型来描述，即：

$$p_u = a_1 K + a_2 \tag{5-9}$$

式中　a_1, a_2——线性模型的拟合系数，见表 5-3。

表 5-3 混合土 p_u随 K 变化规律拟合系数与相关系数

w_0	λ/%	a_1	a_2	R^2
16	0	71.80	−6 249.20	0.997 1
	20	111.52	−9 273.94	0.939 6
	40	131.08	−10 905.65	0.992 8
	60	144.28	−11 692.94	0.980 8
	80	258.69	−20 914.74	0.988 4
	100	465.98	−37 087.64	0.935 7
18	0	24.66	−2 070.65	0.999 9
	20	98.87	−8 325.35	0.989 6
	40	114.48	−9 449.15	0.988 3
	60	118.48	−9 552.44	1.000 0
	80	188.14	−14 952.78	1.000 0
	100	560.16	−47 469.04	0.985 6
20	0	19.65	−1 651.30	0.998 9
	20	58.54	−4 886.12	0.999 5
	40	66.61	−5 398.59	0.965 8
	60	127.70	−10 543.86	0.982 9
	80	188.45	−15 563.56	0.989 9
	100	190.33	−15 149.57	0.911 6

根据表 5-3 分析可知，采用线性数学模型来表达混合土极限承载力随压实系数变化规律时，相关系数 R^2 均大于 0.9，说明极限承载力与压实系数显著相关。提高路基的压实系数 K，在从 89%提高到 93%时，路基面的极限承载力随压实系数呈线性增长。产生这种线性的原因是，当压实系数增加时，土颗粒之间的摩擦力与黏聚力都相应地增加，其抗剪强度呈近似线性增长，则其极限承载力也接近线性增长。

5.1.5 混合土路基面极限承载力随压实含水率的变化规律

混合土的抗剪强度受制样含水率的影响显著，为了得到混合土路基面极限承载力随含水率的变化规律，可以提取压实系数分别为 89%、91%和 93%的极限承载力数据，然后绘制极限承载力随含水率的变化规律图。

(1) K=89%时，混合土路基面极限承载力随 w 的变化规律

根据不同掺合比混合土的抗剪强度，设压实系数和含水率相同的路基面的抗剪强度和室内试验混合土具有相同的抗剪强度，则可以根据式(5-6)来计算不同掺合比混合土路基面的极限承载力。压实系数为 89%时，混合土路基面极限承载力随含水率的变化规律如图 5-9 所示。

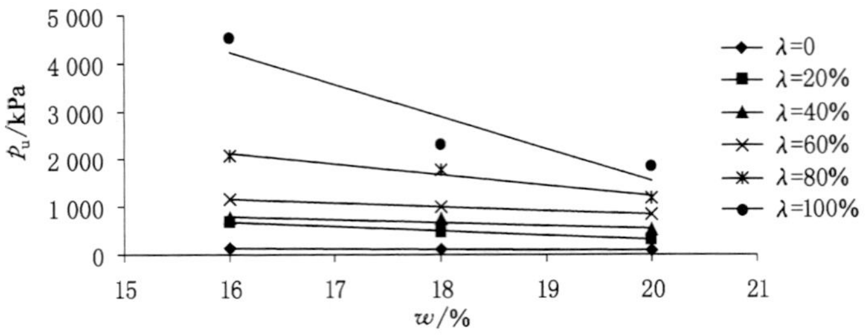

图 5-9　K＝89％时，混合土路基面极限承载力随 w 的变化规律

(2) $K=91\%$时，混合土路基面极限承载力随 w 的变化规律

压实系数为 91％时，混合土路基面极限承载力随含水率的增加而线性减小，其变化规律如图 5-10 所示。

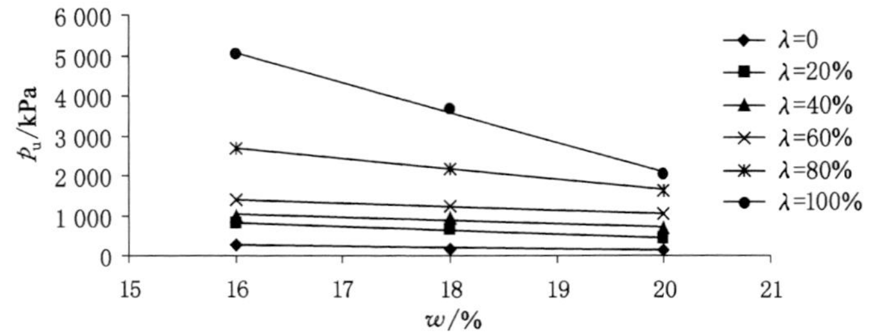

图 5-10　K＝91％时，混合土路基面极限承载力随 w 的变化规律

(3) $K=93\%$时，混合土路基面极限承载力随 w 的变化规律

压实系数为 93％时，混合土路基面极限承载力随含水率的增加而线性减小，其变化规律如图 5-11 所示。

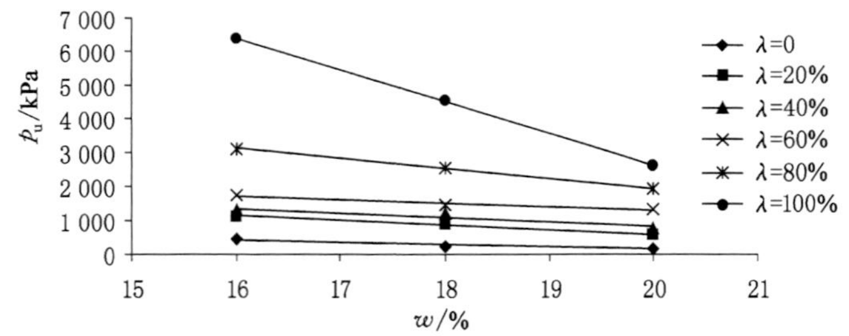

图 5-11　K＝93％时，混合土路基面极限承载力随 w 的变化规律

根据图 5-9 至图 5-11 可知，混合土路基面极限承载力随制样含水率的增长而近线性减小，其变化规律可以用线性的数学模型来描述，即：

$$p_u = a_3 w + a_4 \tag{5-10}$$

式中　a_3，a_4——线性模型的拟合系数，见表 5-4。

表 5-4 混合土 p_u 随 w 变化规律拟合系数与相关系数

K/%	λ/%	a_3	a_4	R^2
89	0	−12.38	1 248.99	0.995 5
	20	−89.63	8 655.20	0.983 6
	40	−64.52	6 552.44	0.757 6
	60	−82.75	8 531.78	0.771 9
	80	−222.52	21 934.22	0.939 2
	100	−666.86	63 581.15	0.708 1
91	0	−34.53	3 338.55	0.930 3
	20	−92.75	9 072.18	0.886 1
	40	−76.26	7 816.28	0.930 3
	60	−88.13	9 238.43	0.914 2
	80	−265.37	26 311.29	0.998 6
	100	−750.27	71 851.05	0.998 5
93	0	−64.54	6 150.32	0.883 1
	20	−142.61	13 834.93	0.831 9
	40	−128.99	12 835.42	0.916 6
	60	−99.33	10 561.77	0.679 0
	80	−292.77	29 173.31	0.936 8
	100	−942.51	90 287.36	1.000 0

根据表 5-4 分析可知，采用线性数学模型来表达混合土极限承载力随压实系数的变化规律时，相关系数 R^2 均大于 0.8，说明极限承载力与制样时的制样含水率显著相关。当路基制样含水率 w 从 16%提高到 20%时，路基面的极限承载力随含水率呈近似线性降低。产生这种线性的原因是，当含水率增加时，黏性土颗粒的表面结合水膜越厚，这将降低颗粒之间的内摩擦角与黏聚力[84,85,94]，因此路基面的极限承载力也降低了。同时，含水率的增加会大大降低铁质胶结的强度，因此红黏土的抗剪强度随着制样含水率的增加而快速降低[8,95]，导致路基面的极限承载力也大幅度降低。在图 5-9 至图 5-11 中，红黏土极限承载力变化的斜率最大，即降低幅度最大，正好体现了红黏土强度对水的敏感特性。以压实系数为 91%为例，红黏土的斜率为−750.27，而在掺入千枚岩土时，直线斜率的绝对值大大降低，掺合比为 40%时仅为−76.26，约是纯红黏土的 10.17%。从极限承载力降低的绝对值来看，红黏土含水率从 16%增加到 20%时，极限承载力从 5.089 MPa 降低至2.069 MPa，降低了 59.33%；掺合比为 40%的混合土极限承载力从 1.032 MPa 降低至0.720 MPa，降低了 30.3%。这种现象说明，红黏土极限承载力对压实时含水率最为敏感，混合土对含水率的敏感性大为降低。

值得注意的是，当含水率为 16%时，红黏土和混合土的极限承载力都非常大，采用的泰勒公式计算的是极限承载力，安全系数取 3，即允许承载力可以用极限承载力除以 3。所有的计算值都是在未浸水的情况下得出的，如果路基面或实验室土样浸水，土的强度还会进一步降低。研究结果表明，黏聚力降低幅度范围为 18%～62%，内摩擦角降低幅度为 18.12%～26.77%，即计算值都较实际使用情况偏高，在路基面受到雨水作用时，其极限承载力可能大幅度降低。

5.1.6 混合土路基面极限承载力随掺合比的变化规律

混合土抗剪强度随着红黏土掺合比的增加而增长，因此混合土路基面的极限承载力也会随着掺合比的增长而增长。在含水率 w 分别为 16%、18%、20%和压实系数 K 分别为 89%、91%、93%的情况下，各掺合比混合土的极限承载力随掺合比的变化规律如图 5-12 所示。

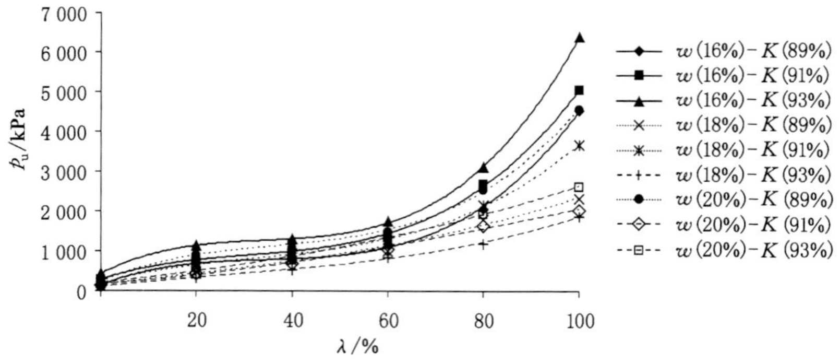

图 5-12 混合土路基面极限承载力随掺合比的变化规律

据图 5-12 分析可知，在相同的含水率和压实系数下，混合土极限承载力随红黏土掺合比的增加而增加，其变化规律可以用三次函数数学模型来拟合，即：

$$p_u = b_1\lambda^3 + b_2\lambda^2 + b_3\lambda + b_4 \tag{5-11}$$

式中 b_1, b_2, b_3, b_4——三次函数的拟合系数，见表 5-5。

表 5-5 混合土 p_u 随 λ 变化规律数学模型拟合系数

w/%	K/%	b_1	b_2	b_3	b_4	R^2
16	89	0.012 2	−1.262 1	47.609 9	141.442 6	0.996 4
16	91	0.010 5	−0.969 2	39.757 6	287.959 9	0.999 4
16	93	0.016 3	−1.661 4	62.261 1	428.492 7	0.998 0
18	89	0.000 9	−0.013 3	13.826 0	148.703 3	0.993 4
18	91	0.006 5	−0.636 2	33.287 8	179.397 1	0.999 7
18	93	0.010 4	−1.123 1	51.897 2	222.304 5	0.998 9
20	89	0.001 7	−0.131 8	13.510 5	94.505 1	0.997 3
20	91	0.000 0	0.124 6	9.283 5	155.888 8	0.999 9
20	93	0.000 3	0.081 3	12.888 8	195.519 9	0.997 8

表 5-5 中相关系数 R^2 的值均大于 0.99，说明采用三次函数数学模型来描述土路基面极限承载力随掺合比的变化规律是合理的。

对于 w=16%时，K 分别取 89%、91%、93%，还有 w=18%时，K=93%的情况下，混合土路基面极限承载力随着掺合比的增长呈三个阶段。

① 快速增长阶段。此阶段红黏土掺合比从 0 增长至 20%，此阶段极限承载力增长幅度

较大，与抗剪强度相同，主要原因为红黏土颗粒改变了千枚岩土的颗粒级配，最大干密度从 1.64 g/cm^3 增长至 1.70 g/cm^3，对极限承载力增长有较大贡献。

② 缓慢增长阶段。此阶段红黏土掺合从 20%增到 60%，此阶段极限承载力幅度较小，但较第 4 章的黏聚力增长幅度大，黏聚力虽然随掺合比增长较小，内摩擦角随掺合比仍有增长，但内摩擦角对极限承载力增长贡献较小。

③ 陡增阶段。当掺合比从 60%增长至 100%时，混合土路基面承载力增长幅度很大，特别是 80%增长至 100%的阶段，极限承载力的变化率最大。

对于含水率较高的情况，例如 $w=20\%$时，极限承载力随掺合比的增长呈近似线性增长，没有明显的三阶段划分。

由以上对比可知，路基面的极限承载力的变化规律与第 4 章的抗剪强度指标黏聚力变化规律相似，产生这种现象的原因可以通过分析黏聚力和内摩擦角对极限承载力的贡献比例来分析。根据 $p_u=0.6\times0.5\gamma bN_\gamma+(1+N_q/N_c)cN_c$，若把 $0.6\times0.5\gamma bN_\gamma$ 作为是内摩擦角的贡献，把$(1+N_q/N_c)cN_c$ 作为黏聚力贡献（此处仅作假设，实际两部分都有黏聚力的贡献，$0.6\times0.5\gamma bN_\gamma$ 部分没有黏聚力的贡献），则对于混合土两部分的贡献见表 5-6。

表 5-6 内摩擦角和黏聚力对极限承载力的贡献分析

λ/%	w/%	K/%	$0.6\times0.5\gamma bN_\gamma$	$(1+N_q/N_c)cN_c$	$(1+N_q/N_c)cN_c$贡献比例/%
0	16	89	36.993 37	108.918 8	74.65
0	16	91	37.134 25	238.878 3	86.55
0	16	93	38.774 29	394.356 4	91.05
0	18	89	30.662 15	93.368 4	75.28
0	18	91	32.093 22	142.108 9	81.58
0	18	93	37.368 64	185.311 9	83.22
0	20	89	23.966 77	72.4120 6	75.13
0	20	91	26.472 75	111.406 9	80.80
0	20	93	29.898 56	145.060 8	82.91
20	16	89	37.186 75	647.136 8	94.57
20	16	91	47.288 88	762.134 7	94.16
20	16	93	50.272 4	1 080.146	95.55
20	18	89	35.639 47	450.411 2	92.67
20	18	91	42.342 14	606.420 7	93.47
20	18	93	53.763 98	827.779 9	93.90
20	20	89	32.255 22	293.541 7	90.10
20	20	91	40.881 49	397.554 3	90.68
20	20	93	46.386 48	513.587 1	91.72
40	16	89	44.875 26	728.789 2	94.20
40	16	91	50.076 55	947.181 1	94.98
40	16	93	56.944 16	1 241.055 0	95.61

表 5-6(续)

λ/%	w/%	K/%	$0.6\times0.5\gamma bN_\gamma$	$(1+N_q/N_c)cN_c$	$(1+N_q/N_c)cN_c$贡献比例/%
40	18	89	46.025 92	707.564 9	93.89
40	18	91	50.306 61	889.146 5	94.65
40	18	93	57.540 94	1153.95 5	95.25
40	20	89	37.529 97	478.046 9	92.72
40	20	91	47.726 86	644.477 1	93.11
40	20	93	52.771 80	729.260 6	93.25
60	16	89	51.429 88	1 120.003 0	95.61
60	16	91	57.627 15	1 332.397 0	95.85
60	16	93	66.467 50	1 682.092 0	96.20
60	18	89	53.153 87	940.084 0	94.65
60	18	91	59.340 04	1 168.794 0	95.17
60	18	93	65.746 00	1 401.424 0	95.52
60	20	89	47.551 11	792.889 5	94.34
60	20	91	55.542 21	981.960 3	94.65
60	20	93	64.631 22	1 286.590 0	95.22
80	16	89	58.850 83	2 017.266 0	97.17
80	16	91	72.317 87	2 618.145 0	97.31
80	16	93	80.956 33	3 029.911 0	97.40
80	18	89	56.493 32	1 734.731 0	96.85
80	18	91	62.156 37	2 106.710 0	97.13
80	18	93	67.939 53	2 475.845 0	97.33
80	20	89	54.415 01	1 131.603 0	95.41
80	20	91	60.191 17	1 568.798 0	96.30
80	20	93	67.454 41	1 872.343 0	96.52
100	16	89	59.499 99	4 466.259 0	98.69
100	16	91	68.209 51	4 966.470 0	98.65
100	16	93	78.020 62	6 311.666 0	98.78
100	18	89	61.920 96	2 245.113 0	97.32
100	18	91	68.691 44	3 593.130 0	98.12
100	18	93	68.904 15	4 478.769 0	98.48
100	20	89	61.115 48	1 797.210 0	96.71
100	20	91	54.096 55	1 979.513 0	97.34
100	20	93	68.878 00	2 550.771 0	97.37

由表 5-6 中的黏聚力贡献比例数据可得，由于载填料汽车在路基面上行驶，基础没有埋置深度，因此极限承载力主要由两部分组成，其埋置深度引起的承载力部分 qN_q 为零。由

$(1+N_q/N_c)cN_c$部分计算的极限承载力，由于千枚岩土的黏聚力很低，所以其占比较小，但最低仍超过了74%。红黏土的黏聚力最大，特别是含水率为16%压实系数为93%时，$(1+N_q/N_c)cN_c$部分贡献的承载力达98.78%，即由黏聚力引起的承载力占绝大部分，因此极限承载力的变化曲线形状与黏聚力变化曲线相似。

5.2　一种快速提高千枚岩土路基面极限承载力的方法

5.2.1　快速提高千枚岩土路基面极限承载力方法的工程背景

根据我国城市道路路面设计荷载的相关标准，运料汽车对地面压力设计值为700 kPa，对于昌北铁路货场的支线工程，考虑到路基面仅是临时代替施工便道运输填料，安全系数取1.5，因此要求路基面的极限承载力不低于1 050 kPa。

根据《铁路路基设计规范》(TB 10001—2016)及式(5-6)，当掺合比为13%～52%时，混合土的液限小于40%，可划分为C组填料并应用铁路路基填筑。因此，在使用千枚岩土与红黏土混合作为路基填料时，为了照顾《铁路路基设计规范》的要求，红黏土掺合比的选择范围建议为13%～52%。

(1) 千枚岩土路基承载方面存在较大缺陷

路基填料工程性质稳定与否直接影响路基的稳定性与耐久性。根据现场与室内的试验结果，千枚岩土在承载性、压实性等方面能具有以下缺点：

① 易风化，颗粒组成变化大。全风化千枚岩在自然界中还保持岩状，但在开挖后迅速风化，遇水直接变成泥状，大块千枚岩也可以用手捏碎。因此，施工过程中颗粒大小是在不停地变化的(随压路机碾压遍数)，但很难像室内试验破碎那样非常细，可能含有一部分砂粒、粉粒及黏粒，其在现场碾压后表现出粉细砂或粉土的性质。

② 结构松散，黏结性低。由于其黏结性低，塑性较差，在压路机碾压遍数达到3～4遍后，再增加碾压遍数，路基压实度不但不增加，反而会降低。在碾压成型后，容易在载填料重车下重新破坏路基表面，在表面形成一层呈粉状的松土，严重影响后续施工及路基的质量。

③ 难以压实。压实系数是路基质量必须检测指标之一，在20 t压路机实行静压2遍、振动2遍、再静压2遍这种常用的组合碾压作用下，压实后的压实系数一般低于Ⅰ级铁路路基本体层最低要求89%。

④ 碾压路基刚度低。地基系数是路基的必须检测指标之一，一般的检测指标为$K_{30}=80\sim90$ MPa/m，低于Ⅰ级铁路最低要求90 MPa/m。

⑤ 部分地区全风化千枚岩土与红黏土互层分布。两种土难以分离，采用水泥、石灰加固后强度确定较难提高，可能造成红黏土的浪费。

⑥ 红黏土本身了也是一种特殊土，处置不当时也容易成为弃方。红黏土本身虽然黏聚力高，但它在失水后具有高收缩性，容易在路基面上产生网状的大裂隙，降低了路基的强度。特别是雨水渗入路基中时，容易产生基床病害，甚至产生路基边坡滑坡。

⑦ 承载性能低。千枚岩土路基承载性能低，根据5.1.2节的计算结果，千枚岩土路基面极限承载力也无法满足载重填料车对承载力的要求。

(2) 千枚岩土常规改良土路基缺陷与不足

考虑千枚岩土路基承载性能低，如果强行作为路基填料，可能形成松土夹层，影响路基填筑质量的问题，国内外目前常用的改良方法是在千枚岩土中加入土工格栅、水泥或石灰来提高路基的性能，但传统方法有以下缺点或不足：

① 常规水泥、石灰改良法也无法快速形成初始强度，不方便连续施工。即使采用水泥或石灰改良，由于水泥和石灰完成强度增长往往需要 7～28 d，在载填料车碾压下迅速变为松土，所以不能满足路基快速填筑的需要。

② 水泥和石灰提高强度工程造价高。采用水泥和石灰在长期(28 d)来讲可以较大幅度提高强度，但工程造价较高，单位质量土需要掺入 7%～10%的水泥或石灰，而石灰或水泥的价格是普通土的数十倍。

③ 不能持续压实，容易变松土。由于全风化千枚岩黏聚力小，即使采用石灰改良，短期内承载力仍较弱，在运输填料的货车作用下，路基表面迅速破坏，在连续货车作用下，已经碾压成光滑路基面的全风化千枚岩粉化，发生松弛最终变为松土，容易在后续路基施工中形成干粉松土夹层，严重影响路基质量。

④ 水泥加固土或石灰加固土难以压实。由于水泥或石灰短期内难以形成初始的黏聚力，而且掺合比较小(3%～7%)，因此加固土仍主要表现出全风化千枚岩的性质，压实度难以提高。

⑤ 短期内抗剪强度低。在室内实验中，控制压实系数达到 89%时，压实含水率在 16%达到最高，此时黏聚力为 9.3 kPa，内摩擦角为 31.2°。当实压含水率为 18%或 20%时，黏聚力迅速降低至 4～5 kPa，内摩擦角降低至 28°～30°。

⑥ 难以压实。在采用水泥、石灰改良时，水泥和石灰由于造价原因掺量少(低于 10%)，不能根本改变改良土的粒径，因此改良后的千枚岩料属于粉土颗粒范围，黏聚力低，很难压实。

⑦ 土工格栅加固虽然能提高路基边坡的稳定性，但压实系数不达标仍是存在的问题，而且千枚岩土工格栅卷边的边坡如果不使用其他黏土包边或砌筑骨架护坡，其耐雨水冲刷性能很差。

5.2.2 快速提高千枚岩土路基面承载力方法的应用基础

针对现有技术的不足，提出一种快速提高千枚岩土路基面承载力方法，即混合土压实后即可满足载填料汽车对路基承载力的要求，不需要对路基进行龄期养护，解决了千枚岩土形成路基面承载力不足和水泥(石灰)加固需要养护、工期长的问题。该方法以江西北部的全风化千枚岩为路基原材料，采用红黏土作为加固剂，并以两种土的混合土作为路基填料，其中红黏土的掺合比 $\lambda \geqslant 20\%$。提高极限承载力方法与一般的在千枚岩土中加入石灰和水泥不同，该方法加入的红黏土本身也是一种特殊土，改良机理以物理改良为主，与石灰、水泥的化学改良有较大区别。该方法在路基满足数学模型计算出 w、K 和 λ 的要求后，不需要时间养护，即可满足载填料汽车对路基面承载力的要求，达到快速提高承载力的目的。

应用快速提高千枚岩土路基面极限承载力方法必须有以下基础：

① 确定不同比例混合土的最优含水率和最大干密度，可以采用击实试验。如书中 2.5 节所述，通过重型击实试验得出千枚岩土的最大干密度为 1.64 g/cm^3，红黏土的最大干密度为 1.75 g/cm^3，其他掺合比的混合土最大干密度为 1.70 g/cm^3；由于混合土最优含水率变化较小，确定混合土的最优含水率为 18%。

② 确定不同含水率、压实系数、掺合比组合混合土的抗剪强度。可以采用三轴试验或

直剪试验，本书中采用直剪试验的快剪试验，如书中 4.3 章节得到了 54 组 w、K 和 λ 组合下混合土的抗剪强度指标 c 和 φ。

③ 根据抗剪强度指标，计算路基面的极承载力。根据 5.1 节基于载重汽车的泰勒极限承载计算模型，可以得出不同组合情况下路基面的极限承载力。

④ 建立极限承载力随红黏土掺合比的数学模型。根据 5.1 节，采用三次函数模型对极限承载力进行拟合，得到 p_u随 λ 变化规律的数学预估模型。具体情况为：对于已知 w、K 情况下，采用三次多项式对极限承载力 p_u和红黏土掺量进行数据拟合，使数学模型预测值与泰勒极限承载力公式计算值的误差平方和最小，得到江西北部的路基极限承载力随红黏土相对于全风化千枚岩的掺合比变化的数学预测模型见表 5-7。

表 5-7 混合土 p_u随 λ 变化规律数学模型

w/%	K/%	数学预测模型
16	89	$p_u=0.0123\lambda^3-1.2773\lambda^2+48.5866\lambda+131.2586$
16	91	$p_u=0.0106\lambda^3-0.9855\lambda^2+40.8153\lambda+277.5540$
16	93	$p_u=0.0164\lambda^3-1.6760\lambda^2+63.2978\lambda+417.5429$
18	89	$p_u=0.0011\lambda^3-0.0322\lambda^2+14.6342\lambda+140.6348$
18	91	$p_u=0.0066\lambda^3-0.6524\lambda^2+34.1209\lambda+170.5219$
18	93	$p_u=0.0104\lambda^3-1.1365\lambda^2+52.8792\lambda+211.5052$
20	89	$p_u=0.0018\lambda^3-0.1385\lambda^2+13.9728\lambda+87.4315$
20	91	$p_u=-3.434E-05\lambda^3+0.1207\lambda^2+9.7488\lambda+148.0297$
20	93	$p_u=0.0004\lambda^3+0.0753\lambda^2+13.4643\lambda+186.5985$

(5) 建立极限承载力随压实系数的数学模型。根据泰勒极限承载力公式和极限承载力数学预测模型，在已知掺合比和含水率情况下，对路基面极限承载力和 K 进行最小二乘法拟合，使模型预测值与泰勒极限承载力公式计算值的误差的平方和最小。江西北部的路基极限承载力与压实度的预测数学模型见表 5-8，表中掺合比为 25%、30%、45%、50%、55%的预测模型均根据表 5-7 进行推测计算。

表 5-8 混合土 p_u随 K 变化规律数学模型

红黏土掺量 λ/%	w=16%	w=18%	w=20%
	预测数学模型	预测数学模型	预测数学模型
25	$p_u=117.2348K-9536.316$	$p_u=123.0301K-10456.36$	$p_u=49.1293K-3996.372$
30	$p_u=119.8726K-9933.895$	$p_u=123.1826K-10396.72$	$p_u=59.0255K-4821.224$
35	$p_u=122.1391K-10104.39$	$p_u=120.7139K-10100.80$	$p_u=69.9855K-5738.626$
40	$p_u=124.8031K-10307.93$	$p_u=117.4876K-9733.494$	$p_u=81.7468K-6724.148$
45	$p_u=128.6333K-10604.64$	$p_u=115.3676K-9459.731$	$p_u=94.0468K-7753.362$
50	$p_u=134.3986K-11054.66$	$p_u=116.2176K-9444.426$	$p_u=106.623K-8801.839$
55	$p_u=142.8676K-11718.11$	$p_u=121.9014K-9852.493$	$p_u=119.213K-9845.149$

5.2.3 快速提高千枚岩土路基面承载力的方法与步骤

(1) 红黏土掺量可任选应用方案

当现场的含水率已经测出,红黏土分布量较少时,可以利用本方法计算最低的红黏土掺量,当红黏土的含水率为表 5-9 中对应的典型含水率时,则I级铁路的路基本体要求压实系数为 89%,基床底层要求为 91%,基床表层要求为 93%(目前基床表层一般采用级配碎石,本书仅做理论计算),各层位按 1 050 kPa 的极限承载力(临时路基面的要求,供载填料汽车运行,铁路要求的承载力低于该值,此处取高值),则不同压实系数层位对红黏土掺合比要求见表 5-9。

表 5-9 各组合情况下红黏土需要控制的最低掺合比

w/%	16			18			20		
K/%	89	91	93	89	91	93	89	91	93
λ 最低值/%	57.91	42.78	15.20	55.89	48.86	28.43	71.49	55.28	47.97
填料分组	D	C	C	D	C	C	D	D	C

按照表 5-9 所实施含水率控制,其红黏土掺合比最小值均超过 15%,部分甚至达到了 71.49%,当红黏土掺量超过 52%时,混合填料为 D 组填料,不宜直接作为路基填料。因此,当压实系数达到 89%时,红黏土掺量均超过 52%,不宜选用。宜选用的组合为 $w=16\%$,$K=91\%\sim93\%$;$w=18\%$,$K=91\%\sim93\%$;$w=20\%$,$K=93\%$。当含水率不为 16%、18%、20%时,选择红黏土掺量时可以选择含水率高的那一档进行计算,这种选择是偏安全的。例如实际含水率为 19%,可以先按 20%进行计算。应用以上方案时,混合土最大干密度取值为 1.7 g/cm^3。

按表 5-9 提供的适合掺合比,并且按千枚岩土和红黏土按规定的掺合比拌合、控制含水率,碾压达到压实度,即可实现路基面强度相对于全风化千枚岩的快速提高,节约工程造价与工期。具体实施方案如图 5-13 所示。

(2) 红黏土掺合比固定方案

假设取土场固定,又要充分利用千枚岩土和红黏土,或者千枚岩土和红黏土互层的情况,此时可以认为红黏土的掺合比是固定的。则可以根据表 5-10 中极限承载力随压实系数的变化规律数学模型计算需要达到的 K 值,并对 K 值进行控制然后使极限承载力达到 1 050 kPa 的要求。不同组合混合土的压实系数控制计算见表 5-10。

表 5-10 不同组合混合土的压实系数控制要求

红黏土掺量 λ/%	$w=16\%$	$w=18\%$	$w=20\%$
	K 控制要求	K 控制要求	K 控制要求
25	90.30	93.52	102.72
30	91.63	92.92	99.47
35	91.33	92.37	97.00
40	91.01	91.78	95.10
45	90.60	91.10	93.61
50	90.07	90.30	92.40
55	89.37	89.44	91.39

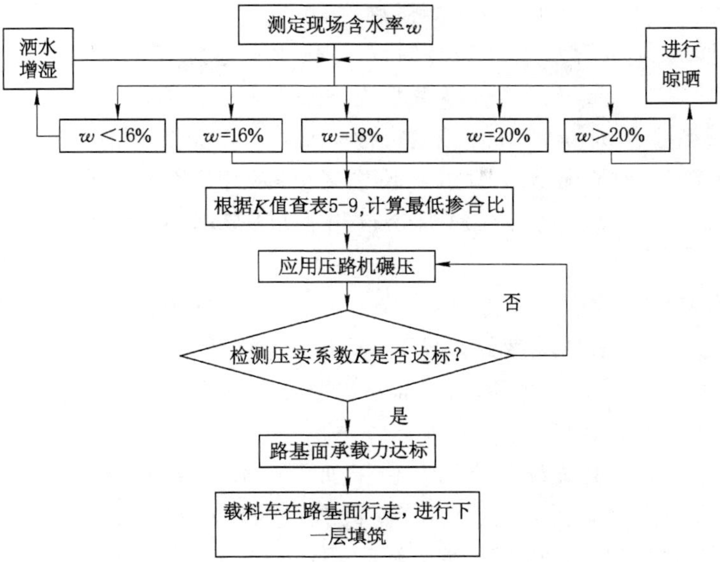

图 5-13 红黏土掺合比可选应用方案控制图

根据表 5-10 可知，在固定的红黏土掺合比与含水率下，部分压实系数需要达到接近 99%，甚至 102.72%才能满足载填料汽车的承载要求，实际工程中这样高的压实系数难以得到，或者达到这样的压实系数需要增加很大的压实能，在工程中是不经济的。

则具体应用本方法与方案时，可以参考图 5-14 的步骤。

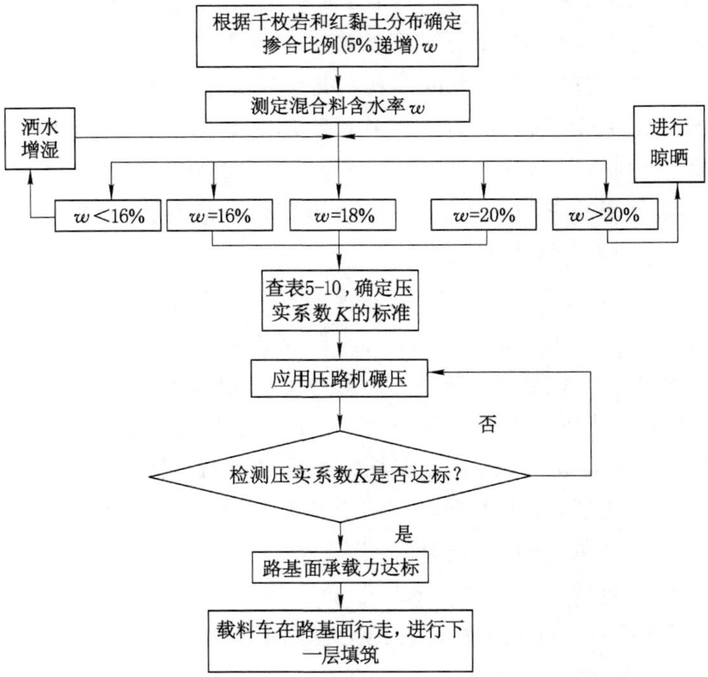

图 5-14 红黏土掺合比固定应用方案的实施方法

当现场含水率为非16%、18%、20%整数时，可以选择含水率高的那一档，这种选择是比较安全的。例如实际的含水率为17.5%，可以按含水率为18%进行计算压实系数。

(3) 掺红黏土快速提高千枚岩土承载性能方法带来的显著效益

① 可以通过数学预测模型，计算控制指标 λ 或 K。新方法提供的数学预测模型可以解决两类问题的预测，一种情况是路基的 w、K 需要已知，计算红黏土控制掺量 λ；另一种情况是取土场的 w 和 λ（千枚岩土与红黏土分布比例）已知，计算混合土路基面压实度控制值 K。

② 可快速提高路基面的承载力和缩短施工工期。新方法提出在全风化千枚岩中掺入红黏土，在适当的含水率和压实度的情况下，可以快速提高填料的抗剪强度，这种抗剪强度在路基碾压达到压实度后即可达到，路基面不需要养护时间[水泥、石灰需要养护到一定龄期(28 d)才能达到设计的强度]。

传统的加固方法(提高强度的方法)，由于加固剂水泥或石灰掺量少，必须在水泥(或石灰)完成初凝后一段时间后才能达到较高的强度，而这个时间段一般为数小时至数天的时间，而路基施工每30 cm施工一层，施工完成一层后必须进行下一层施工，等待强度达标势必会造成工期延长。本方法提出的改良措施，当碾压完成后，压实度达到设计要求时，路基面强度即可达到载重汽车行驶的要求，可以用载重车迅速运料和铺料，无需对路基进行龄期养护，达到快速提高千枚岩土承载力目的，可以实现连续施工，工期将大大缩短。

③ 可以降低工程造价。红黏土在江西省广泛分布，部分与全风化千枚岩伴生，在江西北部分布特征为上下层分布或互层分布。作为土方虽然比全风化千枚岩价格高些，但相对于传统的石灰、水泥加固剂来说，工程造价可降低至1/5～1/8，因此可以大量地加入来增加承载力，节约石灰、水泥等加固剂，降低工程造价。

④ 降低了载重装料汽车对路基面的损伤。传统采用的全风化千枚岩直接填筑路基、石灰或水泥加固千枚岩路基由于短期内(石灰和水泥养护龄期一般为7 d)承载力低，载重汽车运料时容易造成路基面损坏，最终变成松土。后续施工时，容易造成在路基中夹松土层。加入红黏土可以较大幅度提高千枚岩土的黏聚力、可塑性和承载力，载重汽车不会对路基面造成破坏形成松土，而是对路基实现持续压实。

⑤ 可持续性压实，有利于路基强度的持续增长。全风化千枚岩路基由于承载力低，胶结性低，所以载重汽车在上面行驶时会造成路基面破坏，甚至变成松土。采用了本方法后，红黏土大大提高了千枚岩土的黏聚力，路基土不会变松，而会在载重汽车碾压下持续密实，仅会发生沉降，对路基更加密实有利，增加路基强度[图5-15 (c)]。

⑥ 环保效益与社会效益。千枚岩土和红黏土都是有特殊工程性质的特殊土，常作为弃方处理。弃方会占用堆土场，堆土场需要占用土地资源，处理不好有可能造成水土流失甚至滑坡等灾害。本方法把两种土混合，充分利用，具有一定的社会效益。

采用本方法的机理包括：a. 红黏土颗粒改变了千枚岩土的级配，有效提高了混合土的最大干密度，提高了强度；b. 红黏土的高黏结力提高了混合土的黏聚力，对路基面承载力提高起到了决定作用；c. 红黏土中含有游离态的氧化铁，对混合土的黏聚力及路基面承载力提高有非常高的贡献；d. 加入红黏土后，提高了千枚岩土的黏结力，使得轮胎作用路基面表面不宜形成松土。千枚岩土路基、红黏土路基、混合土路基在车行驶后(红黏土经过日照失水)的对比如图 5-15 所示。

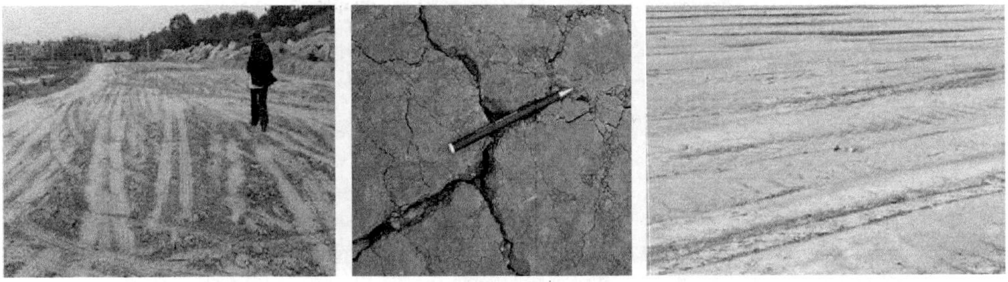

(a) 千枚岩土路基　　(b) 红黏土路基　　(c) 混合土路基

图 5-15　不同土路基面受轮胎碾压后对比

如前所述,采用本方法可以在快速提高千枚岩土承载性能的同时,可以大大降低路基面的收缩率,混合土路基面(掺合比为 50%)经过干湿循环没有出现明显的干湿循环裂隙。

5.3　抗剪强度在路堤边坡稳定评价中的应用

5.3.1　混合土路堤边坡稳定分析建模与分析方法

(1) 混合土边坡稳定分析模型

对于细粒土边坡,一般坡率为 1∶1.5,常见的Ⅱ级货场铁路路堤形式如图 5-16 所示。

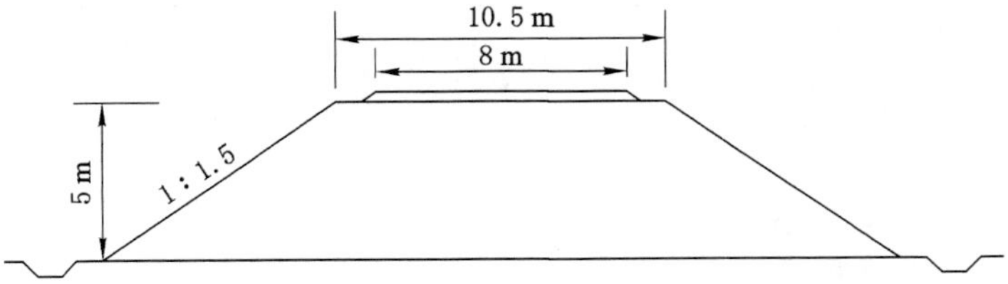

图 5-16　典型Ⅱ级货运铁路横断面图

为了研究千枚岩土掺入红黏土后对边坡稳定性的影响,建立的路堤高度为 5 m,路堤边坡的坡率为 1∶1.5,路基上面布置双轨道,荷载按中-荷载活载进行设计。按换算土柱的方式布置分离荷载,荷载大小为 60 kPa,左轨道产生的荷载距左边坡距离为 0.9 m(路肩按0.8 m 设计),两个均布荷载分布宽度均为 3.4 m,荷载中心间距 4.6 m。考虑路基两边边坡的对称性,仅分析左侧边坡就可以评定边坡稳定性,则相应的计算模型如图 5-17 所示。

(2) 边坡稳定分析方法

目前,对于黏性土边坡分析最常用的方法为条分法,具体有瑞典条分法、毕肖普条分法和简布条分法,这三种常用的条分法均对一些条件进行了简化,理论上简布条分法最为完善,但其计算结果是偏安全还是偏危险容易出现不定的情况。瑞典条分法忽略土条之间的作用力,其计算的安全系数 F_s 偏小,一般会偏小 10%左右,工程上偏安全。简化的毕肖普条

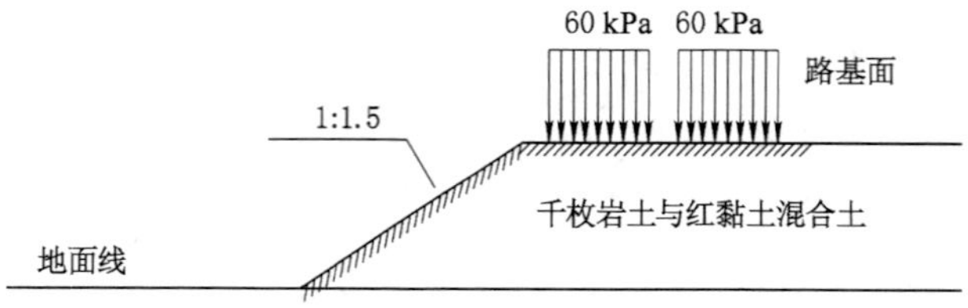

图 5-17 路堤边坡稳定性计算模型图

分法考虑了条间力，但水平力没有用到，并且假定切向力大小相等，即和为 0。简化的毕肖普法计算步骤较简单，接近精确解，常在工程中采用。

采用手动条分法计算时，计算工作量很大且容易出错，特别是最危险滑弧圆心和最危险滑弧的搜索工作量巨大，因此目前常用软件进行稳定性分析。理正边坡稳定分析软件操作界面简单，需要输入的计算参数容易得到，在边坡稳定分析中得到了较广泛的应用，因此本研究采用理正软件进行边坡稳定性分析。

(3) 边坡稳定分析输入的参数

应用理正稳定分析软件，其中一些关键可选项输入如下：

① 基本模块输入。理正软件的基本模块主要输入分析方法与分析步长，具体输入值可参考表 5-11。

表 5-11 边坡稳定分析基本模块输入值

选项标题	选项输入结果
采用规范	通用方法
计算目标	安全系数计算
破裂面形状	圆弧滑动法
地震烈度	不考虑地震
岩土参数指标	输入 c、φ
圆弧稳定计算目标	自动搜索最危险滑裂面
圆弧稳定分析方法	简化的 Bishop 法
条分法的土条宽度	0.5 m
搜索时的圆心步长	0.5 m
搜索时半径步长	0.25 m

② 坡面模块参数输入。坡面线段数输入“2”。路堤边坡的坡率为 1 : 1.5，实际参数输入数据见表 5-12。

表 5-12　边坡稳定分析边坡几何参数

折线序号	水平投影长/m	竖向投影长/m	超载个数
1	7.500	5.000	0
2	10.800	0.000	2

路基面上轨道荷载在边坡分析中按超载计算，如图 5-17 所示，在路基面布置 2-1 超载和 2-2 超载，轨道荷载宽度为 3.4 m，当土的容重为 20 kN/m^3 时，换算土柱高度为 3 m，即荷载为 60 kPa，其作用方向认为是垂直作用在路基面上，荷载输入见表 5-13。

表 5-13　边坡稳定分析边坡荷载参数

超载序号	定位距离/m	分布宽度/m	超载值 q_1/kPa	超载值 q_2/kPa	作用角度/(°)
2-1	0.9	5.000	60.000	60.000	270.000
2-2	5.3	5.000	60.000	60.000	270.000

③ 土层参数输入。为了使滑面不发生在路堤和地基的接触面，一般地基的抗剪强度也不会高于路堤填筑材料的抗剪强度，因此地基土层参数设置与路堤填筑参数相同。路堤填筑材料取不同含水率、压实系数和掺合比下直剪试验的快剪强度，主要输入指标为黏聚力与内摩擦角。路堤填筑高度为 5 m，土层厚度设置大于 5 m 就能满足要求，地基中设置厚度可以无限厚，一般滑面不可能发生在路基中很深，取 10 m 可以满足要求。以千枚岩土 $w=16\%$、$K=89\%$为例，其输入参数见表 5-14。

表 5-14　边坡稳定分析土层参数

层位	层厚度/m	$\gamma/(kN\cdot m^{-3})$	c/kPa	φ/(°)
地面上层号 1	10	16.610	2.562	28.543
地面下层号 1	10	16.610	2.562	28.543

研究并分析了混合土在不同制样含水率、压实系数和掺合比下的安全系数，共计算 54 组数据，利用软件每次分析时，需要更改重度 γ、c 和 φ 三个参数，其中重度计算采用的方法为 $\gamma=\rho_{dmax}K(1+w)$。

在以上数据全部输入完成后，每次变更土层参数，点击软件的“计算”按钮就可以计算出不同组合方案混合土边坡稳定系数。

④ 混合土路堤边坡稳定系数计算结果。按照 5.2.1 节中输入的参数，采用理正软件，可以计算出 $w=16\%$、$w=18\%$、$w=20\%$，$K=89\%$、$K=91\%$、$K=93\%$，λ 的值分别为 0、20%、40%、60%、80%、100%共 54 种组合情况下 5 m 高路堤边坡，坡率为 1∶1.5 时边坡的稳定系数，见表 5-15。

表 5-15　混合土边坡稳定系数

组合情况	λ/%					
	0	20	40	60	80	100
w(16%)-K(89%)	1.098	1.794	1.852	2.188	2.849	4.723
w(16%)-K(91%)	1.292	1.845	2.04	2.327	3.131	4.826
w(16%)-K(93%)	1.494	2.157	2.256	2.538	3.299	5.429
w(18%)-K(89%)	1.037	1.563	1.825	2.019	2.661	2.998
w(18%)-K(91%)	1.130	1.728	1.983	2.139	2.887	3.873
w(18%)-K(93%)	1.209	1.911	2.18	2.761	3.087	4.480
w(20%)-K(89%)	0.950	1.354	1.592	1.903	2.179	2.668
w(20%)-K(91%)	1.047	1.490	1.753	2.042	2.499	2.890
w(20%)-K(93%)	1.117	1.615	1.821	2.249	2.666	3.135

由表 5-15 可知，当 $\lambda=0$，仅有 $w=16\%$，$K=91\%$ 和 $K=93\%$ 时的稳定系数大于 1.25，可以满足路基设计规范中路基边坡稳定性的要求，在其他情况下，千核岩土路基在填筑高度达到 5 m 时，在未降雨时也不能达到路基边坡稳定系数为 1.25 的要求。当千枚岩土含水量提高，压实系数降低时，其安全系数甚至低于 1，即边坡无法填筑到 5 m 的高度。表 5-15 仅是在边坡未受到降雨情况下的稳定系数，如果边坡遭遇降雨或水的浸泡，土的强度会进一步降低，其稳定系数会进一步降低。

当 $\lambda=100\%$（纯红黏土）时，5 m 高边坡稳定系数均超过 2.5，甚至超过了 4，说明红黏土边坡在未降雨时具有较高的稳定性，即使边坡率提高到 1∶1，其边坡仍有较高的稳定系数。

值得注意的是，以上稳定系数是未浸水时的稳定系数。根据室内试验，当压实红黏土浸水后抗剪强度会有较大幅度的降低。以 $w=16\%$，压实系数为 91%为例，其浸水后 c 值由 82.78 kPa 降低至 24.05 kPa，内摩擦角由 32.23°降至 25.03°，可以计算此种情况饱和后的容重为 19.57 kN/m^3，则安全系数从 4.826 降至 1.980，降低了 59.0%。其他掺合比的混合土稳定系数也有大幅降低，此处不再详细讨论。

5.3.2　混合土路堤边坡稳定系数变化规律

由表 5-15 可知，边坡稳定系数随红黏土掺合比的增加而增加，随制样含水率的增加降低，随压实系数的增加而增加，为了更好地反映这些变化规律，把上述数据整理成变化规律图。

(1) 混合土边坡稳定系数随压实系数的变化规律

当含水率分别为 16%、18%、20%时，混合土边坡稳定系数随压实系数的变化规律如图 5-18 所示。

由图 5-18 分析可得，混合土边坡稳定系数随压实系数的增长而增长，其变化规律可以近似用线性函数数学模型来描述，即：

$$F_s = a_1 K + a_2 \tag{5-12}$$

式中　a_1，a_2——线性模型的拟合系数，见表 5-16。

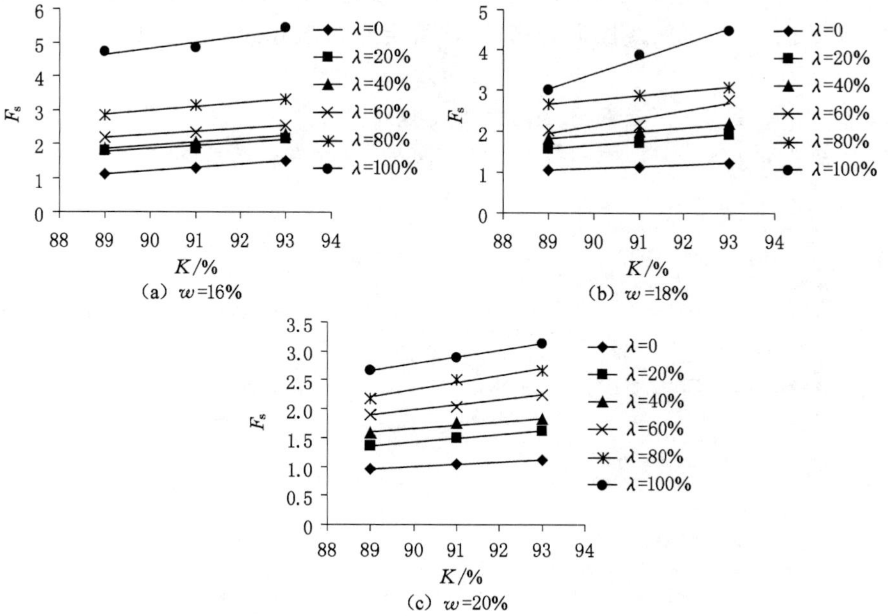

图 5-18　含水率分别为 16%、18%、20%时混合土边坡稳定系数随压实系数的变化规律

表 5-16　混合土边坡 F_s-K 相关关系拟合系数表

w/%	λ/%	a_1	a_2	R^2
16	0	0.099 0	−7.714 3	0.999 9
	20	0.090 8	−6.326 3	0.853 0
	40	0.101 0	−7.141 7	0.998 4
	60	0.087 5	−5.611 5	0.986 1
	80	0.112 5	−7.144 5	0.979 1
	100	0.176 5	−11.068 8	0.856 8
18	0	0.043 0	−2.787 7	0.997 8
	20	0.087 0	−6.183 0	0.999 1
	40	0.088 8	−6.080 3	0.996 0
	60	0.185 5	−14.574 2	0.867 6
	80	0.106 5	−6.813 2	0.998 8
	100	0.370 5	−29.931 8	0.989 2
20	0	0.043 0	−2.787 7	0.997 8
	20	0.087 0	−6.183 0	0.999 1
	40	0.088 8	−6.080 3	0.996 0
	60	0.185 5	−14.574 2	0.867 6
	80	0.106 5	−6.813 2	0.998 8
	100	0.370 5	−29.931 8	0.989 2

由表 5-16 可知，采用线性数学模型预测混合土边坡稳定系数随压实系数的变化规律，相关系数均大于 0.85，说明线性显著相关，即混合土边坡稳定系数随压实系数增长呈线性增长。

(2) 混合土边坡稳定系数随含水率的变化规律

当压实系数分别为 89%、91%、93%时，混合土边坡稳定系数随压实系数的变化规律如图 5-19 所示。

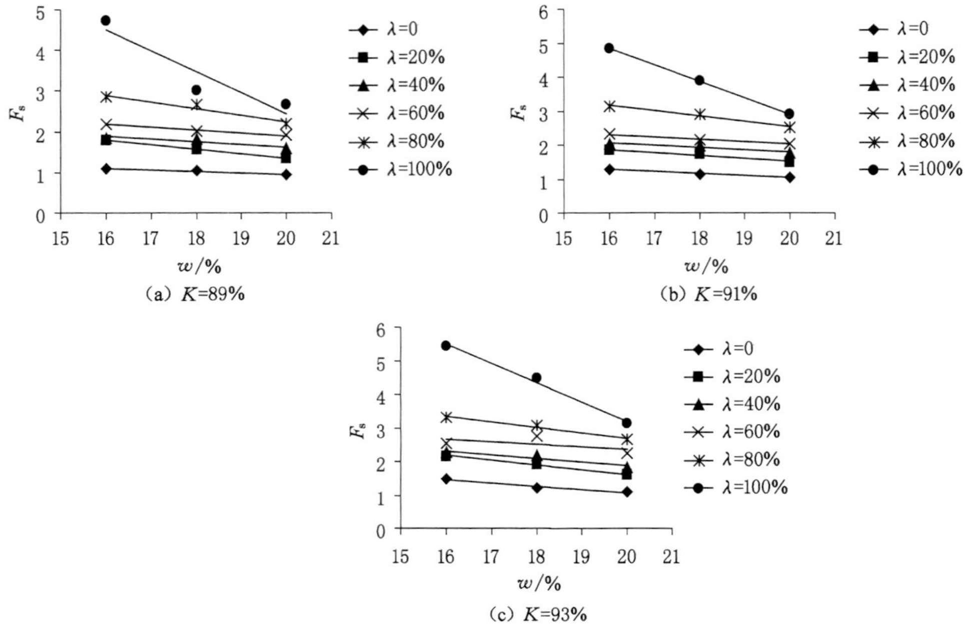

图 5-19　压实系数分别为 89%、91%、93%时混合土边坡稳定系数随压实系数的变化规律

由图 5-19 可知，混合土边坡稳定系数随含水率的增长而减小，其变化规律可以近似用线性函数数学模型描述，即：

$$F_s = a_3 w + a_4 \tag{5-13}$$

式中　a_3，a_4——线性模型的拟合系数，见表 5-17。

表 5-17　混合土边坡 F_s-w 相关关系拟合系数表

w	λ/%	a_3	a_4	R^2
16	0	−0.037 0	1.694 3	0.989 8
	20	−0.110 0	3.550 3	0.999 2
	40	−0.065 0	2.926 3	0.827 0
	60	−0.071 3	3.319 2	0.988 6
	80	−0.167 5	5.578 0	0.939 7
	100	−0.513 8	12.710 5	0.866 8

表 5-17(续)

w	λ/%	a_3	a_4	R^2
18	0	−0.061 3	2.258 8	0.966 5
	20	−0.088 8	3.285 2	0.962 7
	40	−0.071 8	3.216 8	0.892 0
	60	−0.071 3	3.451 8	0.967 1
	80	−0.158 0	5.683 0	0.983 0
	100	−0.484 0	12.575 0	0.999 9
20	0	−0.094 3	2.969 8	0.919 7
	20	−0.135 5	4.333 3	0.997 2
	40	−0.108 8	4.043 2	0.876 4
	60	−0.072 2	3.816 5	0.316 9
	80	−0.158 3	5.865 8	0.964 9
	100	−0.573 5	14.671 0	0.990 2

由表 5-17 可知，采用线性数学模型预测混合土边坡稳定系数随制样时含水率的变化规律，相关系数均大部分大于 0.8，说明线性显著相关，即混合土边坡稳定系数随含水率的增长而线性降低。

(3) 混合土边坡稳定系数随红黏土掺合比的变化规律

以掺合比为横坐标，以稳定系数作纵坐标，可以把边坡稳定系数随红黏土掺合比的变化规律分为两种类型，如图 5-20 所示。

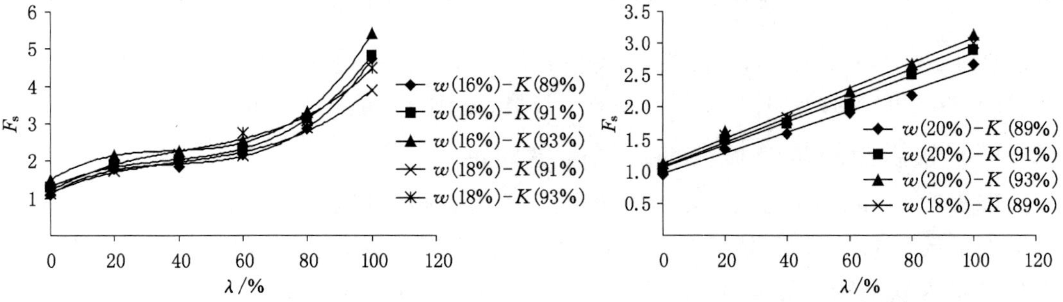

(a) 三次变化规律型　　(b) 线性规律型

图 5-20　混合土边坡稳定系数随红黏土掺合比的变化规律

由图 5-20(a)分析可知，当 $w=16\%$，$K=89\%$、$K=91\%$、$K=93\%$以及 $w=18\%$、$K=91\%$、$K=93\%$五种情况，F_s随 λ 的变化规律为三次函数变化关系，有典型的三阶段划分，分别为快速增长阶段($\lambda=0\sim20\%$)、缓慢增长阶段($\lambda=20\%\sim60\%$)、陡增阶段($\lambda=60\%\sim100\%$)，这与混合土黏聚力随掺合比变化规律近似。三次函数数学模型为：

$$F_s = b_1\lambda^3 + b_2\lambda^2 + b_3\lambda + b_4 \tag{5-14}$$

式中　b_1,b_2,b_3,b_4——三次函数的拟合系数，见表 5-18。

表 5-18 混合土边坡 F_s-λ 相关关系拟合系数表

组合情况	b_1	b_2	b_3	b_4	R^2
w(16)-K(89)	0.000 010875	−0.001 26	0.053 43	1.105 79	0.998 50
w(16)-K(91)	$8.703\,7\times10^{-6}$	−0.000 94	0.042 49	1.294 61	1.000 00
w(16)-K(93)	$1.221\,41\times10^{-5}$	−0.001 39	0.055 77	1.493 04	0.999 50
w(18)-K(91)	$5.761\,57\times10^{-6}$	−0.000 69	0.038 89	1.145 44	0.995 30
w(18)-K(93)	$6.711\,81\times10^{-6}$	−0.000 84	0.049 57	1.201 10	0.998 10

由表 5-18 中的 R^2 可知，相关系数均超过了 0.99，说明三次函数可以很好地描述 w=16%、K=89%、K=91%、K=93%以及 w=18%、K=91%、K=93%时 F_s随 λ 的变化规律，结合黏聚力也有这种类似的变化规律，说明黏聚力对边坡稳定系数显著相关。

由图 5-20(b)分析可知，当 w=20%、K=89%、K=91%、K=93%以及 w=18%、K=89%四种情况，F_s随 λ 呈线性变化关系：

$$F_s = b_5\lambda + b_6 \tag{5-15}$$

式中 b_4，b_5——线性函数的拟合系数，见表 5-19。

表 5-19 混合土边坡 F_s-λ 相关关系拟合系数表

组合情况	b_5	b_6	R^2
w(18%)-K(89%)	0.018 99	1.067 67	0.978 24
w(20%)-K(89%)	0.016 25	0.961 76	0.989 49
w(20%)-K(91%)	0.017 90	1.058 43	0.992 93
w(20%)-K(93%)	0.019 53	1.124 00	0.991 39

由表 5-19 中的 R^2 可知，相关系数均超过了 0.98，说明线性函数可以很好地描述 w=20%、K=89%、K=91%、K=93%以及 w=18%、K=89%时 F_s随 λ 的变化规律。

5.3.3 千枚岩土路堤边坡允许极限高度确定

由表 5-20 可知，当千枚岩土中没有掺入红黏土时，边坡高度为 5 m 时，边坡的稳定系数 F_s基本上都低于 1.25，即不能满足路基设计规范的要求。因此，必须降低路堤边坡的高度来满足稳定系数不低于 1.25 的要求。如果渐渐降低路堤的高度，当计算的稳定系数接近 1.25 时，认为此时的路堤高度就是允许填筑的极限高度 h。由于其他混合土的抗剪强度较大，其极限高度都大于 5 m，因此仅计算千枚岩土的允许极限高度，见表 5-20。

表 5-20 千枚岩土边坡允许极限高度

w/%	16	16	16	18	18	18	20	20	20
K/%	89	91	93	89	91	93	89	91	93
h/m	1.5	6.3	>10	0.8	2.2	4.1	0.51	1.1	2.1

由表 5-20 可知，千枚岩土路堤边坡极限高度一般都很低，当含水率为 16%时，压实系数大于 91%时超过了 5 m。其他情况都很低，在含水率为 20%、压实系数为 89%时仅为

0.51 m,由于边坡稳定系数均较低,填筑高度稍微提高就有可能引起边坡失稳,这也是千枚岩土不宜直接作为路基填料的原因。

5.4 土样饱和对边坡稳定性的影响

5.4.1 饱和与非饱和边坡稳定系数计算

在第4章混合土饱和试验包括 $w=14\%$、$w=18\%$、$w=22\%$、$K=93\%$、$K=95\%$、$K=97\%$的组合情况。为了分析饱和后对边坡稳定性的影响,计算模型仍采用图5-17的计算模型。为了计算简便,混合土土粒相对密度统一取2.70,非饱和时采用土的湿容重,饱和土样采用饱和容重,则混合土饱和前后的边坡稳定系数见表5-21。

表5-21 饱和与非饱和混合土边坡稳定系数表

组合情况	$\lambda/\%$					
	0	20	40	60	80	100
$K(93\%)-w(14\%)$	1.505	1.87	2.46	3.57	4.15	4.92
$K(93\%)-w(14\%)_{sat}$	1.03	1.16	1.57	1.62	1.77	1.64
$K(93\%)-w(18\%)$	1.35	1.6	2.79	3.36	3.83	3.93
$K(93\%)-w(18\%)_{sat}$	1.02	1.3	1.65	1.93	2.16	2.01
$K(93\%)-w(22\%)$	1.14	1.62	2.51	3.15	3.15	2.86
$K(93\%)-w(22\%)_{sat}$	1.01	1.18	1.52	1.73	1.95	1.83
$K(95\%)-w(14\%)$	1.58	2.26	2.67	3.69	4.47	5.02
$K(95\%)-w(14\%)_{sat}$	1.09	1.23	1.69	1.73	1.81	1.78
$K(95\%)-w(18\%)$	1.59	2.34	2.74	3.88	3.99	4.12
$K(95\%)-w(18\%)_{sat}$	1.01	1.17	1.64	1.85	2.08	2
$K(95\%)-w(22\%)$	1.39	2.01	2.41	3.34	3.33	3.06
$K(95\%)-w(22\%)_{sat}$	0.98	1.12	1.52	1.8	1.81	1.73
$K(97\%)-w(14\%)$	1.71	2.39	2.87	3.85	4.91	5.4
$K(97\%)-w(14\%)_{sat}$	1.17	1.33	1.76	1.83	1.95	1.85
$K(97\%)-w(18\%)$	1.7	2.39	2.92	3.86	4.2	4.13
$K(97\%)-w(18\%)_{sat}$	1.14	1.29	1.77	1.97	2.14	2.04
$K(97\%)-w(22\%)$	1.48	2.08	2.53	3.43	3.58	3.22
$K(97\%)-w(22\%)_{sat}$	1.06	1.24	1.62	1.88	2	1.85

注:下标“sat”表示采用了饱和状态下的抗剪强度。

由表5-21可知,非饱和混合土的稳定系数普遍大于饱和时混合土边坡的稳定系数,非饱和混合土中当压实系数为97%,制样含水率为14%,掺合比为100%时达到最大稳定系数,最大值为5.4。非饱和混合土中当压实系数为93%,制样含水率为22%,掺合比为0时达到稳定系数,最小值为1.01,无法满足边坡稳定系数1.25的要求,即纯千枚岩土路基边坡无法满足边坡稳定要求,即使提高压实系数也无法满足。

饱和混合土边坡稳定系数比非饱和边坡稳定系数要小得多，特别是红黏土掺合比较大的情况下降更多。饱和混合土最小稳定系数为 0.98，最大稳定系数为 2.16。

5.4.2　饱和与非饱和混合土边坡稳定系数随掺合比的变化规律

饱和与非饱和混合土 5 m 高路堤边坡稳定系数随掺合比的变化规律如图 5-21 所示。

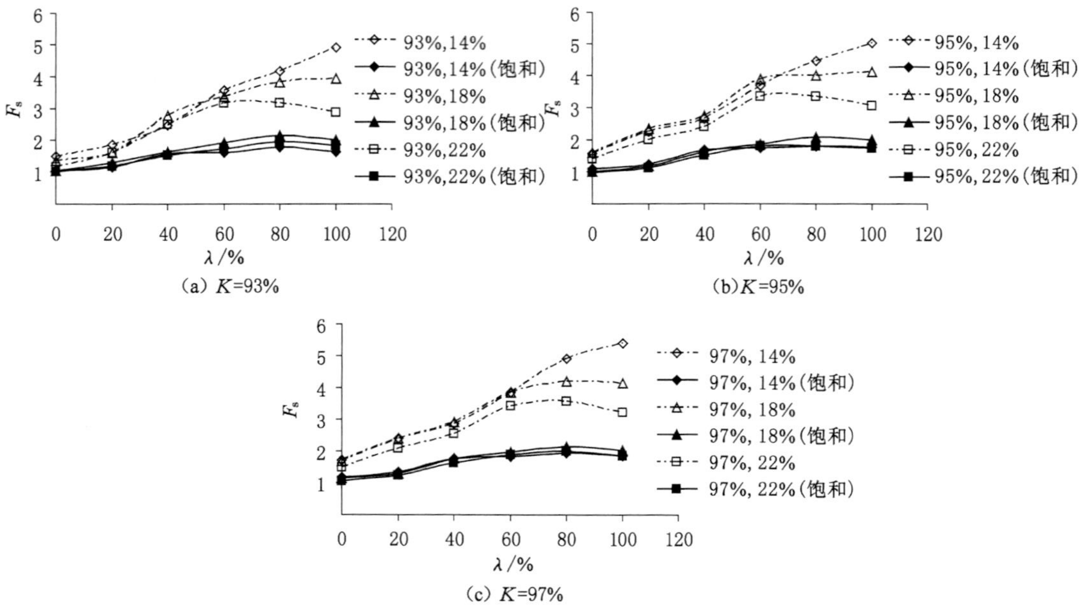

图 5-21　饱和与非饱和混合土边坡稳定系数随掺合比的变化规律

由图 5-21 可知，在非饱和情况下，当制样含水率为 14%时(低于最优含水率)，边坡稳定系数随掺合比的增加而增长；当制样含水率为 18%或 22%时，边坡稳定系数随掺合比的增加先增加后减小，在掺合比为 60%或 80%时达到最大。因此，对于含水率较大情况下，要取得较大的稳定系数，则建议掺合比为 60%左右较为合适。

在饱和情况下，混合土边坡稳定系数较为接近，边坡稳定系数随掺合比的增加先增加后减小，在掺合比为 80%达到最大。饱和混合土边坡稳定系数大都小于 2，远小于非饱和混合土边坡稳定系数。由于边坡总是在最不利情况下发生失稳(如连续降雨)，因此边坡稳定应按饱和混合土边坡稳定系数进行控制。

5.4.3　混合土边坡稳定系数衰减系数变化规律

为了更好地描述混合土饱和前后边坡稳定系数的变化，定义边坡稳定系数衰减系数 δ_{F_s} 为非饱和时稳定系数与饱和后稳定系数之比，即：

$$\delta_{\mathrm{Fs}} = \frac{F_s}{F_{s\text{-sat}}} \tag{5-16}$$

式中　F_s——非饱和时边坡稳定系数；

$F_{s\text{-sat}}$——饱和时稳定系数。

边坡稳定系数衰减系数计算见表 5-22。

表 5-22 边坡稳定系数衰减系数

组合情况	λ/%					
	0	20	40	60	80	100
K(93%)-w(14%)	1.46	1.61	1.57	2.20	2.34	3.00
K(93%)-w(18%)	1.32	1.23	1.69	1.74	1.77	1.96
K(93%)-w(22%)	1.13	1.37	1.65	1.82	1.62	1.56
K(95%)-w(14%)	1.45	1.84	1.58	2.13	2.47	2.82
K(95%)-w(18%)	1.57	2.00	1.67	2.10	1.92	2.06
K(95%)-w(22%)	1.42	1.79	1.59	1.86	1.84	1.77
K(97%)-w(14%)	1.46	1.80	1.63	2.10	2.52	2.92
K(97%)-w(18%)	1.49	1.85	1.65	1.96	1.96	2.02
K(97%)-w(22%)	1.40	1.68	1.56	1.82	1.79	1.74

由表 5-22 可知，千枚岩土（$\lambda=0$）的衰减系数最小，衰减系数随掺合比的变化规律如图 5-22 所示。

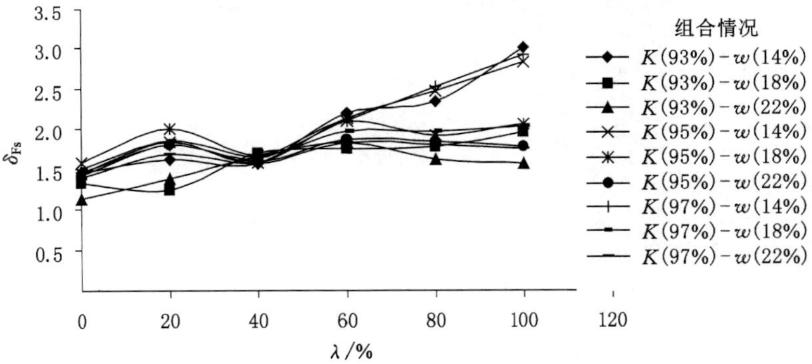

图 5-22 混合土边坡稳定系数衰减系数随掺合比变化规律

由图 5-22 可知，在制样含水率较低时，掺合比越大，衰减系数越大，说明在制样含水率较低时，饱和后强度降低越多，其中红黏土的衰减系数最大，可以达到 3，即饱和后边坡稳定系数是饱和前的 1/3。如果高掺合比边坡非饱和时稳定系数设计太低，饱和后可能引起边坡失稳。

当制样含水率大于等于 18%时，衰减系数在掺合比为 60%时达到最大。所有的变化曲线之间的间距在掺合比为 40%时，制样含水率和压实系数对衰减系数影响最小，衰减系数的平均值为 1.62。当掺合比为 60%和 80%时，其衰减系数在 1.6～2.4 变化，可以参考表 5-22 进行衰减取值。

5.5 本章小结

本章以混合土的抗剪强度为基础，基于路基面承载力和边坡稳定分析了抗剪强度的工程应用，可以得出如下结论：

（1）混合土路基面极限承载力随制样含水率的增长而线性减小，随压实系数的增加呈线性增长，其变化规律可以用线性数学模型来表示。

（2）混合土路基面极限承载力随红黏土掺合比增长可以分为两种类型，三次函数增长型与线性增长型。其变化规律与混合土抗剪强度指标黏聚力类似，原因是由黏聚力计算的极限承载力占总承载力的大部分。

（3）混合土 5 m 高路堤，坡率为 1∶1.5 的边坡稳定系数随压实系数增长呈线性增长，随压实时含水率增长而线性降低，随掺合比的变化规律与黏聚力相似。

（4）千枚岩土允许极限填高很低，基本上没有实用价值，其路基面极限承载力也很低，这是它作为弃方的重要原因。

（5）根据极限承载力、膨胀率及裂隙特征综合分析，红黏土掺合比越大，对提高极限承载力、边坡稳定有利，但掺合比超过 80％时有裂隙产生，且超过 52％时液限大于 40％，根据路基设计规范，建议最优掺合比为 50％，即千枚岩土与红黏土的干质量比为 2∶1。

（6）混合土饱和前后边坡稳定系数有较大差异，制样含水率为 14％时，饱和后边坡稳定系数衰减系数随掺合比的增加而增加，最大衰减系数为 3。当制样含水率为 18％和 22％时，边坡稳定系数衰减系数呈波动状态，可以参考相关表格进行衰减。当掺合比为 40％时，衰减系数受制样含水率和压实系数影响较小，其衰减系数可取 1.62。

6 研究结论与展望

6.1 研究结论

本书通过混合土基本物理性质试验、膨胀特性试验、干湿循环裂隙试验、抗剪强度试验，对红黏土与千枚岩土混合后的工程性质及路用性能进行了系统研究，并基于抗剪强度分析了工程应用。基于混合土的试验研究与工程应用情况，得出以下主要结论：

(1) 界限含水率试验

千枚岩土与红黏土的液限均大于 40%，为高液限粉质黏土和高液限黏土，根据铁路路基设计规范中填料划分，为 D 组填料，不宜直接用于路基的填筑。千枚岩土掺入红黏土后，液限随掺合比变化规律可以用数学模型 $w_L = -3\times10^{-5}\lambda^3 + 0.0075\lambda^2 - 0.3659\lambda + 43.434$ 表示。根据模型预测，在红黏土掺合比为 13%～52%时可以成为低液限粉质黏土，为 C 组填料，说明通过两种特殊土混合后，填料的工程性质得到了改善。

(2) 击实试验

击实试验表明，由重型击实仪得出的最大干密度中，千枚岩土最小，红黏土最大，混合土的最大干密度基本没有变化，可以取 1.7 g/cm^3 作为混合土的最大干密度。最优含水率变化不大，可以选用 18%作为混合土的近似最优含水率。轻型击实试验得出的最大干密度约减小 10%，最优含水率较重型高约 7%。可击实性试验表明，随着红黏土掺量的增加，在同样击实功下得到的最大干密度随红黏土掺量呈近似线性增长，说明在千枚岩土中加入红黏土有利于提高千枚岩土的可压实性。

(3) 电镜扫描和 X 射线衍射试验

微观分析表明，千枚岩土颗粒以粉粒为主，形状以片状、长扁片状为主，颗粒接触以面-面、角-面为主，所以击实后容易形成架空结构。红黏土的颗粒为黏粒，但容易形成团粒状。红黏土颗粒细小，可以有效地填充千枚岩土颗粒之间的空隙，从而在混合土击实后形成密实结构，有利于强度和压缩模量的增加。红黏土中含有较多的游离态氧化铁，可以形成铁质胶结，对提高强度起着较大的贡献。

(4) 膨胀性试验

① 由自由膨胀率试验可知，各掺合比的混合土的自由膨胀率小于 40%，所以由千枚岩土与红黏土混合的土属于非膨胀土，具备了作为路基填料的潜质。

② 混合土膨胀率 δ_{ep} 随红黏土掺合比 λ 的增加呈二次多项式减小；随含水率 w 的增加而线性减小，随压实系数 K 的增加呈线性减小。

③ 混合土膨胀率 δ_{ep} 随 w、K 及 λ 的变化规律可以用综合数学模型描述，即 $\delta_{ep} = -0.4767w - 0.3200K - 0.0021\lambda^2 + 56.5195$。采用此模型预测膨胀率时，不包括纯红黏

土的情况。

④ 0～1 h内混合土的线膨胀率急剧增大，占总膨胀率的80%以上。当掺合比为0、20%、40%时，混合土在1～5 h内膨胀率的增长速率递减，5 h内混合土的膨胀基本完成。当掺合比为60%、80%时，1 h内红黏土的膨胀基本完成。

(5) 固结试验

压缩模量可以反映浸水后有荷载作用下的变形，混合土压缩模量随掺合比的增加而增加，随压实系数增长而增长，随含水率增长而减小。微观分析表明，压缩模量的增加与混合后形成的密实结构相关。

(6) 干湿循环试验

千枚岩土在干湿循环中表现出较强的膨胀性，膨胀产生的孔隙保留在干湿循环后的试样中。红黏土表现出来较强的收缩性，在试样表面形成纵横交错的裂隙，裂隙率最高可达33.64%。混合土掺合比为20%～60%时，试样表面没有明显肉眼可见裂隙，说明通过混合后既可以改变了千枚岩的膨胀性，又可以大大降低红黏土的强收缩性，对两种特殊土都有一定的改良作用。

(7) 微型贯入试验

当掺合比为0、20%、40%时，贯入阻力变化规律与干密度变化规律相似，呈倒扣的抛物线；当掺合比为60%、80%时，混合土贯入阻力呈"先不变、后降低"；当掺合比为100%时，微型贯入阻力呈线性降低。产生这种结果的原因与干密度变化及红黏土水敏性紧密相关。

(8) 直剪试验

① 抗剪强度指标随压实系数变化规律：除个别特例组合，黏聚力、内摩擦角随压实系数的增长呈线性增长，混合土抗剪强度指标随压实系数的数学模型可以表达为 $c=a_1K+a_2$，$\varphi=a_3K+a_4$。

② 抗剪强度指标随含水率变化规律：除个别特例组合，黏聚力、内摩擦角随含水率的增长而线性减小，混合土抗剪强度指标随压实系数的数学模型可以表达为 $c=a_5w+a_6$，$\varphi=a_7w+a_8$。

③ 混合土黏聚力随掺合比变化规律：当含水率不大于18%时，黏聚力随红黏土掺合比的增长呈现三次函数增长关系，其数学模型可以用 $c=b_1\lambda^3+b_2\lambda^2+b_3\lambda+b_4$ 来表示；黏聚力增长可以分为三个阶段：0～20%为黏聚力快速增长阶段，20%～60%为增长缓慢阶段，60%～100%为陡增阶段。当含水率为20%时，黏聚力随红黏土掺合比的增长呈近似线性增长，其数学模型可以用 $c=b_5\lambda+b_6$ 来表示。（注：a_1-a_8，b_1-b_6 均为数学模型的拟合系数，可参考正文对应的章节）

④ 内摩擦角随掺合比变化规律：当掺合比小于80%时，混合土内摩擦角随掺合比的增长而增长；当掺合比从80%增长到100%时，大部分组合情况下的内摩擦角降低；说明当掺合比为80%时，混合土的内摩擦角达到最大值。

⑤ 黏聚力随掺合比变化机理分析：微观分析表明，黏粒含量与铁质胶结对混合土黏聚力强度指标影响显著。当掺合比较低(0～20%)时，掺入红黏土增加了千枚岩土的干密度，黏聚力增加较为迅速。当红黏土掺入较高(60%～100%)时，红黏土中的 Fe_2O_3 在击实的过程中形成铁质胶结($w=16\%\sim18\%$)，混合土的黏聚力增速非常快。当掺合比

为 20%～60%时，千枚岩土颗粒占主导地位，隔断了铁质胶结，因此黏聚力增加并不明显。

⑥ 在千枚岩土掺入红黏土有利于提高千枚岩土的抗剪强度，同时对降低红黏土的水敏感性有利。

⑦ 混合土在饱和后，混合土抗剪强度有大幅度降低。黏聚力和内摩擦角都有一定程度的衰减，其中高掺合比的黏聚力衰减系数可超过 4，低掺合比的混合土黏聚力衰减系数较小，但也超过 1.5。内摩擦角饱和后降低较少，随掺合比变化幅度也较小，平均衰减系数为 1.35。

(9) 工程应用

① 混合土路基面极限承载力随制样含水率的增长而线性减小，随压实系数的增加呈线性增长。

② 混合土路基面极限承载力随红黏土掺合比增长可以分为两种类型：三次函数增长型与线性增长型。其变化规律也和混合土抗剪强度指标黏聚力的类似，原因是由黏聚力计算的极限承载力占总承载力的大部分。

③ 混合土 5 m 高，坡率为 1.5 的边坡稳定系数随压实系数增长呈线性增长，随压实含水率增长而线性降低，随掺合比的变化规律与黏聚力的相似。

④ 千枚岩土允许极限填高很低，基本上没有实用价值，其路基面极限承载力也很低，这是它作为弃方的主要原因。

⑤ 根据极限承载力、膨胀率及裂隙特征综合分析，红黏土掺合量越大，对提高极限承载力、边坡稳定有利，但掺合比超过 80%时有裂隙产生，且超过 52%时液限大于 40%，根据路基设计规范，建议最优掺合比为 50%，即千枚岩土与红黏土的干质量比为 2∶1。

⑥ 混合土饱和前后边坡稳定系数有较大差异，制样含水率为 14%时，饱和后边坡稳定系数衰减系数随掺合比的增加而增加，最大衰减系数为 3。当制样含水率为 18%和 22%时，边坡稳定系数衰减系数呈波动状态，可以参考相关表格进行衰减。当掺合比为 40%时，衰减系数受制样含水率和压实系数影响较小，其衰减系数可取 1.62。

根据混合土抗剪强度计算路基承载力表明，在适当压实系数和掺合比下，路基面承载力可以满足载重汽车施工行走的要求，这种混合改良的路基面承载力在路基压实后即可实现，不需要对路基面进行龄期养护。两种土混合后也改善了红黏土本身的高液限性与高收缩性，红黏土掺合比在 20%～60%时室内试验没有出现明显的干湿循环裂隙。研究表明，采用千枚岩土与红黏土混合改良有许多优点，克服了千枚岩土难以压实、膨胀性大、路基承载力低的特点，同时也克服了红黏土失水多裂隙的特点。书中还得出了饱和前后黏聚力衰减系数、内摩擦角衰减系数和边坡稳定衰减系数，方便在实际工程中对非饱和强度进行衰减计算。课题成果可以在Ⅰ级铁路的路基本体、Ⅱ级铁路基床底层和路基本体、铁路货场、施工便道等工程中推广应用。

本书的研究成果可扩大千枚岩土和红黏土的应用范围，减少千枚岩土、红黏土作为弃方的概率，对突破工程中两种特殊土必须“分开、分层填筑”的经验束缚具有一定的理论意义，同时本研究符合国家可持续发展战略及生态环境保护理念。

6.2 研究展望

尽管掺入红黏土改良千枚岩土解决了不少千枚岩土的问题，但千枚岩土与红黏土混合还存在不少问题，混合土填料浸水后无荷膨胀率仍高达10%以上，其混合后液限仍高达37%～39%，非常接近C、D组填料分界线40%，水稳定性较差，在浸水后路基面强度仍会迅速降低；而且混合料属于C组填料，仍然不适合重载铁路和高速铁路的填筑。

如果从千枚岩土中掺入红黏土能产生诸多优点出发，再掺入水泥复合型改良土，以期得到千枚岩土-红黏土-水泥复合改良填料，该填料可以继承千枚岩土加入红黏土改良的优秀特性，例如易于压实、膨胀性降低、压缩性提高、裂隙性降低，同时可以利用较少量的水泥来改变混合土的水稳特性、膨胀特性等。通过复合改良填料的物理性质、力学性质、水敏特性等试验研究，得出工程性质指标随着掺合比的演变规律，再利用数值分析手段得出不同组合情况下压力与沉降曲线，计算铁路检测指标 K_{30} 值，并在此基础上确定最优组合掺合比，以缩短工期和减少水泥的用量，降低工程造价。

参考文献

[1] 中铁第一勘察设计院集团有限公司. 铁路路基设计规范:TB 10001—2016 [S]. 北京:中国铁道出版社,2016.

[2] 杨献章,万智,何美艳,等. 结合规范谈对高速公路红粘土路基填筑中几个问题的探讨[J]. 湖南交通科技,2010,36(1):33-36.

[3] 王中文,洪宝宁,刘鑫. 红粘土抗剪强度的水敏性研究[J]. 四川大学学报(工程科学版),2011,43(1):17-22.

[4] 宋远明,吴伟国,邓爽. 水分迁移引起红粘土路基软化及病害预防研究[J]. 公路工程,2013,38(1):40-43.

[5] PATON T R,WILLIAMS M A J. The concept of laterite [J]. Annals of the association of american geographers 1972,62(1):42-56.

[6] 张建华,陶文平,伍真川. 红粘土路用性能试验及施工质量控制[J]. 中外公路,2010,30(1):222-225.

[7] 刘燕燕,李建军,黄中文. 不同压实度条件下高液限红粘土工程性质研究[J]. 中外公路,2011,31(6):73-76.

[8] 傅鑫晖,颜荣涛,于海浩,等. 红粘土的强度机理[J]. 桂林理工大学学报,2014,34(4):691-696.

[9] 屈晓化,任毅,秦敏,等. 击实红粘土的强度特征试验研究[J]. 湖南交通科技,2013,39(2):5-8,140.

[10] 王亮亮,杨果林. 武广客运专线红粘土地基固结变形特性研究[J]. 工程勘察,2010,38(3):1-5.

[11] 吴胜军,刘龙武,王桂尧. 红粘土路基裂缝开展规律室内试验研究[J]. 中外公路,2011,31(1):22-25.

[12] 张家俊,龚壁卫,胡波,等. 干湿循环作用下膨胀土裂隙演化规律试验研究[J]. 岩土力学,2011,32(9):2729-2734.

[13] 杨澍. 基于偏最小二乘法的红粘土裂隙参数关系分析[J]. 交通科学与工程,2014,30(4):33-37.

[14] UDAY K V,SINGH D N. Application of laser microscopy for studying crack characteristics of fine-grained soils[J]. Geotechnical testing journal,2013,36(1):146-154.

[15] GARZON E,SANCHEZ-SOTO P J,ROMERO E. Physical and geotechnical properties of clay phyllites [J]. Applied clay science,2010,48(3):307-318.

[16] GARZON E,CANO M,O'KELLY B C,et al. Phyllite clay-cement composites having improved engineering properties and material applications[J]. Applied clay science,

2015,114:229-233.

[17] GARZON E,CANO M,OKELLY B C,et al. Effect of lime on stabilization of phyllite clays[J]. Applied clay science,2016,123:329-334.

[18] GARZON E,ROMERO E,SANCHEZ-SOTO P J. Correlation between chemical and mineralogical characteristics and permeability of phyllite clays using multivariate statistical analysis[J]. Applied clay science,2016,129:92-101.

[19] 毛雪松,孟庆猛,樊宇朔,等. 水分对于风化千枚岩填筑试槽路基回弹模量的影响[J]. 武汉理工大学学报(交通科学与工程版),2014,38(4):767-770.

[20] 毛雪松,郑小忠,马骉,等. 风化千枚岩填筑路基湿化变形现场试验分析[J]. 岩土力学,2011,32(8):2300-2306.

[21] MAO X S,MILLER C J,LIU L. Cement improved highly weathered phyllite for highway subgrades:A case study in Shaanxi province[J]. Journal of traffic and transportation engineering (english edition),2017,4(4):403-411.

[22] 郑小忠. 千枚岩风化土作为路基填料的室内试验研究[J]. 中国水运,2011,11(2):200-201.

[23] 鲁道洪. 断层破碎带千枚岩填筑路基工程特性试验研究[J]. 岩土工程技术,2012,26(2):86-89.

[24] 刘永军,杨淑君,曲直. 变质岩路堤湿化变形试验研究[J]. 南阳理工学院学报,2012,4(2):49-53.

[25] 王晓谋,杜秦文,曹周阳. 变质软岩路堤填料湿化变形的大型压缩试验研究[J]. 中国科技论文在线,2011,6(5):363-367,373.

[26] 赵丽娅,刘保健,王书涛. 千枚岩弃料压实土的路用特性试验研究[J]. 工业建筑,2011,41(12):84-87,70.

[27] 万智,任毅,秦敏,等. 改性红粘土的击实特性试验研究[J]. 公路工程,2013,38(2):6-11.

[28] ANDRADE P S,SARAIVA A A. Physical and mechanical characterization of phyllites and metagreywackes in centralPortugal[J]. Bulletin of engineering geology and the environment,2010,69(2):207-214.

[29] AKAYULI C F A,OFOSU B. Empirical model for estimating compression index from physical properties of weathered birimian phyllites[J]. Electronic journal of geotechnical engineering,2013,18:6135-6144.

[30] 毛雪松,樊宇朔,孟庆猛. 高速公路强风化千枚岩填筑路基施工方案研究[J]. 中外公路,2014,34(6):1-4.

[31] CHEN Y Q,ZHANG H J,WANG T Q. Different gradations cement improved phyllite test analysis [J]. Advanced materials research,2014(919-921):1894-1898.

[32] 莫百金,李跃军. 砂砾改良高液限红粘土的试验研究[J]. 公路,2008,53(8):226-229.

[33] 杨建华,唐锡彬,王强. 改良用高液限红粘土作回填土填料性质的方法研究[J]. 地下水, 2014,36(3):153-155.

[34] 易剑波. 高速公路红粘土路基填筑施工与改良方法研究[J]. 公路工程,2012,37(5):

141-143.
[35] 李方华.高液限土填料改良的最佳掺砂砾石比试验研究[J].岩土力学,2010,31(3):785-788.
[36] 罗斌,赵雄.碎石改良高液限红粘土的试验研究[J].公路工程,2009,34(2):131-134.
[37] 程涛,洪宝宁,刘鑫,等.高液限土最佳掺砂比的确定[J].西南交通大学学报,2012,47(4):580-585.
[38] 张雁,赵祥,张选.煤矸石掺红粘土强度试验研究[J].内蒙古农业大学学报,2009,30(3):165-167.
[39] 李勇辉,王群英,邓庆德,等.循环流化床燃煤固硫灰改良云南红粘土[J].环境工程学报,2016,10(1):432-438
[40] DE GRAFT-JOHNSON J W S, BHATIA H S, YEBOA S L. et al. Influence of geology and physical properties on strength characteristics of lateritic gravels for road pavements [J]. Highway research board,1972,405:87-104
[41] 林丽萍,贺建清,罗婉.非饱和压实高液限红粘土抗剪强度与含水量的关系[J].湘潭大学自然科学学报,2015,37(2):61-68.
[42] HE Y. Analysis on the subgrade settlement and deformation of lightly expansive red clay[C]//Characterization, Modeling, and Evaluation of Geotechnical Engineering Systems, ASCE, 2014:83-91.
[43] XIAO H B, TENG K, XU H, et al. Comparison study on expansive soil and red clay creep model[C]. Advances in Unsaturated Soil, Geo-Hazard, and Geo-Environmental Engineering, ASCE, 2015:133-140.
[44] 陈开圣,胡鑫.高液限红粘土变形特性研究[J].公路交通科技,2010,27(3):49-53,58.
[45] 刘馥铭,邵曼.红粘土裂隙发育及与低应力抗剪强度的关系研究[J].湖南交通科技,2015,41(1):17-20.
[46] 董城,冷伍明,李志勇,等.水泥改良高液限粘土动态回弹模量试验研究[J].岩土力学,2013,34(1):133-138.
[47] 杨俊,童磊,张国栋,等.干湿循环对风化砂改良膨胀土无侧限抗压强度的影响[J].武汉大学学报(工学版),2014,47(4):532-536,556.
[48] 杨俊,邹林,狄先均,等.天然砂砾改良红粘土的力学指标试验及数学模型预估[J].公路交通科技,2015,32(9):41-48.
[49] SULTANA M S, HOSSAIN M I, RAHMAN M A, et al. Influence of rice husk ash and fly ash on properties of red clay[J]. Journal of scientific research, 2014, 6(3):421-430.
[50] 高美奔,陈国庆,薛德敏.砂-红粘土抗剪强度室内试验与分析[J].土工基础,2013,27(5):64-66.
[51] YAO K, CHEN Q, HO J, et al. Strain-dependent shear stiffness of cement-treated marine clay[J]. Journal of materials in civil engineering, 2018, 30(10): 04018255.1-04018255.10.
[52] YAO K, LI N, CHEN D H, et al. Generalized hyperbolic formula capturing curing pe-

riod effect on strength and stiffness of cemented clay[J]. Construction and building materials,2019,199(28):63-71.
[53] 张永婷,王保田,尚书. 不同初始条件下高液限红粘土的变形特性试验研究[J]. 水利与建筑工程学报,2013,11(3):111-115.
[54] 宋宇,高利,陈学军,等. 红粘土微结构特征与变形机理[J]. 地质灾害与环境保护,2015,26(3):73-76.
[55] D'ANGELO B,BRUAND A,QIN J,et al. Origin of the high sensitivity of Chinese red clay soils to drought:significance of the clay characteristics[J]. Geoderma,2014,223:46-53.
[56] OGUNDIPE O M. Road pavement failure caused by poor soil properties along Aramoko-Ilesha Highway,Nigeria[J]. Journal of engineering and applied sciences,2008,3(3):239-241.
[57] PARASHAR S P,WONG K S,CHOA V. Discussion of swell-shrink behavior of compacted clay[J]. Journal of Geotechnical Engineering,2014,121:385-386.
[58] 张延杰,王旭,尹亚雄,等. 水泥改良千枚岩弃渣用作铁路路基填料的试验研究[J]. 铁道学报,2014(6):81-86.
[59] MA R M,CAI C F,LI Z X,et al. Evaluation of soil aggregate microstructure and stability under wetting and drying cycles in two Ultisols using synchrotron-based X-ray micro-computed tomography [J]. Soil & tillage research,2015(149):1-11.
[60] 中华人民共和国工业和信息部,中华人民共和国国家质量监督检验检疫总局. 土工试验规程:YS/T 5225—2016[S]. 北京:中国计划出版社,2016.
[61] 中铁第一勘察设计院集团有限公司. 铁路工程土工试验规程:TB 10102—2010[S]. 北京:中国铁道出版社,2010.
[62] 毛雪松,周雷刚,马骉,等. 强风化千枚岩填筑路基改良技术研究[J]. 中国公路学报,2012,25(2):20-26.
[63] 中华人民共和国住房和城乡建设部. 建筑地基基础设计规范:GB 50007—2011[S]. 北京:中国建筑工业出版社,2011.
[64] 交通部公路科学研究院. 公路土工试验规程:JTG E40—2007 [S]. 北京:人民交通出版社,2007.
[65] 赵秀绍,莫林利,刘巍,等. Excel内部函数求解界限含水率试验解析法研究[J]. 实验技术与管理,2013,30(6):13-16.
[66] 中华人民共和国住房和城乡建设部. 膨胀土地区建筑技术规范:GB 50112—2013 [S]. 北京:人民交通出版社,2012.
[67] GUPTA V,HAMPTON M A,STOKES J R,et al. Particle interactions in kaolinite suspensions and corresponding aggregate structures[J]. Journal of colloid and interface science,2011,359(1):95-103.
[68] DU J,PUSHKAROVA R A,SMART R S C. A cryo-SEM study of aggregate and floc structure changes during clay settling and raking processes[J]. International journal of mineral processing,2009,93(1):66-72.

[69] AYLMORE L A G,SILLS I D. Characterization of soil structure and stability using modulus of rupture-exchangeable sodium percentage relationships [J]. Australian journal of soil research,1982,20(3):213-224.

[70] KHANLARI G,ABDILOR Y. Influence of wet-dry,freeze-thaw,and heat-cool cycles on the physical and mechanical properties of Upper Red sandstones in central Iran [J]. Bulletin of engineering geology and the environment,2015,74(4):1287-1300.

[71] HU M,LIU Y,REN J,et al. Laboratory test on crack development in mudstone under the action of dry-wet cycles[J]. Bulletin of engineering geology and the environment, 2017,78(4):1-14.

[72] ALBRECHT B A,BENSON C H. Effect of desiccation on compacted natural clays [J]. Journal of geotechnical & geoenvironmental engineering,2001,127(1):67-75.

[73] STOLTZ G,CUISINIER O,MASROURI F. Multi-scale analysis of the swelling and shrinkage of a lime-treated expansive clayey soil [J]. Applied clay science,2012(61): 44-51.

[74] SABIR B B,WILD S,BAI J. Metakaolin and calcined clays as pozzolans for concrete: a review[J]. Cement and concrete composites,2001,23(6):441-454.

[75] OMIDI G H,PRASAD T V,THOMAS J C,et al. The influence of amendments on the volumetric shrinkage and integrity of compacted clay soils used in landfill liners [J]. Water,air,and soil pollution,1996,86(4):263-274.

[76] FATAHI B,LE T M,FATAHI B,et al. Shrinkage properties of soft clay treated with cement and geofibers[J]. Geotechnical and geological engineering, 2013, 31(5): 1421-1435.

[77] EMIROGLU M,YALAMA A,ERDOGDU Y. Performance of ready-mixed clay plasters produced with different clay/sand ratios [J]. Applied clay science,2015(115): 221-229.

[78] AZZAM W R. Utilization of polymer stabilization for improvement of clay microstructures[J]. Applied clay science,2014(93):94-101.

[79] XUE Q,LU H J,LI E E,et al. Cracking,Water permeability and deformation of compacted clay liners improved by straw fiber [J]. Engineering geology,2014,178:82-90.

[80] ZHANG J J,GONG B W,HU B,et al. Study of evolution law of fissures of expansive clay under wetting and drying cycles [J]. Rock and soil mechanics,2011,32(9):2729-2734.

[81] ANGELO B D,BRUAND A,QIN J,et al. Origin of the high sensitivity of Chinese red clay soils to drought: Significance of the clay characteristics[J]. geoderma, 2014(223-225): 46-53.

[82] WANG Z W,HONG B N,LIU X,et al. Water-sensitive properties of shear strength of red clay[J]. Journal of Sichuan university:engineering science edition,2011,43(1): 17-22.

[83] 谈云志,王世梅.直剪试验数据处理方法的对比分析[J].三峡大学学报(自然科学版),

2005,27(2):132-133,141.

[84] DAFALLA M A. Effects of clay and moisture content on direct shear tests for clay-sand mixtures [J]. Advances in materials science and engineering,2013(1):1-8.

[85] DAFALLA M,AL-SHAMRANI M. Assessment of shear failure parameters for sand-clay liners[C]. American Society of Civil Engineers IFCEE 2015,March 17-21,2015, Texas:2015,3:1826-1833.

[86] 孔令伟,罗鸿禧. 游离氧化铁形态转化对红粘土工程性质的影响[J]. 岩土力学,1993,14(4):25-39.

[87] 姚海林,刘少军,程昌炳. 一种天然胶结土粘聚力的微观本质[J]. 岩石力学与工程学报,2001,20(6):871-874.

[88] 李利峰,程雪琴,王松,等. 贵州毕节地区滑坡带红粘土水敏性探讨[J]. 重庆建筑,2017,16(5):29-31

[89] 赵颖文,孔令伟,郭爱国,等. 广西原状红粘土力学性状与水敏性特征[J]. 岩土力学,2003,24(4):568-572.

[90] 王中文,洪宝宁,刘鑫. 红粘土抗剪强度的水敏性研究[J]. 四川大学学报(工程科学版),2011,43(1):17-22.

[91] DAS B M. Shallow foundations: bearing capacity and settlement [M]. Boca Raton: CRC Press,2017.

[92] DAS B,SOBHAN K,DAS B. Principles of geotechnical engineering[M]. 8ed. Perth: CI Engineering Press,2016.

[93] 徐长节,郑明新,杨仲轩. 土力学[M]. 长沙:中南大学出版社,2016.

[94] AKAYULI C,OFOSU B,NYAKO S O,et al. The influence of observed clay content on shear strength and compressibility of residual sandy soils[J]. International journal of engineering research and applications,2013,3(4):2538-2542.

[95] STONE M S,GEORGE A D,KNEESHAW M,et al. Stratigraphy and sedimentary features of the Tertiary Yandi channel iron deposits,Hamersley Province,Western Australia [J]. Applied earth science,2003,112(1):73-80.